慢行与骑行

现代交通新趋势

赵光辉　陈东健　林　昕◎编著

人 民 邮 电 出 版 社
北 京

图书在版编目（CIP）数据

慢行与骑行 ：现代交通新趋势 / 赵光辉，陈东健，林昕编著．-- 北京 ：人民邮电出版社，2023.6
ISBN 978-7-115-61148-2

Ⅰ．①慢… Ⅱ．①赵… ②陈… ③林… Ⅲ．①自行车－公共交通系统－研究 Ⅳ．①U491.2

中国国家版本馆CIP数据核字(2023)第024567号

内 容 提 要

骑行是重要的交通方式，也是慢行方式的代表，能够解决短距离出行难题，减少城市的二氧化碳排放，提升城市居民的身体健康水平。慢行对丰富城市出行形态、改善城市拥堵、提升城市形象、建设智慧城市、努力实现“双碳”目标等有着重要的推动价值。本书在研究骑行的历史、现在及未来的过程中，挖掘骑行和慢行给城市带来的益处，通过厘清骑行系统在交通系统中的价值和定位，为交通领域相关决策者、管理者等提供有价值的参考。

◆ 编　　著　赵光辉　陈东健　林　昕
　责任编辑　李成蹊
　责任印制　马振武
◆ 人民邮电出版社出版发行　　北京市丰台区成寿寺路 11 号
　邮编　100164　　电子邮件　315@ptpress.com.cn
　网址　https://www.ptpress.com.cn
　固安县铭成印刷有限公司印刷
◆ 开本：787×1092　1/16
　印张：18　　　　　　　　2023 年 6 月第 1 版
　字数：339 千字　　　　　2023 年 6 月河北第 1 次印刷

定价：99.90 元

读者服务热线：(010)81055493　印装质量热线：(010)81055316
反盗版热线：(010)81055315
广告经营许可证：京东市监广登字 20170147 号

前言

城市公共自行车系统（简称骑行系统）是在慢行系统的理论研究和实践建设中分化形成的新型交通概念。骑行系统诞生在当代社会发展的大背景下，是慢行系统这一新型交通分支系统的主体部分，受到社会、政治、文化、其他交通方式等多方面的影响，是城乡经济的基础设施保障，在推动社会分工、建设智慧交通、促进人员流动、加大环保力度等方面发挥着重要作用。为了更好地研究这一趋势变化，本书应运而生。

本书的第 1 部分为导论，包括第 1 ～ 3 章，主要阐述骑行系统的含义、概念和研究环境。

本书的第 2 部分介绍骑行系统和慢行系统的核心要素，包括第 4 ～ 10 章，主要阐述骑行系统与慢行系统的价值与意义，它们集中表现在政治、法律、管理、企业、文化和规划等层面。正是这些层面的特性，构成了骑行系统与慢行系统全面运行的核心要素。

本书的第 3 部分包括第 11、12 章，主要分析我国交通政策与现实的对应变化。任何交通系统都需要根据国情制定相应的发展政策，并在后续实施过程中因地制宜，不断完善。目前，虽然骑行系统优势明显，但机动车系统的高速发展依然让城市骑行系统的发展与道路规划产生了诸多矛盾。我国推进骑行系统建设、解决上述矛盾主要经历了两大阶段：第一阶段为政府主导、企业参与，第二阶段为市场发展、政府管控。未来，我国政府与市场将继续优化骑行系统的运营环境，通过技术创新、政策支撑等方式构建优质的骑行生态，加快交通强国建设。

本书的第 4 部分包括第 13、14 章，主要分析骑行系统与慢行系统的发展趋势。骑行从一种时尚休闲运动逐渐转变为交通发展趋势。骑行系统建设可以从城市人口、城市布局、城市地貌、居民出行距离等方面，有效放缓大众生活节奏，打造骑行文化，逐步增加骑行爱好者数量，以此推动我国国民体质的增强。而相对复杂的问题则是如何推动骑行系统人文关怀建设。本书认为骑行系统的人文关怀主要分为两个方面：一是骑行车辆规范与人文关怀，二是骑行者行为规范与人文关怀。

此外，宜居宜游已是我国大多数城市当下的重要发展目标，通过骑行系统建设增强城市宜居宜游属性是常见方法。因为骑行系统不仅是城市交通的重要组成部分，更是精神文明、全民健康水平的重要展示窗口。

总之，以骑行系统为代表的慢行系统不仅是我国绿色交通发展的重要方式，更是我国从交通大国迈向交通强国的重要驱动力。随着慢行系统价值不断升高，慢行系统将在我国交通系统中占据更大比重，发挥更大作用。未来发展中，骑行与慢行将以生活习惯、交通刚需、城市文化、发展理念等形式存在，支撑我国屹立于世界强国之林。

编著者

2023 年 2 月

目 录

第1部分 导论：含义、概念和研究环境

第 3 部分　政策与现实：需求变化，因地制宜

第 4 部分　趋势与未来：生活与文化

第 1 部分

导论：含义、概念和研究环境

城市公共自行车系统（简称骑行系统）是在慢行系统的理论研究和实践建设中分化形成的新型交通概念。本部分内容开宗明义，重点通过对骑行系统相关含义、概念的阐述，以及对其环境构成因素的剖析，结合实际案例，引导读者全面深入地了解这一重要的交通系统。

第 1 章

骑行系统的含义：不同角度的价值

【本章内容概要】

本章主要介绍骑行系统的含义，帮助读者从理论和现实的角度全面理解骑行系统的重要价值。

【本章学习重点与难点】

学习重点：掌握骑行系统的相关含义、内涵，梳理骑行系统的发展背景，熟悉骑行系统的基础特征和历史发展情况。

学习难点：深入理解骑行系统的规划目的、方法、框架和价值。

【案例导入】

2022 年初秋的一个傍晚，广州青年小晓结束了一天的工作，照例骑自行车回家。从公司到家的路程 10km，路况好时，她只需要 20 多分钟就能到家。小晓在朋友圈这样说："晚风吹在身上，用每小时 30km 的速度骑行，并不累，而是自由和快乐。"

这样的下班路，是小晓最放松的时光。她已坚持了 3 年，算是专业的骑行者了。

不仅在广州，在北京、上海、深圳，城市骑行群体随处可见。而在旅游景点，骑行身影也不乏其人。越来越多的人开始骑行，在全国掀起了一股热潮。艾媒咨询数据显示，2021 年，我国的自行车市场规模为 1940.7 亿元，市场规模会继续平稳扩大，到 2027 年将达到 2656.7 亿元。该趋向将有力地支持我国城乡慢行系统的一体化发展，并赋予其更为重要的意义。

骑行者乐在其中，相关产业则看到了新一轮朝阳的冉冉升起。我们不禁要问，为什么骑行风潮会重新到来，政府、企业和公共组织又在其中发挥了怎样的重要作用呢？

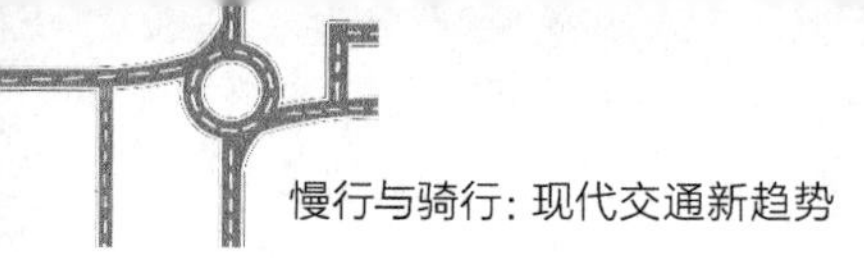

1.1 骑行系统的背景

骑行系统是指人借助非机动骑行运输工具以产生有目的空间位移的交通系统。慢行交通系统（简称慢行系统）是指以骑行、步行等慢速出行方式作为主体的交通系统。

骑行系统诞生在当代社会发展的大背景下，是慢行系统这一新型交通分支系统的主体部分，是城乡经济的基础设施保障，在促进社会分工、建设智慧交通、加快人员流动、加大环保力度等方面均发挥着重要作用。

1.1.1 骑行系统的交通背景

研究骑行系统及其政府治理方式，必须先准确理解其交通背景。改革开放以来，我国城市交通系统的发展主要经历了以下 4 个阶段。

1. 非机动化阶段

1978—1984 年，我国的城市交通整体处于以自行车为主导的非机动化阶段。这一时期，城市交通的特点主要体现在以下两个方 面。

（1）自行车的普及化

改革开放初期，自行车尚未大规模进入城乡家庭，居民出行不便在相当程度上限制了城市经济的发展。1981 年 5 月，国务院召开工作会议决定大力发展包括自行车在内的 10 种日用机电产品。1983 年，全国自行车实际产量达到 2758 万辆，1985 年，平均一秒就有一辆自行车生产下线。数据显示，20 世纪 80 年代初期，我国大中型城市自行车数量的年均增长率超过 10%。

（2）拥堵问题初显

伴随自行车的普及，在方便居民出行、扩大交通范围的同时，交通拥堵问题初步显现。例如，1982 年，广州市区内的 22 个路口在高峰时期有超过 1 万辆自行车通过，最高的甚至达到 4 万辆。交通拥堵问题开始影响城市交通安全与个体出行效率。

从全国范围而言，这一时期的城市交通管理工作尚停留在城市道路建设、交通秩序管控的水平，自行车交通发展思路并未系统化、清晰化，即便居民将骑行作为主要的交通方式，也远未形成现代化的骑行系统，更谈不上有效的骑行交通政府治理。

该时期，我国经济高速发展，城镇化速度加快。大批人口涌入北京、上海、广州等城市，自行车成为市民最主要的交通工具。许多进城打工的农民在发工资后的首选计划是存钱购买自行车。彼时，一辆自行车不仅能为生活和工作带来便利，更是身份乃至财富的象征。

自行车数量的快速增长，使市民步行或骑行都会受到不同程度的影响，道路经常被自行车拥堵，影响了出行效率。但因为此时的机动车对大多数人来说仍是奢侈品，所以主要路权依然属于自行车。同时，交通拥堵与交通乱象日益频繁，我国政府开始重视城市交通规划。

2. 初步机动化阶段

1985—2000 年，我国的城市交通进入初步机动化阶段，城市交通系统开始以公交车和出租车为主导工具。20 世纪 90 年代初期，我国各城市的公交车、出租车保有量呈爆发式增长。

这一阶段，我国从中央到地方的各级政府管理部门，开始有意识、有目标地发展城市交通，包括提高道路承载效率、大力发展公交系统等。随着政策的推进，城市交通管理工作开始升级为系统化治理。

城市交通的系统化治理方式，对交通压力形成一定的缓解作用。此时，各级政府管理部门认为机动车的数量代表着城市的发达水平，在城市交通规划中大多以机动车为本，忽视慢行系统建设。随着公共汽车和出租车数量的快速增长，各城市的交通压力不断增大。为解决快速增长的机动车与城市道路资源之间的矛盾，许多城市交通管理部门选择不断拓宽道路或新修道路，这一时期，骑行系统发展缓慢，只有部分城市意识到骑行系统对于发展慢行交通的价值与意义。

3. 快速机动化阶段

早在 1994 年，国务院就出台了《汽车工业产业政策》，鼓励居民购买小汽车。2001—2008 年，在经济发展、产业壮大的共同作用下，我国人均小汽车保有量快速增长，开启了快速机动化阶段。小汽车数量的增加导致各大中型城市的交通拥堵程度加剧，国务院正式明确公共交通的战略地位，并要求各地有序发展城市轨道交通。

以机动车为本的城市发展理念，使多个城市的机动车保有量都迎来了前所未有的增长，非机动车道被压缩，步行与骑行的空间大幅缩小。此时，市民出行方式虽然多种多样，但对于市民而言，慢行道路资源不完备、基础设施不完善成为限制城市慢行系统发展的关键问题。即使是中短距离的出行，慢行系统也无法发挥其原有的便捷、省时、门到门等优势。

4. 公共交通优先发展阶段

2008 年以后，我国进入公共交通优先发展阶段。在此之前，城市轨道交通建设虽然已提上日程，但因为建设投资数量多、筹划周期长，短期内并未迅速展开。2008 年为推动投资，我国加大了基础设施建设的力度，城市轨道交通发展进入高速期。2018 年，受国际形势影响，在推动基础设施建设、提升经济增长动力的策略影响下，城市轨道交通建设再次受到充分关注并保持了较快的发展速度。与此同时，骑行系统也陆续被各地再次重视，公共自行车、共享单车等项目不断升级，成为公共交通系统的重要优化方式。

公交、地铁在城市的全面普及，大大提高了市民的出行效率。一些市民居住或上班的地方距离公交车站或地铁站较远，慢行系统成为解决其出行“最后一公里”的重要方式。不仅如此，慢行系统缓解城市交通压力的效果也非常显著。从此时开始，城市系统管理部

门意识到了慢行系统对于城市交通规划的重要性。结合发达国家的慢行系统建设经验，我国的慢行系统迎来了全新的发展机会。

1.1.2 骑行系统的社会背景

骑行系统在我国慢行系统舞台上的发展至今已有近50年的历史。改革开放带来的历史背景、宏观背景和微观背景三大方面的变化，使其具体的发展形势呈现相应的变化。

1. 历史背景

对中国人而言，自行车早已不只是简单的交通工具了，而是代表着深厚民族文化的历史符号。

早在清朝初年，发明家黄履庄就发明了自行车的雏形。据《虞初新志》记载，黄履庄发明的自行车长约1m，能坐下一个人，只需用手摇动轴旁的曲拐就可以前进。按照如今的标准计算，这辆自行车每天能行进46km。相比之下，法国人希夫拉克1790年才制成了木制自行车，1888年，约翰·斯塔利才发明了现代意义的自行车。

1911年，当时的上海邮政局采购了100辆英国生产的自行车，用于投递公共邮件。自此，北京、上海逐渐出现了各类公用、私用自行车，并受到广泛喜爱。1924年7月，湖南长沙修建了第一条柏油环城马路，类似的发展为自行车的流行提供了有力的支持。1934年，长沙的自行车行已达到30多家。也正是这段时间，自行车成为公用事业人员的专属交通工具，例如，警察、邮递员、电报员等都会骑着自行车完成工作。

战争时期，自行车又凭借其体积小、轻便灵活、便于操作的特点，肩负起传递信息、运输物资的重任。中华人民共和国成立后，自行车普及。20世纪50年代初，天津自行车厂生产出了“中”字牌自行车，这标志着国产自行车的诞生。1956年，上海唐山路工厂生产了“永久”PA型28寸男式自行车,“二八大杠”从此成为国民的集体记忆。1962—1986年，凤凰、飞鸽、永久等品牌的自行车深受欢迎。

1984年，中央新闻纪录电影制片厂拍摄了电影《自行车的王国》。电影中提到，当时全世界有5亿辆自行车，有1.3亿辆在中国，约占全世界的四分之一。北京就有400万辆自行车，平均不到两个人就有一辆。自行车承载了世界人口第一大国的工作和生活，直到20世纪90年代，随着经济社会发展、人民群众生活水平提高，自行车逐渐被电动自行车、汽车取代。而30多年后的今天，骑行系统再度跟随慢行系统而复兴已成不争的事实。

2. 宏观背景

骑行系统的“复兴”原因，不仅在于其自身具备经济、环保、便捷等优势，也与经济和社会的宏观环境变化有密切关系。

骑行系统所处的宏观背景，主要包括社会问题、新型城镇化目标、人口结构和环保理念4个方面。

（1）社会问题

20 世纪 70 年代末期，我国的城乡居民开始大量选择自行车出行，并因此被称作“自行车王国”。随着经济高速增长、机动车加快发展，骑行数量一度呈大幅下降趋势，机动车出行数量骤增，由此加剧了城市交通拥堵、空气污染和交通安全等问题。有鉴于此，近年来我国政府重新评估了骑行的重要性，并鼓励短距离范围内采用自行车等骑行工具出行。

（2）新型城镇化目标

我国提出的新型城镇化目标，也对骑行系统的发展提出了新的要求。党的十八大明确提出了“新型城镇化”的概念，2012 年，中央经济工作会议进一步将“加快城镇化建设速度”列为经济工作的主要任务之一。2020 年，国务院在《政府工作报告》中指出，重点支持新型城镇化建设在内的“两新一重”建设。

在上述大背景下，我国许多城市原有的交通基础设施和配套系统已经难以全方位满足居民在骑行路权、安全、环境、效率等方面的需要和诉求，建设更为人性化、精细化、高效化的骑行系统并优化治理策略已迫在眉睫。

（3）人口结构

人口调查数据显示，我国人口数量的增速已呈放缓趋势，人口结构趋向于老龄化。这一显著变化，在相当程度上增加了骑行系统潜在用户的基础。虽然目前我国的慢行人口占总交通人口的比例并不高，但随着人口平均年龄的增长，意味着未来慢行需求有着巨大的增长空间，这一空间将使骑行系统有可能享受到较大的人口红利。

随着老龄化人数的增加，越来越多的人对交通出行的便捷性、环保性产生更多的需求，这将有利于大众对骑行文化的广泛接受，也意味着骑行将得到更多人的青睐。

（4）环保理念

一段时间以来，城市的机动化水平不断提高，环境质量受到严重的影响。在北京、上海这些大城市中，噪声污染、空气污染值均不断上升。为此，我国政府不断加大环境保护工作力度。相比之下，骑行工具不使用燃油，降低了环境污染。

3. 微观背景

在我国绝大多数城市，机动车和骑行混合的交通系统构成当地交通系统的主体。这种情况既与骑行的本身特点相关，也与我国当前的经济发展水平和城镇居民平均收入水平有关，同时更与城市的具体交通环境密不可分。

（1）居民经济实力

近年来，尽管我国城乡居民的人均收入有了较大的提高，但现阶段，我国许多城乡居民家庭收入相对落后，要在短时间内实现私家车的完全普及并不现实。

2020 年 1 月，国家统计局宣布，我国人均 GDP[1] 达到 10276 美元。尽管这是我国人均

1　GDP：Gross Domestic Product，国内生产总值。

GDP 第一次“破万”，但与发达国家的人均水平还有一定的差距。同时，我国普通私家车的购买费用在 10 万元左右，平均每年还有上万元的固定支出。相比而言，自行车的购买费用不过几百元，电动自行车的购买费用不过数千元。因此，很多拥有私家车的家庭，也会选择配备一辆自行车或电动自行车作为备用的交通工具。

（2）城市布局环境

长期以来，在我国三线及以下规模的城市，许多家庭都将骑行作为主要的出行方式之一，这种出行习惯直接影响了城市交通基础设施的规划和建设。同时，很多城市采用单中心的向心式布局，在市区中心位置集中大比例人口、高密度商业设施，但较少考虑机动车停车设施等交通设施，这也导致大量居民仍选择骑行。

（3）公交系统瓶颈

尽管许多地区的公交系统不断发展，但当地城市化进程的速度仍高于公交系统运营效率提升的速度。尤其在三线及以下规模的城市，不同程度存在着车速过慢、发车间隔不固定、车内拥挤等问题，影响出行者在准时性、经济性、舒适性等方面的体验，在一定程度上阻碍了交通需求从骑行向公交系统的转移。

目前，公交车与地铁在我国大部分城市已经普及，但在一些非核心商业区，公交与地铁的距离较远，市民在选择交通工具时就会比较为难。如果选择驾驶私家车出行，难免会造成更严重的交通拥堵。如果选择公交出行，“最后一公里”的出行也不太能满足每个人的需求。因此，骑行系统成为解决城市公共交通瓶颈问题的主要支撑力量。在完善的慢行系统下，市民下了公交车或出了地铁口即可根据目的地的距离选择步行或骑车。

实际上，当前许多城市都在倡导“公共交通 + 慢行交通”的出行模式，例如，深圳市的许多商业圈是以地铁为主体建设的。随着人们环保意识的增强，市民大多愿意助力绿色城市的发展。可以预见的是，当问题被逐一解决后，慢行交通将是城市交通的重要组成部分，完善的慢行系统有利于引导更多的人参与绿色出行。

1.1.3　骑行系统的政治背景

21 世纪以来，我国政府日益关注低碳目标的实现。相关数据显示，我国交通领域的碳排放占全国终端碳排放的 15%，2010 年，国务院将交通运输行业确定为节能减排的重点行业之一，并明确加快建设低碳排放的交通运输体系。此后，我国出现了不少关于低碳交通体系建设规划的研究和实践，骑行系统也是其中重要的组成部分。从现有成果来看，骑行系统能从低碳交通体系建设规划相关的多个角度，实现对传统交通规划的局部拓展，并有机会在未来对传统交通规划实现系统拓展。

借助骑行系统的诸多建设措施，我国的慢行系统将对减少温室气体的排放做出贡献。骑行系统的建设规划工作，将影响我国城市交通系统的整体建设和运行情况，使之在低碳目标的实现上发挥积极作用。

近年来，我国不仅重视骑行系统的发展，同样也重视慢行交通，积极强化慢行交通对城市发展的促进作用。

2012 年，住房和城乡建设部、国家发展和改革委员会、财政部联合印发《关于加强城市步行和自行车交通系统建设的指导意见》。这份文件里明确提到，到 2015 年，我国市区人口在 1000 万以上的城市，步行和自行车出行的分担率要达到 45% 以上，并将步行和自行车出行的分担率列为多个城市奖项评比的必要条件。

2013 年，《国务院关于加强城市基础设施建设的意见》提出，城市交通要以人为本，居民出行环境和基础设施必须得到有效保障。骑行交通作为慢行交通的重要组成部分，有关的基础设施和骑行环境正在不断改善。其中，最明显的变化便是城市的自行车停车设施逐渐增多，骑行道路遮阴率越来越高，照明设施越来越完善。

我们有理由相信，在我国各级政府和广大人民群众的共同努力下，慢行交通（步行和自行车出行）的分担率及舒适性会得到更有力的保障。

1.1.4　骑行系统的文化环境

骑行系统的发展，同样处于特定的文化环境中。改革开放后，随着社会经济发展水平的提高和快速机动化交通阶段的到来，私人小汽车数量迅速上升，普通人都曾为驾驶汽车的舒适、便捷而欣喜。随着汽车保有量的不断攀升，人们有关骑行的集体记忆被重新唤醒，并形成新的文化环境。

1. 骑行文化的内涵和沿革

狭义而言，骑行文化是指人们使用骑行工具所形成的普遍的社会习惯，例如，选择骑行工具，养成骑行习惯、骑行方式、骑行规范等。广义而言，骑行文化是指社会特定群体在不同时期内对自行车等骑行工具所形成的思想、理念、行为、风俗、习惯，以及由此产生的一切具体活动。

在不同的国家和地区，骑行文化的内容和表现也体现出不同的时代差异。我国骑行工具的主要传统功能是代步，骑车是短途代步的选择。从 21 世纪初期开始，骑行文化中融入了健身、旅游、共享、社交等重要内涵。

2. 平权化新秩序

交通道路被普遍视为公共空间，交通参与者平等享有路权，新的交通秩序文化形成。

尽管骑行者使用的自行车等交通工具的价格不如机动车昂贵，速度也远不及机动车。但骑行者在交通体系中的地位更加重要，其自身更重视合法权益的维护，其诉求也更容易受到社会的关注。

3. 亚文化门类的垂直化分布

以“95 后”“00 后”为代表的 Z 世代，有着与以往“80”“70”群体不同的文化消费需求，

这种需求的变化，必然会催生骑行文化内容和形式层面的变革，使其体现多元且细分的特点。

Z世代的加入，使原有的骑行文化体系拓展出更为丰富的门类。拥有共同骑行喜好、骑行价值观念的人们形成凝聚力。例如，运动骑行追求惊险、刺激、竞技的成就感，旅行骑行在意沿途风景，花式骑行讲究特技表现等，这些亚文化门类在很大程度上催生和影响着新的骑行系统。

案例："自行车王国"桂冠易主

在20世纪80年代的中国，拥有自行车是一件非常值得炫耀的事情。国民自行车品牌"凤凰"在那时不仅仅代表着交通工具，还代表着人们对美好生活的向往。

1980年，我国人民群众使用自行车出行的比例达到了60%。在北京、上海、广州等经济发达的城市，自行车出行的比例甚至超过80%。自行车的全面普及，为我国人民群众的生活和生产带来了巨大的便利。在当时，我国被誉为"自行车王国"。

随着经济的发展，机动车发展迅猛，越来越多的家庭拥有了私家车。

迅速增长的机动车数量，与城市交通体系建设之间的矛盾逐渐凸显，由此衍生了一系列社会问题，其中，交通拥堵和环境污染的现象尤为严重。机动车的发展也对自行车的发展造成了不小的冲击。为了方便机动车出行，自行车道逐渐减少、自行车的停放场地减少，自行车出行越来越不便捷。

荷兰是欧洲经济最发达、居民富裕程度最高的国家之一，而荷兰人民更倾向于使用自行车出行。自行车是短距离出行的首选交通工具，不仅可以缓解交通拥堵，还能有效防止环境污染。在荷兰，完善的骑行系统不仅可以让市民有更高的出行效率，还能让市民感受到许多骑行的乐趣，例如锻炼身体、旅游社交等。

城市在交通发展建设的过程中容易忽视自行车的积极作用。一般来说，我国的城市发达程度越高，其机动车保有量就越高，交通拥堵现象就越严重。各地政府尽管都在积极寻找"治堵"政策，例如限牌限购、开放潮汐车道、拓宽车道，但机动车数量多且增长速度快，这些方法并没有从根本上解决城市拥堵问题。另外，机动车的尾气排放也给城市生态环境带来了巨大的影响。

由此可见，建立完善的骑行系统对于解决交通拥堵、环境污染、市民出行效率低、生活满意度低等问题有着显著的作用。我国的骑行系统在未来有着巨大的增长空间。在这个背景下，骑行系统的建设对于维护社会秩序、带动城市发展具有极大的促进作用。

1.2 骑行系统的内涵

骑行系统的内涵，是指骑行系统所反映的本质属性的总和。正确理解骑行系统的含义，了解骑行系统的特点和价值，对于我们正确把握骑行系统的内涵具有重要意义，也更能使我们了解到骑行系统为什么能在现代城市建设中的适用范围越来越广泛。

1.2.1　骑行系统的含义

在讨论骑行系统的含义之前，我们要先对骑行的概念形成准确的认识。

1. 什么是骑行

骑行，顾名思义是人借助非机动交通工具（例如，自行车）实现空间上的移动。狭义的骑行是指人借助自行车完成短程的交通出行。广义上的骑行，在交通工具的选择范围和出行功能的实现上，形成更广泛的外延。骑行工具不局限于自行车，还包括助力车、电动自行车等非机动交通工具，在年轻人群体中流行的滑板车，实际上也可被划入骑行交通工具的范畴。因此，骑行广义上包括旅游观光、锻炼身体、社会交往、表演竞技等。

2. 什么是骑行系统

人要实现骑行的目的，必须借助一定的工具，在一定的公共空间内完成骑行活动。人（骑行主体）、骑行工具、骑行空间和骑行活动，综合起来便是骑行系统。

骑行系统同样有狭义和广义之分。狭义的骑行系统，是指城市为满足居民骑行需求而设计和建设的骑行交通网络（包括自行车骑行通道、过街设施等），而广义的骑行系统，是指城市为满足居民骑行功能实现而构建的一切实体和虚拟设施，其中不单有骑行交通网络，也包括连接骑行交通网络的城市绿地绿道、公园景观、商场商圈等基础设施，以及物联网、智慧交通指挥标识等技术支持设施。

3. 慢行系统中骑行系统的管理现状

相比步行交通，骑行交通的经济性与社会公益性更强。例如，共享单车对慢行系统的管理规划、运营方式、流量控制，以及政策法规都提出了更严格的要求。相比发达国家而言，我国的自行车保有量基数大，但慢行系统的发展相对滞后。究其原因，慢行系统的发展主要是受城市管理模式的影响。

城市规划与管理需要多个部门之间通力合作，但受计划经济的长期影响，各个部门之间存在行业分割与职能交叉的情况，这导致我国的城市慢行系统状况长期以来没有得到大幅度的改善。例如，各城市目前倡导的“慢行交通 + 公共交通”出行模式，其中，公交车由交通运输部管理，非机动车道的规划与建设由住房和城乡建设部管理，道路安全由公安部管理。只有依赖这些部门的紧密合作，市民绿色出行、低碳出行的环保理念才有可能得到践行。现实中，各部门制定的规章制度仅限于在自己的管理范畴内使用，在其他部门是缺乏权威性的，导致不同的规划方式与发展理念难以统一协调，因此慢行系统，尤其是骑行系统的发展仍然需要各地形成系统性的联合工作机制。

1.2.2 骑行系统的优势

骑行系统作为慢行系统的重要组成部分，因其骑行工具在功能上的特殊性，天然具有适合短途出行的优势。因此，越来越多的居民在短距离出行或与公共交通接驳时，将骑行作为首选。骑行系统也因其具有通达性、灵活性、环保性、趣味性，在城市的交通出行体系中赢得了一席之地。

1. 通达性好

骑行系统贯穿于城市的不同功能区域之间，将公共空间与邻里空间的每个角落连接起来，既是城市区域内出行的重要方式，也是机动化出行的必要补充和衔接。四通八达的骑行系统，能将居民带入不同的城市空间，尤其在机动化出行方式无法直达的区域（例如，窄巷、拥挤的步行街等）更是如此。整体来看，骑行系统完全能有效弥补公共交通线网密度不足、步行出行距离不长的缺点。

2. 灵活性高

骑行系统依赖的工具大多是自行车、电动自行车等，其静态占地面积较小，相较于机动车出行所占用的土地资源，骑行车辆所需要的土地资源和其他配套设施资源也相对更少。自行车停放、取用方便，几乎不受城市道路拥堵的影响，在路权得到平等保护的前提下，骑行系统的准时性和灵活性要比其他出行系统更强。

3. 环保性好

骑行不以煤炭、石油等化石燃料作为动力来源，而是借助人力或电力等，具有低排放、低能耗（甚至是零排放、零能耗）的优点。因此，骑行又被称为绿色出行方式。

在传统能源消耗巨大的现代社会，世界上主要工业国家将能源安全作为重大的国家战略内容。传统的机动车出行系统均离不开化石燃料的支持，而骑行系统则因不消耗传统能源受到青睐。此外，骑行系统在建设过程中所占用的资源较少，也不会产生有害气体和噪声等，在环保方面具有无可比拟的优势。

4. 趣味性强

骑行相较于机动车出行，速度较慢，时间约束性不强，出行方式具有很强的灵活性。因此，骑行系统除了承担交通出行的功能，也承担了居民休闲娱乐、强身健体、旅游购物等功能，越来越多的城市居民将骑行作为生活内容的一部分，在骑行中获得与他人沟通交流的社交体验。

骑行系统还将城市绿色景观、商业购物等不同的区域串联起来，居民还可以在骑行过程中实现观光、购物、健身、交友等目的，将骑行活动变为趣味横生的出行活动。

针对城市慢行系统发展受限的问题，我国机构曾对市民的骑行现状进行了调查。调查发现，如果城市的骑行环境得到优化，接近 87% 的市民会考虑全程骑自行车（含电动自行车）出行，不考虑骑行的仅占 7%。这充分说明，城市慢行系统的发展直接影响市民的骑行意愿，因此推动城市绿色出行、低碳出行的关键在于提高城市慢行系统的完善程度。

1.2.3　骑行系统的价值

骑行系统之所以能被大众广泛接受，在于其符合社会发展潮流和人的内在自发需求，骑行系统所蕴涵和体现的价值，也是其受到越来越多人重视的根本原因。

骑行系统的价值可以从个人、城市、社会 3 个角度予以分析。

1. 个人角度

个人是骑行系统服务的主要对象，骑行系统的价值也应先从个人角度加以解读。

（1）满足出行需求的价值内涵

骑行系统是城市慢行系统的一部分，由于其通达性、灵活性等特点，成为居民短距离独立出行、与公共交通衔接的接驳性出行、欣赏城市人文自然景观的休闲性出行的主要方式。

（2）满足休闲需求的价值内涵

在经济快速发展、个人需求多元、自我个性张扬的现代社会里，衣食住行不再是个人发展的主要追求，个人需求的满足更多取决于精神层面，即能否将工作生活之余的休闲活动，作为提升生活品质的重要措施。骑行系统不仅能让个人锻炼身体，也能轻松实现购物、观光、出行的有机结合，使休闲需求得到满足。

（3）满足社交需求的价值内涵

高度商业化的现代社会，城市的钢筋水泥、高楼大厦在某种方面成为禁锢人们交流的枷锁，更多人呼唤和渴望人际交流。骑行系统作为连续且完整的公共空间体系，为人们加强交流提供了重要的集体空间。

借助骑行系统，人与人之间的交流更为轻松，骑行系统为人们在公共空间的交流增加了可能性。

2. 城市角度

城市是交通系统的舞台，骑行系统的价值解读离不开城市这一大背景。

（1）构建完备的慢行交通体系

骑行系统承担了慢行系统的主要职能，与城市公共交通系统、步行系统、机动车出行系统（主要是私家车、出租车）等，共同构造了城市交通系统。如果将公共交通系统比喻成城市交通系统的“骨骼”，那么机动车出行系统就是“血管”，骑行系统与步行系统组成的慢行系统，则构成了城市交通系统的“毛细血管”。这些不同方式的出行系统，共同组成了灵活有序的城市交通系统。

（2）塑造合理的城市功能组合

每个城市都由多种功能区域（例如，办公区域、商业区域、休息区域等）组成，城市居民需要在不同的区域中满足不同的生活需求。骑行系统能将不同的城市功能区域贯穿连接在一起，让居民在功能区域之间自由流动，促使城市功能组合更加合理。

（3）促进城市品位的整体提升

骑行系统和步行系统因出行距离短、出行速度慢等特点，被统称为“慢行系统”。“慢”更符合当下城市发展注重个人感受的趋势，也更侧重于对城市品位的提升过程。骑行系统将城市绿地、商业、办公、学校等区域连接起来，并侧重于打造城市自然水系和绿色空间之间的关联，有效塑造“宜居、宜业、宜游”的城市魅力。

3. 社会角度

交通系统是社会环境不可分割的一部分，其产生的社会价值也构成了自身的内涵。

（1）体现人文关怀

在传统的城市建设中，大量的社会资源被分配给公共交通等机动化出行方式，导致慢行系统的路权被不平等对待。骑行系统的完善运行，也直接要求城市管理方对慢行主体的路权平等对待。这不仅促进了现代城市交通的合理有序运行，更展现出了现代城市的人文关怀。

（2）促进城市经济可持续发展

骑行系统具有节能环保、成本低廉的特点，能吸引更多的城市居民加入其中。骑行环境的持续改善，能促使人们摆脱拥堵、噪声等干扰，增加出行乐趣。同时，骑行活动的开展，也能加强人与人之间的交流，增加骑行系统所串联的商业场所的活跃度，促进整个城市商业的繁荣。

（3）实现人与自然的和谐共处

骑行系统占地面积少，使用清洁能源，避免了汽车尾气和噪声的困扰。骑行系统的建设，侧重于与城市原有的水系、山脉、绿地等自然生态相关联，加强了自然生态的保护。此外，在建设过程中，骑行系统还能融入对当地历史人文特色加以发扬传承的构思，既能解决城市建设与历史人文遗产保护之间的矛盾，也可在人与自然和谐相处的模式上实现重要探索的成功。

案例：自行车和电动自行车销量迎来逆势增长

自2020年年初开始，受客观环境变化的影响，世界各国人民的生活受到不同程度的影响，其中，城市居民的日常出行受到的限制最大。对于大型城市而言，每天运输的乘客人数达数亿次甚至数十亿次，巨大的出行需求隐藏着较大的健康风险。因此，越来越多的人选择搭乘私家车出行，导致城市交通拥堵现象加剧，甚至出现交通瘫痪的情况，这给城市交通治理带来了巨大的考验。同时，大量的尾气排放使城市的空气质量不断下降，对城市居民的身心健康造成了不小的威胁。

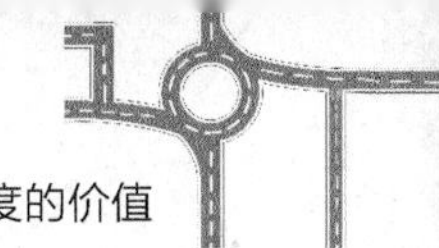

为避免交通拥堵，践行绿色低碳出行的理念，越来越多的人开始寻找更加便捷与绿色的慢行交通工具，而自行车和电动自行车便是首选。对于大部分城市居民而言，自行车和电动自行车足以应付短途日常出行和通勤需求。

在欧洲，大部分人倾向于选择自行车或电动自行车出行。数据显示，2020 年之前，德国的自行车和电动自行车的销量每年下降 15%。而 2020 年后，在外部因素的影响下，原本很多倒闭的自行车和电动自行车零售店重新开业，自行车和电动自行车的销量迎来逆势增长，其中电动自行车的销量首次超过自行车。之所以出现这种情况，一方面，越来越多的人选择自驾出行，道路拥堵加剧，出行效率受到严重影响，因此大部分人选择更加省时省力的电动自行车；另一方面，越是发达的城市，市民的环保理念越强，更加倾向于选择自行车或电动自行车出行。

相比之下，我国自行车和电动自行车的销量并没有出现增长，因为供应链的中断和抑制，不少厂家出现销量大幅下滑的趋势。欧洲的自行车和电动自行车能在 2020 年后逆势增长，很大程度上要归功于先进的自行车制造产业和健全的骑行系统，例如，完善的过街设施、自行车骑行通道等。

一段时间以来，我国很多城市的交通发展是以机动车为主体，自行车的发展空间不断被挤压，其中最为显著的便是路权的变化。很多城市的自行车道不断被压缩，甚至没有自行车道。人们想要骑行，就不得不与机动车抢道。不合理的交通规划导致交通事故频发。为了减少此类事故的发生，许多城市开始禁止电动自行车的销售，这样的政策虽然减少了一部分交通事故的发生，但人们在骑自行车出行时仍然会面临没有路权的窘境，因此想要提高出行效率、践行低碳理念也就无从下手。

近年来，由于外界客观原因的变化，我国更多地区的城市交通规划开始重视慢行系统，尤其是骑行系统的建设，社会大众对“双碳”的意识和观念不断加强，市民的出行需求、城市的交通状况和生态文明的保护迎来了更加和谐的局面。

1.3　骑行系统的特征

骑行系统，显著体现于个体层面和整体层面。只有重视这些特征，骑行系统的规划和管理才能卓有成效。

骑行系统的参与者，主要由自行车骑行者和电动自行车骑行者构成。

1.3.1　自行车骑行的特征

自行车骑行的特征如下所述。

1. 横向空间的需求

骑行者需要必要的空间以完成出行，这一空间的大小由骑行工具本身的尺寸和横向运

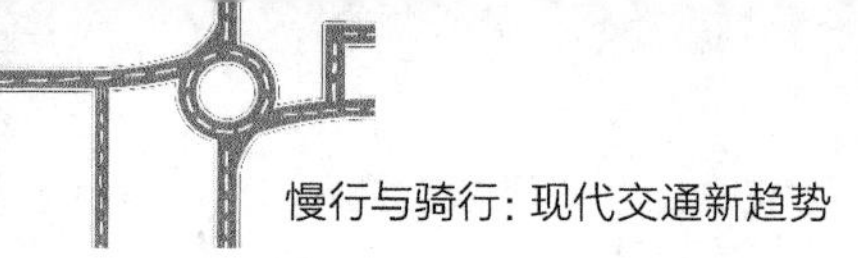

动宽度决定。

自行车骑行的前进路径为直线，因此骑行者只能通过对速度的控制保持行驶平稳。当前进时速为20km以下时，自行车骑行者可以通过肢体平衡协调工作和轻微转向来实现，而速度越慢，用于保持平衡的运动越多，所需的横向空间也就越大。在遇到交通拥堵或信号灯时，骑行者需要从运动状态变为停止状态，这就会带来更多的横向空间需求。

2. 骑行阻力的特点

自行车的前进动能来自人力，电动自行车的前进动能来自电力，无论是人还是电池，所能产生的力量与机动车相比终究有限。当骑行面对较大的阻力时，很难通过持续施加简单力量来克服阻力。针对这一特征，城市交通系统的规划管理者需要通过对骑行道路进行优化设计，尽可能地降低能量消耗。例如，减少轮胎和路面的摩擦阻力、减少逆风阻力、减少上斜坡时的阻力等，这些和道路的规划设计、设施的完善优化等都有密切的关系。

1.3.2 电动自行车骑行的特征

电动自行车骑行的特征如下所述。

1. 出行分担率的增长

电动自行车诞生于20世纪80年代，自20世纪90年代中期以来，我国电动自行车的保有量不断增加，出行分担率也随之提高。

在不同规模的城市中，电动自行车存在不同的使用情况，其各自的出行分担率也和城市现有的公共交通发展情况相关。越是那些交通系统不完善的中小城市，电动自行车的出行分担率越高。而在大城市和特大城市中，电动自行车的出行比例也在逐年上升。

2. 出行特点更明显

电动自行车的出行特点，应从出行目的、出行时段、出行距离等方面加以分析。

（1）出行目的

电动自行车的骑行者通常将之用于通勤、消费和换乘3个方面。其中，通勤比例占70%左右，尤其是早高峰时段最为明显。消费和换乘比例则占30%左右。

（2）出行时段

电动自行车的主要出行时段为早上6点到8点、下午4点到6点，即早晚高峰时间，其主要目的包括上下班、上学放学等。城市交通管理者有必要注意对电动自行车骑行系统进行分时段管理，协调相互关系，提高整体的交通效率。

（3）出行距离

电动自行车骑行者的骑行距离通常为2～10km。其中，出行距离集中在6～10km的比例较大，约占80%，65%的骑行者耗时在40分钟以内。

3. 可变性更强

电动自行车的交通流，既和自行车的交通流有所联系，但也有区分。利用相关调查和观测，可以对电动自行车交通的速度、密度、流量等特点加以认知和分析。

与自行车交通流相比，电动自行车交通流的可变性更强。在交叉路口，电动自行车的加减速行为非常随意，能很快完成自我调整。因此，电动自行车交通流的可变性，比自行车交通流更强。电动自行车在交叉路口加速行驶时，其横向间距会迅速增大，交通流宽度会出现明显的“膨胀”。

1.3.3 交通流特征

骑行交通流的特征，与机动车交通流截然不同。由于机动车的自身特性，其行驶在固定宽度的道路上时，行车者会受到前车影响而不易进行横向变道穿插。而自行车、电动自行车车身宽度相对较小，转向灵活，前后车的穿插、超车屡见不鲜。这就导致骑行交通流几乎不会形成直线车流，而是呈“带状”“群状”甚至是“团状”。

具体而言，骑行交通流主要有以下总体特征。

1. 变化性

骑行工具可以在前进过程中改变原有方向，呈现“S”形曲线前进。同时，骑行者也经常会因为避让、穿越、超车等行为而选择横向移动。

2. 群团性

骑行交通流在前进时并不按直线前进，而是成群结队前进，这很容易导致路面的骑行交通流在某一时间段呈现高密度的情况。同时，骑行者如果结伴外出，还会选择并排而行，同样加重了群团性倾向。

3. 独立性

一些骑行者为避免群团带来的约束和干扰，经常会选择车辆少、空间大的地段行驶，并希望和其他车辆保持距离。因此，他们或选择提前或选择滞后，以确保骑行的“独立性”。

4. 灵活性

骑行工具的灵活特点使骑行交通流的方向和速度经常发生变化。当流量较小时，骑行者能自由行动，其速度不会有太大的变化，而方向则会自由摆动。当流量增加时，骑行者速度增加，骑行方向的变化会更加明显。但当流量上升到一定区间时，由于缺乏车辆穿插空间，就会导致交通流整体速度相对一致，方向变化反而减少。

5. 自适性

在路段和交叉路口的骑行交通流中，骑行者具有相同的自我保护意识，发生整体加速和减速的行为很常见。因此，骑行交通流具有自适性，即骑行交通流的密度能随着通行环境宽度、骑行流量的变化，实现自我适应变化。

针对自行车特征、电动自行车特征，以及交通流特征，城市慢行系统应对交通单元、交通路径、交通节点进行改造升级，使慢行系统能够与市民的生活、娱乐、社交紧密联系，同时提供更多样化的出行体验，使城市与市民和谐共处。

骑行系统是慢行系统的重要组成部分，相对于步行系统，骑行系统的公益性质更强，通行效率与空间需求也更高。因此，城市交通的发展，不仅不能忽视慢行系统的建设，而且还要充分利用其特征带动城市交通系统的发展。

1.4 骑行系统的理念发展

从历史发展的角度来看，在我国交通系统 4 个阶段的更替过程中，骑行系统的发展空间经历了“高－低－高”的变化，并由于自身历史发展而不断推出新的理念。

1.4.1 骑行系统的发展历程

我国骑行系统的发展历程具有典型的阶段性和差异性。骑行系统诞生于骑行交通的长期发展过程中。改革开放初期，自行车是骑行的重要交通工具。随着机动车时代的到来，人们对自行车从追捧到舍弃，而后又开始以骑行为中心塑造出行的新文化、新风尚，使骑行交通从初步推广到风靡全国，再在新的交通体系中焕发生机，各类骑行系统的特色也根植于骑行交通跌宕起伏的成长中。

1. 骑行系统初步推广阶段

20 世纪 50 年代至 70 年代末，随着自行车的快速发展，骑行系统逐渐成为我国城市交通系统的主角。20 世纪 50 年代，我国自行车生产厂家数量相对较少，主要集中在几个特大城市，自行车产量低、种类少，其适用范围集中于大城市。

据统计，当时全国 20 个大城市的自行车拥有量约为 100 万辆。20 世纪 60 年代，自行车生产的巨大进步使这一数字翻了 3 倍。20 世纪 70 年代，全国自行车拥有量达到 1 亿辆，自此，自行车开始从大城市推广至中小城市及农村，我国居民的出行习惯发生了重大的改变。

2. 骑行系统问题凸显阶段

20 世纪 80 年代，改革开放激发了经济活力，自行车生产量迅速增加。随着经济的迅猛发展，居民收入逐年增长，20 世纪 80 年代末，我国居民自行车拥有量约达 4 亿辆，占当时全世界自行车拥有量的三分之一。此时，城镇适龄居民人均拥有一辆自行车，自行车成为出行的主要交通工具，甚至成为重要的运输工具，骑行也开始成为经济发达地区居民的时尚休闲方式。

20 世纪 90 年代初，自行车数量逐渐趋于饱和，自行车保有量自 1995 年达到历史最高峰后迅速下降。在汽车工业发展突飞猛进的背景下，道路交通规划和基础设施建设开始侧重于机动车系统，自行车道路空间则缺乏科学合理的规划，导致骑行空间少、停车位不足，骑行道设置受机动车道限制等问题出现，这些问题影响了骑行的便捷性和安全性，导致骑行人数不断下降。

3. 城市慢行系统探索发展阶段

20 世纪 90 年代至今，交通拥堵日渐成为满足城市机动化需求的阻力，为解决拥堵问题而建的高架、立交、快速路等基础设施，未能从根本上缓解交通压力，反而激发了更加巨大的交通需求。近年来，越来越多的城市认识到慢行系统发展的重要意义，骑行系统发展随之受到重视。

近年来，我国大多数城市将公共自行车交通列入公共交通建设体系，同时，在“互联网 +”的时代背景下，市场上涌现出了众多共享单车品牌，有效倡导绿色出行理念，引导居民在选择自行车出行时树立正确的价值取向。骑行代表着城市活力，蕴含了居民对城市区域划分的尊重态度，体现了和谐平等的社会氛围。在此阶段，由于各种交通方式衔接不畅，服务网点少，自行车专用道等基础设施缺乏，盗窃损毁问题突出，复兴中的骑行系统对城市交通的改善效果被严重削弱。这也让全社会逐渐认识到，完善的骑行设施、良好的骑行环境才是改善骑行系统的重要措施。

1.4.2 骑行交通体系设计理念的发展历程

正因有从“车本位”到“人本位”的战略转变，有从“监管”到“服务”的理念革新，再到骑行文化从没落到创新，才会有第一条骑行专用道的诞生，才会有“世界无车日”的提出，才会有各项一年一度的骑行赛事，才能有优化公共交通、步行和自行车等绿色交通路权分配的措施。同样，骑行交通体系设计理念的发展，也逐步明确了慢行系统的本质内涵。

1. “以机动车为本”的理念阶段

20 世纪 90 年代至今，居民家庭收入不断增加，随着机动车的各类快速通道等基础设施的日益完善，机动车比自行车更能满足机动化出行需求。对大多数居民而言，拥有汽车成为高品质生活的重要指标，而自行车则被认为是没有能力购买汽车前的代步工具。

当时，多数城市的道路交通规划往往侧重于发展机动车系统，而忽略了骑行系统。骑行道路空间少导致自行车行驶混乱，交通事故频发。停放管理设施不完善，导致自行车乱

停乱放影响交通秩序。这些因骑行交通基础设施建设不完善产生的次生问题，让骑行交通成为各大媒体口中交通拥挤的“罪魁祸首”，加深了人们对自行车交通的偏见。

2. 从“监管”转向“服务”阶段

2008 年后，随着城市机动化进程加快，小汽车保有量迅速增加，能源短缺、交通拥堵、大气污染等问题层出不穷。在提倡节能减排、可持续发展的时代背景下，发展“零能耗”“零排放”的自行车交通，成为实现城市交通可持续发展的内在需要。城市管理方意识到，从慢行系统的特性而言，其不仅能在短距离出行中发挥优势，还能有效解决公交“最后一公里”问题，在确保服务网点充足、与其他交通工具换乘衔接紧密的前提下，骑行系统的建设将有助于扩大公共交通的服务范畴。

在该理念的指导下，多数城市对骑行交通的态度，开始从监管转变为服务，越来越多的城市认识到骑行系统发展的区域性和阶段性差异，并着手结合城市特色规划骑行系统。对骑行系统的合理定位，是骑行系统规划成功的关键步骤，分析城市类型和城市的发展程度，是明确骑行系统定位的重要方法。例如，在较为发达的大城市，自行车主要发挥补充作用，而在中小城市，自行车可发挥主导作用。

3. 骑行新文化倡导阶段

2012 年前后，低碳、节能、环保、强健体魄、休闲时尚等理念开始主导骑行新文化的内容变化，这与政府的引导密不可分。同时，我国倡导绿色出行，支持城市交通可持续发展，有力促进了这一文化氛围的形成。

例如，每年的 9 月 22 日为“世界无车日”，在政府及各类环保组织的号召下，越来越多的城市参与这一活动。2019 年，交通运输部牵头印发《绿色出行行动计划（2019—2022 年）》，计划重点强调骑行交通对缓解交通拥堵的重要作用，并提出要优化绿色交通方式的路权分配。

1.5 骑行系统规划的目的和意义

骑行系统规划是指城市建设和管理主体有意识地对未来较长时间内某一区域范围所要构建的骑行系统进行全面、长远的考量和设计。通过规划，城市建设和管理主体对所在城市需要什么样的骑行系统，提前进行谋划、设计，以满足城市发展需要和城市出行者的多元化需求。

1.5.1 骑行系统规划的内容

一个城市想要建设与现代化城市发展相适应，能承担现代化城市多元功能的交通系统，必须做好城市交通系统规划。骑行是当下城市居民流行的出行方式，骑行系统无疑也是城

市交通系统的必要组成部分。因此，骑行系统规划的工作必不可少。

骑行系统主要包含两个要素：一是骑行活动所需要的车道等场所，即骑行系统的空间要素；二是骑行活动的参与者，即骑行系统的主体要素。骑行系统是城市交通系统的构成部分，现代骑行系统除了满足城市居民必需的交通出行功能，还能提供居民休闲娱乐、强身健体、社交等多种功能。

为满足骑行系统要素的需求和功能的实现，从制定过程递进的层面来看，骑行系统规划可以分为以下 3 个阶段。

1. 总体战略规划

骑行系统的总体战略规划，是指规划的制定者根据城市的具体地域地貌特征（地势、气候等）及城市一段时间内的总体发展规划，结合所在城市现有的交通系统特点（机动车数量、公共交通设施情况等）及骑行系统的现状，准确地对骑行系统进行定位，明确发展目标，并提出具体的发展对策。同时，骑行系统的总体战略规划也服务于城市总体发展规划和城市综合交通规划，用以指导骑行系统相关的具体设施建设。

2. 具体布局规划

骑行系统的具体布局规划，是骑行系统总体战略规划的深入步骤。具体布局规划要求明确骑行系统的规模、功能，以及不同交通组团之间的衔接。具体布局规划与居民的各项骑行活动密切相关，对骑行系统所蕴含的休闲、锻炼、社交等功能加以充分体现。

3. 微观设施规划

微观设施规划，是指骑行系统微观层面的设计步骤。该步骤针对具体布局规划中各种骑行系统的通道设施、休憩设施、转换设施的建设和重构展开，将总体战略规划和具体布局规划由纸面变成现实。

骑行系统的总体战略规划、具体布局规划和微观设施规划，是城市骑行系统由点到面再到网的层层递进。通过一系列规划，可以从战略定位到具体设施层面服务于城市慢行系统，既满足城市可持续发展的需要，又满足城市居民对健康、低碳出行的需求。

目前，许多城市已经意识到，不管城市发展到什么阶段，慢行系统都是衔接机动车出行的重要方式。在慢行系统建设过程中，骑行系统体现出了方便环保、通行效率较高的特点，对填补公共交通服务空白和促进绿色城市发展都具有显著作用。

1.5.2　骑行系统规划的目的

做好骑行系统规划，将骑行系统纳入城市交通系统和城市整体发展规划，不但能满足城市居民短距离出行的需求，而且能满足城市居民休闲、锻炼、社交等活动的需求，从一定程度上反映城市的品位和魅力。

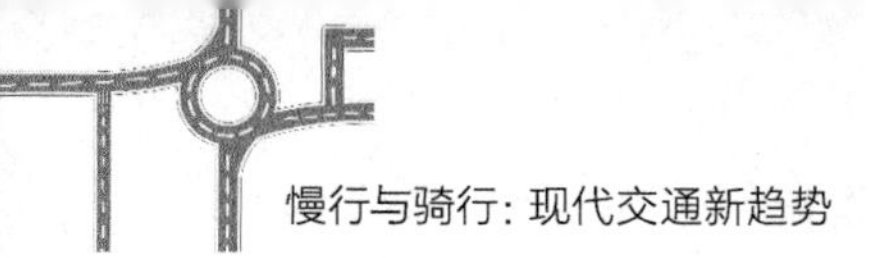

骑行系统规划，归属于城市交通体系规划的范畴，但其侧重点和分属的层面不同。因此，骑行系统规划更关注骑行参与主体的感受。

骑行系统规划主要有以下 5 个目的。

1. 完善城市交通系统

城市交通系统的规划与建设，直接影响城市管理水平的提升和城市经济的可持续发展，更影响城市交通系统参与者的幸福感和舒适度。骑行系统规划作为城市综合交通系统和城市整体发展规划的一部分，还承担着打通城市出行“最后一公里”的责任。科学合理的骑行系统规划，必须与城市的整体发展定位相匹配，成为完善城市交通系统的重要部分。

2. 践行平等交通路权思想

传统的城市交通系统中，参与工具多以机动车为主，参与方式多为自驾出行和公共交通。同时，步行出行因其出行距离短、适用范围小等局限性，已经不能作为现代城市交通出行的主要方式。因此，绝大多数城市的交通资源曾倾向于分配给公共交通和汽车等机动车交通出行模式。骑行系统规划担负着构建和谐城市交通体系的职能，必须将平等路权作为规划目的之一。

3. 落实低碳交通政策方针

大多数城市在经历了高速发展后，面临着机动车保有数量激增、城市出行拥堵、交通安全事故频发、空气污染严重等难题的困扰。从国家战略层面来看，自 2010 年开始，国务院便将交通运输行业确定为节能减排的重点行业之一，并明确加快建设低碳排放的交通运输体系。“双碳”目标的实现，离不开高效、节能、清洁的交通出行方式的参与。骑行系统规划的重要目标，是以骑行作为城市最基本的交通出行参与方式，推出鼓励和扶持政策，完善相关设施建设，从而落实低碳出行方式的全面实现。

骑行系统是慢行系统的重要组成部分，低碳出行则是环保维度的概念，是相对于传统出行方式更为环保、更加节约资源的出行方式。因此，骑行系统同样是低碳交通系统的重要组成部分。

4. 构建和谐城市交通环境

骑行系统是连接城市公共交通、步行交通等不可或缺的一环。骑行系统规划的最终目的在于将城市骑行绿道、城市绿色景观、城市商圈等设施加以融合，让慢行系统与城市的整体发展形成和谐共生的关系，为城市居民提供良好的生活和出行环境。

5. 推动城乡统筹发展

骑行系统规划，不仅能推动城市交通实现绿色低碳，还能在城乡统筹发展的背景下，落实乡村振兴等国家战略。

2021 年，《中共中央 国务院关于全面推进乡村振兴 加快农业农村现代化的意见》发布，该文件指出，乡村建设应摆在社会主义现代化建设的重要位置。在现代化农村建设中，交通运输行业应进一步转向更注重质量效益、更注重一体化融合、更注重创新驱动的方向，推动城乡统筹结合的交通运输发展。其中，慢行系统是城乡出行体系的主要组成部分。

当前，我国城市的慢行系统基础设施网络已相对完善，而城际、城乡的慢行出行条件较差，尤其体现在公共自行车设施和服务的缺失上，难以满足广大城乡居民的出行需求。尽快推动骑行系统规划向乡村的延伸已迫在眉睫。其具体目的包括以下 3 点。

（1）促进城乡慢行一体化发展

在城乡之间，慢行设施和服务建设可解决居民出行“最初一公里”和“最后一公里”的问题，提供良好、便利、舒适的公共自行车出行保障，真正实现“门到门”服务。

（2）推进农村自行车道路建设

不仅在城市，在经济相对发达，人口、环境符合条件的乡村地区，也应大力推广公共自行车专用道路，避免机动车、非机动车、行人混行的局面。

（3）打通城乡旅游新途径

建设城乡骑行系统，还应致力于建立城市和乡村之间的旅游联系，促进城市居民形成乡村休闲游的消费习惯，拓展与旅游产业相关的市场。通过建设连续的城乡骑行系统，缓解现有乡村旅游景点交通不便、停车难、污染重等问题，也能解决新乡村旅游景点的吸引力问题，更能满足景点沿线从业人员的日常出行需求。

1.5.3 骑行系统规划的意义

通过优化城市街道功能，建设适于骑行者参与的“公交 + 骑行 + 步行”一体化交通出行模式，打造便捷的慢行系统，维护骑行者的路权。规划完善的城市骑行系统，有助于满足城市居民日益增长的生活工作、运动健身、休闲旅游等多样化需求，提升城市的人居环境和居民的生活质量，增强城市活力。

骑行系统规划的意义如下。

第一，有利于打通城市交通“最后一公里”。

构建契合城市空间结构与不同用地功能的骑行交通体系，建立骑行与公共交通、步行之间良好的换乘系统，能充分发挥骑行交通便捷、安全、舒适、经济的优势，将骑行作为不同功能区域间的交通衔接工具，以弥补公共交通可达性的不足，更好、更便捷地实现交通出行的目的。

第二，有利于提升城市环境品质。

通过构建符合城市自然和人文特质的骑行交通体系，加大骑行绿道等基础设施建设，实行机动禁行或者限行措施，完善公园、商场等骑行系统相关配套建设，加强骑行系统与城市公共空间、绿地空间、商业空间密切衔接等措施，可以有效提升骑行系统的出行品质，

达到鼓励和引导公众使用骑行系统的目的，同时也能有效提升城市的慢行环境品质。

第三，有利于塑造城市魅力。

规划和建设科学完备的城市骑行系统，构建贯穿于城市不同公共功能空间的骑行交通网络，能连接城市绿地、商场、办公场所、政府等公共功能空间，提高骑行交通的通达水平和舒适水平，塑造具有“慢”交通特质的城市风格，打造在经济发展、环境保护和人居环境改善 3 个方面都能健康发展的“健康城市”。

随着公共交通的普及，如何打通城市交通“最后一公里”的出行成为城市管理者最关心的问题之一，以骑行系统为代表的慢行系统的复兴意义正在于此。

第四，有利于出行文明升级。

通过大力推广骑行系统规划，能有效撬动绿色低碳出行。为此，不仅需要投入充足的资源，还应自上而下地完成政策法规、基础设施、出行理念等层面的重要转变，形成交通文明的变革。

通过对骑行系统的规划，还能改变全社会对出行的认知，当理念层面注入了新鲜血液后，出行文明的升级也就指日可待了。

案例：厦门市的骑行系统规划与建设

在不少城市，由于交通拥堵引发的不便，很多人每天需要花费大量时间在通勤上。实际上，有些人的通勤距离只有 3 ～ 6km，选择骑自行车或电动自行车出行效率会更高，许多城市居民也都认为，如果骑行环境好，骑行系统建设完善，自己更倾向于骑自行车或电动自行车出行。

然而，由于骑行系统规划不合理，市民骑行并不方便。例如，一些城市的道路并没有规划非机动车道，有些虽然规划了非机动车道，却和汽车辅道混行，存在较大的安全隐患。

随着“双碳”战略的落实，各地政府纷纷倡导绿色出行，自行车和电动自行车作为低碳出行的代表性交通工具，深受社会欢迎。实际上，21 世纪初，很多环保人士便提出了“3510”的环保理念。其中，“3”是指 3km 内提倡步行，“5”是指 5km 内建议骑自行车或电动自行车，“10”是指 10km 内可以选择公交出行。从目前状况来看，我国大部分城市的骑行系统尚不足以支撑“3510”环保理念的践行。但在一些城市，由于交通规划较为全面，城市居民的骑行环境非常优越，完善的公共自行车骑行系统不仅有效缓解了城市交通拥堵的问题，同时还兼顾了城市居民旅游、社交、健身、运动等方面的需求。在这些城市中，厦门市的骑行系统建设最为全面。

厦门市是我国著名的港口及风景旅游城市，幸福指数较高，具有优美的生活环境和良好的出行效率。

从 2010 年开始，厦门市规划委围绕中短距离通勤出行需求进行了全面规划，以自行车和电动自行车为主体，致力于提高居民公共交通出行“最后一公里”的满意程度。在此基础上，厦门市规划委颁布了一系列自行车道的建设和改造标准，确保市民骑行的安全。另外，厦门市政府还在居民区、公交站点、公共设施、旅游景点等区域大力建设公共自行车服务点，最大化满足市民的出行需求。

在政府的有效治理下，厦门市的骑行系统不断完善，不仅能满足市民的出行需求，还是游客游览各大景点的首选交通工具，为厦门市取得了良好的社会效益。

1.6　骑行系统规划的方法和类型

通过调查研究发现，不同城市的骑行系统由于所处环境不同，形成差异化的特点，但仍呈现明显的共同点，即骑行系统并非只有一套简单的系统，而是可以根据不同的问题形成多套解决模式，再将这些模式充分组合加以运用，最终构成完整的城市骑行系统。

在骑行系统中，常见的框架组成因素包括以下几类：为提升骑行体验而与绿地组合的骑行绿道，为提升骑行便利性而设计的专用骑行道，为方便通勤而设计的通勤车道等。

1.6.1　骑行系统规划的方法

科技飞速发展，机动车交通始终受到重视，但即便如此，骑行系统在城市交通体系内依然占有一席之地，骑行者数量仍具有可观的规模。这些事实足以说明采取正确的方法规划骑行系统的重要性。

以下是骑行系统规划的主要方法。

1. 整合自行车道与其他公共道路

骑行系统规划并非要回避城市发展扩容这个大趋势，而是结合这一趋势主动促进骑行系统的现代化发展。

在骑行系统规划中，需要将自行车道与其他公共道路进行系统性整合。例如，在许多城市的公共交通枢纽和客流量密集的公共场合，都会规划设立自行车停放场所，以此解决从车站到家的“最后一公里”出行问题，也为其他骑行者提供了安全的停车环境。

又如，在某些城市，公共建筑区域的规划设计会选用大量无障碍慢行设施，借助坡道等，骑行者可以将自行车从出行起点一直连接到所要前往的公共区域，从而提升了骑行系统的可达性。

2. 确保安全的骑行环境

骑行系统规划的另一种重要方法是建立完善的自行车定向标识系统，以确保安全的慢行环境。该方法主要是通过不同的视觉表达方法来区分不同类型的自行车路线，方便骑行者选择适合自己的路线。

此外，城市规划者还要采用配备自行车停车场所、非机动车道辅助设施等方式，让骑行者的安全得到足够的保证。

3. 完善骑行服务设施

通过主动完善骑行服务设施，骑行系统规划能实现对城市慢行管理水平的整体提升。例如，在街头设置共享单车设施服务区，骑行者通过扫码确认，能迅速骑上单车。通过线上规划，开发的小程序和 App 能提供详尽的自行车设施地图，也能帮助骑行者快速了解如何抵达目的地，从而提高骑行效率。

4. 规划相关政策

“无规矩不成方圆”，任何交通系统规划得以执行的前提，在于一定的规则指导，骑行系统也不例外。在发达城市，机动车和非机动车的交通系统发展迅速、管理完善，其前提就在于提前规划相关政策。

除了直接与骑行行为相关的政策规划，城市街区的规划也必不可少。通过城区与交通规划的相互协调，各类型的建筑能在同一区域高密度发展，使有限的范围内尽可能配备不同类型功能的建筑，促使骑行出行的目的地更近，间接提高了城市慢行系统规划的科学性。

1.6.2 骑行系统的构成种类

根据不同城区之间的相似点及差异性，骑行系统通常由以下种类构成。

1. 绿廊系统

绿廊系统通常借助经过城市的公园绿地或河流景观来设计骑行道路，以提升市民的骑行体验，从而达到促进更多人选择骑行的目的。

在我国的城市中，大型草地区域并不常见，城区的公共绿地面积较小、分布零散。因此，我国的绿廊骑行系统通常利用一定的设计逻辑和手段，将零散的绿地区域加以有效串联。例如，通过对现有公园草地或者河流沿岸的骑行道路进行叠加等手段，形成新的绿廊系统规划图。

2. 通勤系统

城市化的发展意味着更快节奏的工作和生活，骑行者对到达目的地的出行速度提出了更高的要求。在城市的慢行系统中，通勤系统同样是不可或缺的。此外，由于城市的所处地域、经济发展、文化定位各有不同，其通勤系统的规划设计也应有所差别。

例如，上海市作为发达的国际大都市，其特色在于高度的商业化，城市人口活动密度最大的区域基本都是商业中心。因此，上海市通勤系统大部分规划设计在商业中心的附近。城市规划者选出上海市的各大商业中心后，按市级和区级加以划分，将之按照最短路径的原则两两相连，并对不同级别的通勤路线加以叠加，由此形成完整的上海市通勤系统。

3. “最后一公里”骑行系统

随着长途交通体系的日渐发达，高铁、机场的出行人数逐年增加。但在所有城市的规划体系内，都将机场、高铁站设置在离市中心或居民区有一定距离的地域，这就导致“最后一公里”问题的出现。选择高铁、飞机等交通工具远途出行的人群，往往无法直达火车站、机场，而是需要行走数百米甚至数千米的路程。

为解决这个问题，“最后一公里”骑行系统出现了。相关规划部门通过有效规划，在长途公共交通枢纽附近设置自行车停放场所及租赁场所，并对其进行缜密规划，即可有效解决类似问题。

即便在原本难以出现公共自行车身影的机场区域，情况也发生了变化。2021 年 12 月 15 日，北京大兴机场公共区管理部经过科学调研和积极沟通，正式在机场红线内投用共享单车，迅速完成了初期规划的 25 个共享单车停放点位、800 辆共享单车投放工作。北京大兴机场各驻场单位员工还享有骑行的优惠福利。

通常而言，骑行系统的运营资金主要来源于各地政府，规章制度也由各级政府制定。由于骑行系统涉及长期的建设、维护、监管等工作，需要耗费大量的人力与物力，因此可以使用“市级统筹、区县主责、企业运营”的管理模式来实现高效的管理。例如，“共享单车”系统内采用的正是类似的管理模式，并在近几年的实践中取得了不错的反响。

1.7　骑行空间

无论城市规模多大，只有具备一定的活动空间，才能为市民提供出行、社交、消费、工作、娱乐的场地，以此确保城市的经济增长活力。骑行系统的空间规划设计，对此具有深远的意义。

1.7.1　骑行空间的概念

骑行空间的内涵，与骑行交通行为相比更为丰富。骑行空间是指以骑行交通路径串联而成的公共空间和景观环境的整体，该空间归属于以骑行工具和步行方式为主的连续慢行空间。骑行空间不仅承担交通功能，也具备为城市居民提供工作、社交、娱乐、运动空间的重要价值。

如今的骑行空间，不能脱离慢行空间而独立存在。通过明确骑行空间的概念，我们能更清晰地理解什么是慢行交通。

慢行交通所谓的“慢”，与“快”是相对应的。如果单纯从时间成本角度分析，交通体系发挥功能当然越快越好。但在现实世界中，由于公众空间和个体时间的资源有限，片面追求“快”反而造成了“欲速则不达”的结果。正因为如此，从 20 世纪 60 年代末开始，备受小汽车普及影响的荷兰、丹麦等国家，发起了慢行交通复兴潮流，步行、骑行重新进

入主流交通选项，成为新时代交通系统的象征。骑行空间也由此成为城市交通规划的重点内容。

骑行空间所代表的慢行空间，其特点并非在于效率低下，而是相对于快速化、机动化、工业化的出行而言，追求轻量化、零排放、人性化的出行方式，打造能支持这一出行方式的有效空间。因此，骑行空间概念的核心在于"凸显人类活动主体地位"的交通空间，在这一空间内的出行方式，必须全部或部分来自人力驱动，体现人性需求。

在我国各地理解骑行空间概念的过程中，既存在可喜进步，也存在一定的问题。从国家层面而言，推动骑行空间建设的相关政策规格正不断提升，城市自行车交通以及与之相关的步行体系、绿道网、旅游慢行系统等基础设施日渐完善，共享单车、绿色出行、交旅融合等创新理念不断出现，形成具有鲜明时代感和国情特色的交通空间建设理念和经验。

与此同时，我国的骑行空间在推广普及的过程中也暴露出了一些问题。在很多城市，以汽车为本依然是交通空间规划、建设、发展的核心。同时，在已建成一定水平骑行交通空间的城市内，设施水平和出行占比匹配程度不足，管理水平不够。城市的慢行空间完善程度相对较高，而在广大农村地区还未形成城乡一体化的慢行空间体系。

随着交通科技的进步、社会文明的发展，通过梳理骑行空间的概念，我们应进一步致力于推动慢行交通发展，建设以人为本、环境友好、社会公平的慢行空间。这需要从以下 4 个方面加深对慢行空间概念的认识。

（1）顶层设计

建议编制国家层面的慢行空间建设发展规划，明确阶段性发展目标，提出相关措施和重点任务，推出相应的财政和税收鼓励政策。同时，还应鼓励地方政府将慢行空间建设发展纳入城市交通行业发展规划，将自行车道、步行车道建设纳入公路规划内容。

（2）建立组织

建立慢行空间建设研究机构，设立跨行业协调机构，积极开展相关工作的组织指导。鼓励各相关企业、机构成立慢行空间建设的研究协会团体，进一步整合全社会资源推动慢行空间建设。

（3）完善设施

各地应积极考虑依托现有交通系统空间，建立慢行空间，以提升公路交通的社会服务品质。对于有条件的地区，应考虑开展慢行空间体系建设试点，以逐步推动省级、国家级慢行交通路网建设。

（4）加强宣传

在现有信息共享机制的基础上，进一步搭建国家级慢行空间建设交流平台，广泛凝聚，创新模式，形成持续集体推动力，让全社会对慢行空间的概念有更深的认识。

1.7.2　骑行空间的组成

骑行空间既应具备通行保障价值，也应提供综合社会价值，同时还应发挥公共活动空间的重要意义。由此，我们可将骑行空间划分为两大类型，分别是骑行交通系统空间和骑行休闲系统空间。

1. 骑行交通系统空间

骑行交通系统空间主要指以上下班、上下学、消费、社交为目的而形成的交通体系，主要包括骑行道、骑行停车场、骑行服务等交通设施。

2. 骑行休闲系统空间

骑行休闲系统空间主要指以文娱、旅游、体育等活动为目的，结合相应的城市区域功能而形成的休闲空间，例如，滨水绿道、公园绿道、城市绿地等空间。

从更广的角度而言，骑行空间系统隶属于慢行空间系统。慢行空间的核心定义是指为步行、自行车出行服务的交通空间。这一交通空间的共性特点在于主动式出行，即该空间是为全部或部分依赖人力出行者提供服务的，包括步行、自行车、平衡车、滑板、轮椅、助力车等。从整体而言，发展自行车骑行空间系统，能很大程度提升慢行交通空间系统的建设水平，一旦形成完善的自行车出行基础设施，具备良好的自行车出行社会氛围，就能带动其他方式的慢行交通空间建设。因此，骑行空间的组成也与慢行空间有密切的关系。

1.7.3 骑行空间的特点

骑行空间具有公共性、开放性的性质，充分认识和把握其特点，通过有效规划，能使空间得到充分利用，从而发挥其社会价值。

1. 线性

骑行空间在本质上属于线性结构，即空间的组成内容和结构并非始终不变，而是根据骑行者的前进方向呈现不同的组成内容。

2. 开放性

骑行空间具有显著的公共特性，是为城市所有人服务、能供所有人使用的资源。骑行者进入这一空间后，道路资源、设备资源都并非专属，而是能和其他人共享。

3. 系统性

骑行空间的系统性，强调整个空间的协调性。骑行空间的高度、宽度及各组成部分，都应在有效规划管理下相互积极影响，为整个城市空间带来质量的提升。

4. 多元性

城市生活本身是多元的，在其复杂的结构中，又会产生不同的功能区域，其发展程度、

性质归类、人文风貌会有所不同。即使是类型相似的慢行空间，也会有具体构成的差别。这样的多元性促使城市形成不同类型和风格的景观，城市骑行空间则会在其中以线性结构串联不同的空间内容。

5. 视觉性

传统骑行空间承担的功能相对单一，而新的骑行空间则截然不同。相对于机动车出行而言，骑行系统能为出行者提供充足的视觉关注资源，使他们能在骑行的过程中近距离观察、体验环境的特点。

1.7.4 骑行空间的意义

骑行空间能改善城市道路环境，推动居民出行效率提升。骑行空间还能为社区居民提供难得的社交空间资源，正是在这样的空间内，居民之间的交往活动不再是只有上下班、上下学等经过计划组织的经济活动，而是蕴藏凝聚力的群体活动。

骑行空间不仅具有上述意义，同时还能带动城市商业发展水平的提升。经过成熟规划管理的骑行空间，能促使骑行者所经过地区的商业区域产生良好的氛围，增加商业行为的流动性，促进经济的发展，甚至可能给整个城市的经济发展带来正面影响。

与欧美城市相比，我国城市人口密度大、城市建设强度大、土地混合利用率高，这些特征都使城市居民的日常出行距离大多控制在较短的范围内，这构成了慢行交通在我国的天然优势。正因为如此，我国的市政道路在规划设计和建设中，总是在机动车道两侧预留非机动车道以发展骑行空间。尽管由于小汽车进入千家万户导致城市道路系统的承载能力受到挑战，因此出现各种侵占、压缩甚至取消慢行空间的现象，但我国的城市交通依然具有良好的慢行空间打造基础。

在这一背景下，打造以骑行系统为代表的骑行空间，就显得更具现实意义。打造骑行空间，能“唤醒”我国市政道路原本具有的慢行交通优势，重新激活慢行系统的路网空间，确保其空间完整、宽度可用。同时，打造骑行空间，能作为城市慢行空间交通系统规划的实践，形成科学化、系统化的国家标准，保障慢行系统的规划建设底线。

推动骑行空间建设，意味着进一步完善综合交通系统，提升城市交通韧性，改善交通环境，实现绿色转型。其发展的深远意义，在于将交通系统从生活的基本硬件保障变为环保生活理念的载体，将出行从生存的基本行为转变为健康生活的休闲锻炼方式，将慢行从被动为之的适应方式提升为主动追求的交通选择。

从短期意义看，开展骑行空间建设益处良多。在城市层面，骑行能有效缓解交通拥堵，降低碳排放量，改善公共空间的建设品质，凸显宜居性。而骑行空间在农村层面的模仿、复制和推广，也能提升当地出行环境的安全性，推动旅游产业的发展，提高城乡交通运输的均等性，切实推动城乡一体化在交通领域的进程。

从长远意义看，开展骑行空间的规划建设，能切实改善绿色出行环境，确保骑行者走得更加安全、通畅和舒适。这一改变会反过来促进社会各界提高认识，为慢行交通环境的优化提供良好的舆论氛围。

1.7.5　骑行空间的问题与应对策略

一段时间内，我国因城镇化的迅速发展而忽略了骑行空间的建设，影响了骑行者的切身体验和实际利益，其主要问题表现如下。

1. 空间混乱

在功能层面，骑行空间混乱，机动车位、电线杆、公告栏等公共设施分布不当，占用骑行空间。

在空间划分上，没有实现充分的规范化。例如，绿化带、座椅、骑行道路没有进行科学的划分，导致这些公共设施均无法发挥正常的效用。又如，骑行道路和人行通道之间缺乏隔离桩，导致相互干扰，无法保障各自的畅通无阻。

2. 服务要素供需失衡

在部分城市，骑行空间内的服务要素供需不匹配。例如，现有骑行道路旁的停车设施数量不足、品质不佳。此外，骑行空间的植被绿化效果也有提升的空间。在部分城市，现有的骑行空间绿化率较低，难以满足骑行者在夏季骑行时的遮阳需求。相反，过多的植被也会导致蚊虫增加，带来不佳的骑行体验。

公用设施种类单一，或类型重复。例如，同一街道上，停车设施过多而不协调，道路铺装方式雷同，无法安全通行。

针对骑行系统存在的上述问题，应利用有效策略加以解决。

（1）综合利用空间

为开发骑行空间的价值，城市规划者需要有效整合不同需求，使空间能提供多元化功能。例如，将绿化带和骑行服务设施加以结合，避免占用过多的骑行空间，或在过街天桥下部署骑行停车设施，这既有良好的遮阳效果，又能节约土地资源。

（2）适应绿色生态

打造骑行空间应主动遵循绿色生态、可持续发展的理念，追求美观性和环保性。例如，骑行道路两侧的树木应避免选择根系发达的树木种类，避免损害道路基础设施。

（3）利用先进技术

骑行空间应充分利用先进技术，结合大数据、智慧工具等，为骑行者提供综合性服务。例如，部分空间在条件允许的情况下，可以实现无线网络的覆盖，骑行服务设施也可以实现物联网控制等。

（4）打造地标特色

优秀而富有特点的骑行空间应作为城市特殊文化资源的一部分，在其发展过程中尊重

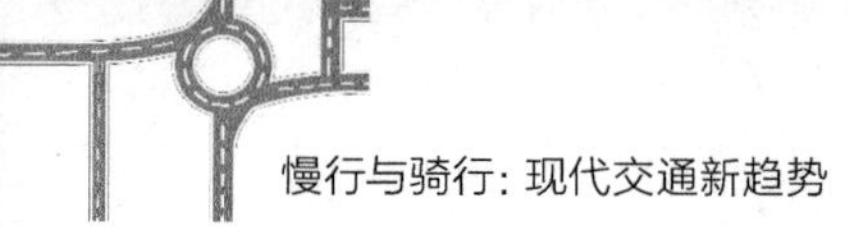

场地原有的特点，既考虑现代骑行需求，又注意对原有的历史特点、人文氛围加以继承性发展。

随着骑行系统被不断重视，骑行空间价值形成新的内涵。重视骑行空间，就是重视城市空间的开发和利用。理解骑行空间的价值，采用不同的策略解决原有问题，才能拓展出新的应用空间。

以骑行系统为代表的城市慢行系统对于城市交通的分担作用越来越强。为了全面建设完善的城市慢行系统，各地政府需要积极投入资金加强城市慢行空间的建设及运营工作，例如，增添自行车维修人员或停车场地，提高市民骑行的满意度。

在城市慢行空间的发展过程中，以人为本理应成为最受重视的原则。建设城市慢行空间，意味着要实现“从车到人”的转变，不仅要关注慢行通道是否具有交通意义上的安全性，还要打造其以人为本的服务功能。城市规划者应看重整个城市的道路网络是否能和慢行交通设施积极整合，以及骑行者和步行者在通行和停驻过程中的环境是否能得到改善，并最终实现慢行交通和其他城市交通方式的协调共生。

目前，我国已出台了关于慢行系统的一系列政策法规，例如，住房和城乡建设部、国家发展和改革委员会、财政部印发了《关于加强城市步行和自行车交通系统建设的指导意见》，住房和城乡建设部编制了《城市步行和自行车交通系统规划设计导则》，各地在建设城市慢行空间时，需要仔细研读并严格遵守相关制度，并争取获取相应的资金和政策支持。

案例：鼓励骑行的深圳市

2020 年，深圳市编制了《深圳市自行车交通发展规划（2021—2035）》（以下简称《规划》）。《规划》指出，深圳市将不断鼓励自行车骑行，并为此持续加快建设自行车道。在整个“十四五”期间，深圳市每年将建设不少于 300km 的自行车道。

在此之前的 2018 年年底，深圳市自行车道仅有 1440km，约占道路里程（不含高速路、快速路）的 11.2%，远低于上海、北京等城市，而其中无隔离的自行车道占比则超过了 80%。这导致深圳市自行车出行的分担率只有 8%，骑行发展环境相对城市发展滞后。正因为骑行系统的价值无法充分发挥，深圳市才大力推进相应规划和建设。

为此，《规划》列明了深圳市将成为自行车友好城市的三大类共 16 项具体指标，宣布深圳市将倡导市民的骑自行车出行，打造“自行车友好城市”。

按照《规划》，深圳市将分 3 个阶段推进骑行交通发展。

第一阶段是重点突破阶段。2021—2025 年，明确深圳市自行车交通发展的战略方向，奠定政策基础，推进骑行设施建设。

第二阶段是全面推进阶段。2026—2030 年，深圳市将推进自行车高品质基础设施建设，重点骑行单元的骑行设施体系将在 2030 年全面建成。

第三阶段是巩固提升阶段。2030—2035 年，深圳市将完善骑行交通设施，弘扬骑行交通文化。

《规划》发布后，深圳市交通运输局按照“轻重缓急”的原则，对市民普遍关注的痛点进行了解，通过网络问卷、当面座谈等方式，收集梳理了一批反映强烈、亟须重点建设的路段和节点，将之纳入当年首批建设内容。到 2021 年 11 月底，深圳市已新改建非机动车道 353.2km，超额完成了年度建设目标。

⇨本章总结

学习和了解骑行系统，不能简单将其定义为“骑行”的运动方式或看成普通的交通系统分支，而是应将其作为历史发展背景下社会发展的必然产物，在社会、经济、文化、政治、交通等背景中予以解读，进而了解其内涵、特征、理念的发展进程。

在对骑行系统的概念学习中，我们应将骑行系统规划作为重点，包括骑行系统规划的目的和意义、方法和类型，从而正确认识骑行系统。在此基础上，我们还有必要着重认识和解读骑行空间，以评价这一重要因素在骑行系统中的意义。

第2章 国外骑行系统的相关理念、实践与启示

【本章内容概要】

本章主要介绍国外骑行系统的相关理念，以及其发展过程中的实践行动和所获启示，帮助读者从实践出发，论证理论，形成可借鉴的资料库。

【本章学习重点与难点】

学习重点：掌握国外骑行系统在不同发展阶段规划的目的，梳理发展背景，理解其在不同阶段发展理念的内涵，熟悉各国骑行系统发展历程的不同之处。

学习难点：深入理解国外骑行系统的历史发展情况，以及其与具体的时代、环境、经济、人文等因素的深层次联系。

【案例导入】

2014年2月9日晚，一群骑行者在巴西圣保罗的拉美纪念馆广场上发起了一项“骑车巡游庆春节”活动。参与者上至年过八旬的老者，下有刚满12周岁的少年。

据活动组织者透露，举办该活动是为将骑行文化和中国的春节文化相结合。令人意外的是，参加活动的远不止当地华侨华人，上千名巴西民众也喜气洋洋地参与了这项活动，他们中的很多人表示：“参加这样的骑行活动，不仅能弘扬骑行文化，还能结交中国朋友，了解中国文化。”

骑行活动是如何将两个远隔大洋的国家的文化奇妙而和谐地融汇在一起的呢？他们的活动，又能带给我们何种启示呢？

2.1 国外骑行系统的发展理念

国外在快速发展城镇化的同时，也出现了交通拥堵、交通事故频发、汽车尾气排放等问题。同时，社会的快速发展唤醒了人们对生活本质的向往，在经过人本主义思想和环保意识的洗礼后，健康、舒适的“从前慢”式生活逐渐成为人们新的追求，城市的慢行化逐渐成为出行领域新的发展趋势和潮流。而自行车作为绿色、健康、便捷的出行方式，是治理城市污染问题、打造慢行城市的重要手段之一，其重要性不言而喻。

国外骑行系统的发展历史，特别是骑行系统的发展历史十分悠久，最早可以追溯到20世纪60年代。此后，随着交通安全意识和环境保护意识逐渐深入人心，人们开始围绕建设绿色城市、自行车出行、慢行交通等健康生活方式，对如何构建骑行系统进行不懈探索和研究。

结合国外骑行系统的发展历程，可将其发展理念分为4个方面，即共享骑行、安全慢行、绿色出行、协调出行。按时间阶段划分，共享、安全的理念贯彻了国外骑行系统发展第一阶段的始终，绿色和协调理念则分别是第二阶段和第三阶段的主基调。

2.1.1　共享骑行

共享骑行，是指改变自行车的部分私人属性，使其转变为公共属性，即骑行资源共享。

1965年，荷兰阿姆斯特丹的一群自行车爱好者为缓解城市交通压力，独辟蹊径，产生了自行车“资源共享”的想法，并将此想法付诸实践。他们将一批被涂抹成白色、不上锁的自行车投放到公共区域，供有骑行需求的市民免费使用。这一行动被命名为“白色自行车计划”，这是最早的公共骑行系统的雏形。然而，因自行车不设锁，属于无桩自行车，并且停放地点、使用人群等不受限制，白色自行车投放之后，乱停乱放现象严重，该计划以失败告终。

尽管最终结果不尽如人意，但这次“勇敢的尝试”为构建城市骑行系统提供了“共享”理念。在此之后，荷兰政府受到该理念的启发，致力于公共骑行基础设施建设，经过不断的发展完善，目前荷兰自行车道总长已超过40000km，阿姆斯特丹人均拥有约1.3辆自行车，成为名副其实的“自行车王国”。

2.1.2　安全慢行

安全慢行，即安全骑行和步行。自古以来，安全都是出行不变的主题，也是慢行系统一贯坚持的基本理念。慢行，是指速度低于15km/h、以人力为空间移动动力的交通方式，例如常规自行车交通、公共自行车交通和步行等。安全慢行，即为保证安全而选择低速出行的方式。

安全慢行的骑行理念同样诞生于荷兰。第二次工业革命之后，内燃机的出现大大促进了汽车工业的发展，荷兰的汽车数量大幅增长，道路被越来越多的汽车占领。然而，拥挤的道路和高速行驶下的汽车势必会增加交通事故发生的概率。仅在1971年，荷兰因机动车丧生的约有3000人，其中有450名是孩童。为此，荷兰人民以“停止谋杀孩子”为口号，掀起了一场“单车革命”，要求为孩子提供有充足安全保障的道路。由此，“安全慢行”成为该阶段城市骑行与慢行系统发展理念的主基调。

除了安全，骑行品行在荷兰也成为美德的重要评价部分。任何不按照规定停放的共享单车，骑行者不仅会受到周围人的抨击，还将受到信用降级的处罚，以此为其他骑行者的安全保驾护航。

2.1.3 绿色出行

绿色，即低碳、环保和可持续发展的理念。

1995 年，丹麦吸纳了荷兰“白色自行车计划”失败的教训，认为“免费”是导致该计划失败的原因。丹麦哥本哈根发起了“Bycyklen”骑行计划（这是该市发起的一个专门的骑行计划），采用收取押金的方式来限制骑行者的行为，防止自行车被偷盗和损坏，以达到节能、环保、循环使用等目的。然而，这种方式起到的限制效果并不理想，迫使丹麦人开始寻求更为有效的方式推动慢行系统的发展。

事实上，早在 1947 年，为保护老城区，改善居民生活环境，丹麦哥本哈根的一些学者、规划师就已经根据城市未来发展趋势（例如，经济、人口、地理等）提出了道路的“手指规划”。“手指规划”主要依托 5 条像“手指”一样从市中心向外延伸的交通干线进行道路、城区的规划，力图在不破坏环境的前提下建设与生活、娱乐、交际和出行紧密相关的空间，致力于打造绿色、美观、健康的慢行城市。然而，“手指规划”虽然只是民众自发调查做出的规划，但该规划措施明确、思路清晰，为哥本哈根未来的骑行系统规划出了清晰的蓝图，有力引领了哥本哈根骑行系统以“绿色、环保、低碳、可持续”为主的发展方向。

时至今日，发展以慢行交通为主的新型交通方式已经成为世界各国解决都市交通问题的共识。

同样，以哥本哈根为例。哥本哈根凭借其在推动公共自行车交通和慢行交通中所做的努力，在大多数相关组织和个人眼中，已经成为绿色、健康出行生活方式的代名词。这种说法并非空穴来风，而是有准确、科学的数据依据的。

据了解，为追踪全球各城市在推动慢行交通中所做的努力和措施，COPENHAGENIZE DESIGN CO.（哥本哈根设计公司）推出了 Copenhagenize（哥本哈根）指数，对全球的自行车友好型城市进行综合全面的排名。2019 年发布的第五版数据显示，哥本哈根从众多城市中脱颖而出，稳居榜首。

哥本哈根指数追踪到的数字足以说明了问题：哥本哈根 62% 的市民都骑车通勤（上班或上学）；人均日骑行里程总和约为 89.4 万英里（约 1438000km）；人均自行车基础设施投资超过 45 美元；4 座自行车专用桥已建或在建；新建 104 英里（约合 167km）自行车友好高速路。哥本哈根市甚至在政选举上，也将同意且乐意推动公共自行车交通和慢行交通发展作为必要条件。

2.1.4 协调出行

协调，一方面是指车与人、车与车、车与道路、车与城市、车与自然等协调一致，共同发展；

另一方面，则是构建可供人群行走、体验、彼此交互的优质出行空间，即舒适的慢行街道。

第三次工业革命后，世界各国在电子信息、电子计算机技术等方面获得了重大的突破，为骑行系统的建设和发展提供了强有力的技术支持。此后，随着物联网、互联网和人工智能等技术在交通领域的深度应用，国外骑行系统的发展理念逐渐向“相互配合、协同一致”的方向发展。

在国外骑行系统发展的第三阶段中，“协调”的理念主要从智能化发展中得到了很好的体现。

1. 骑行的智能化先河

2004 年，法国里昂推出了世界上第一个利用计算机控制自行车架的单车租赁项目 Velov（维洛夫），该项目大获成功，开启了将信息技术应用于共享单车的先河。2007 年，骑行系统 Velib（维利波）在法国巴黎诞生。Velib 属于有桩单车，每个站点相距仅约 300m，租用或还车都可在站点完成。作为法国的政治、经济、文化和商业中心，巴黎交通环境复杂，而定点租用、还车的 Velib 恰好与机动车、轨道交通和公共汽车相互协调，满足市民“最后一公里”的出行需求，有效缓解了城市交通拥堵问题，减轻了市民的出行压力，为市民提供了丰富多样的慢行体验，深受市民喜爱。

2. 骑行的智能化程度进一步加深

2010 年，英国伦敦借鉴法国巴黎骑行系统 Velib 的做法，推出“伦敦巴克莱单车计划”。在高新技术的支持下，伦敦的骑行系统实现了全年“7×24 小时”开放、运营，市民需要携带银行卡到停车点，通过触摸屏选择单车租赁或归还服务。与此同时，为推行骑行系统，伦敦市政府推出了“自行车革命”计划，致力于建设专用道和高速车道、隧道、桥梁、绿道等骑行基础设施，提供安全、舒适的骑行体验，促进城市交通健康、可持续发展。在伦敦市政府的推动下，以自行车出行为主的慢行交通贯穿到城市公共空间的每个角落，在满足市民休憩、购物、出行等需求的同时，其城市交通结构也逐渐发生了改变。

另外，健康、和谐、生态、开放等宗旨，也始终贯彻在国外骑行系统理念的发展过程中。正是凭借不断深入人心的理念，构建集专用道、指路设施、停放设施、休憩和游玩空间等交通设施于一体的慢行系统，以充分体现系统、安全、健康的骑行目的，已经在越来越多的国家变成可能。

2.2 美国的骑行系统现状及发展趋势

第二次世界大战后，美国经济迅猛发展，进入所谓的“黄金时代”。20 世纪六七十年代，在美国联邦政府的干预下，美国国民生产总值从 5233 亿美元增长到 10634 亿美元，世界范围内首屈一指。伴随经济发展，美国的工业化水平进一步提高。然而，在国内经济快速发展的同时，交通拥堵、环境污染、资源短缺等问题随之而来，引起美国开始对以骑行交通为主的慢行系统规划、设计、建设的重视。

2.2.1　美国的骑行系统现状

面对环境污染、资源短缺的威胁，汽车王国——美国将未来交通领域发展的重点放在建设骑行系统和慢行系统上。为此，美国联邦政府开始调整交通出行方式，大力提倡民众以自行车出行作为日常的出行方式，鼓励民众绿色出行、低速出行。

例如，美国华盛顿制定了一份专门的慢行街道方案，该方案覆盖了约 42km 的城市道路，主要通过控制街道开放程度和限速来提升步行和骑行的友好性。美国旧金山对推行骑行系统和慢行系统也报以极大的热情，通过规划设计，在旧金山 300 Ivy 社区打造了一个安全、宜人、拥有多样化功能的慢行系统。300 Ivy 社区的多样化功能，具体表现为：将沿场地边缘道路分布的树池与雨水管理系统相结合，从而增强道路的渗水能力；交叉路口处的行人等候区高于人行道，能有效提醒过往车辆减速；进一步细化通行空间，使路人之间互不干扰。此外，美国部分州的政府官员以身作则，例如，美国明尼苏达州明尼阿波利斯市的 200 余名官员以骑行作为主要交通方式。

在美国多个城市，政府投入资金进行骑行系统基础设施的规划和建设，例如，建设自行车停车场、自行车道、骑行绿道、自行车服务站等。

1. 自行车道

尽管以慢行为主的绿色出行形式已成为减少机动车尾气排放、缓解交通拥堵的有效方式，但美国大部分城市民众的交通出行仍由汽车主导，仅在部分城市设置了自行车道。随着慢行、骑行理念的推广普及，这一情形逐渐发生变化。

早在 1894 年，纽约就开辟了全美首条自行车专用道，截至 2015 年，纽约已形成总长约 1609km 的自行车道路网络。纽约还发起了“打破小汽车文化”计划，提出增加 250 条以上的自行车道，致力于实现纽约交通领域的绿色、安全、低速、智慧、公平。

越来越多的美国城市加入这一行列，截至 2019 年，芝加哥也建设了 1038km 的自行车道，华盛顿建设了 185km 的自行车道。

2. 自行车装置

为保证骑行者的安全，根据美国法律，在自行车上必须安装能反射出机动车车头光线的反光灯。部分州对灯光的可见距离也有明确要求，例如，得克萨斯州要求 500 英尺（约合 152.4m）可见。此外，骑行者还需要在自行车上安装后视镜和尾灯等基本的安全装置。纽约对自行车装置有更具体的要求，包括必须安装车铃或其他能够发出声音的装置，必须安装良好的刹车装置等。

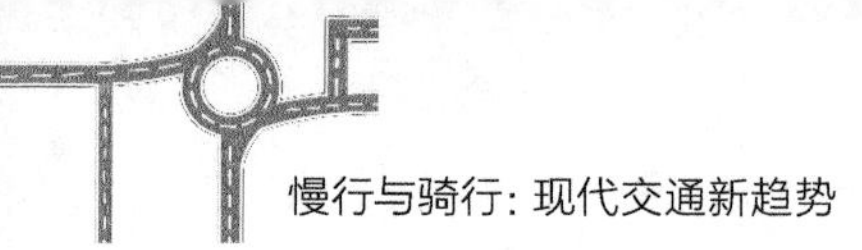

3. 骑行系统

2013 年，在信息技术的支持下，纽约投入 10000 辆公共自行车助力骑行系统有效运行。300 多个公共自行车站点主要分布于曼哈顿和布鲁克林地区，使用者可通过购买日卡、周卡、年卡的方式，在规定日期的 30 分钟或 45 分钟内免费骑行，且不受次数限制。若免费骑行时间超时，则骑行者需要缴纳超时费用。

4. 绿道

绿道，即沿着河湖、山脉、公园、道路等自然或人造景观和设施形成的骑行景观线路，属于典型的慢行空间。

19 世纪 60 年代，美国景观设计大师弗雷德里克・劳・奥姆斯特德（Frederick Law Olmsted）完成了波士顿公园系列规划，即最早的绿道规划。该规划将富兰克林公园、阿诺德公园、牙买加公园、波士顿公园和其他的绿地连接，形成一条长达 25km 的绿道。

到了 20 世纪 80 年代，为扩大骑行交通网络，美国加大了绿道建设力度，成为世界上绿道建设项目最多的国家。

2.2.2 美国骑行系统的发展趋势

美国的骑行系统在发展过程中，很大程度上受外界因素的影响。从 20 世纪 70 年代算起，美国骑行系统的发展趋势主要分为三大阶段。

1. “新鲜事物”阶段

19 世纪八九十年代，自行车作为“新鲜事物”，促使美国城市的交通发展以自行车为主。为了便于骑行，美国掀起一场“修路热”，人们也为了骑行而改穿样式简便的衣服。

2. “自行车热”阶段

20 世纪 60 ～ 90 年代，在“石油危机”的影响下，美国城市交通进入“自行车热”阶段。美国在交通系统建设方面的投入巨大，当汽车大量投入生产后，美国陷入“汽车优先”的交通观念中，自行车在交通领域的地位一路下跌。“石油危机”爆发后，这一观念在某种程度上被改变了，一些美国人开始提出“两个轮子胜过四个轮子”，自行车重新获得了社会的认可。

1973 年和 1978 年第一次、第二次“石油危机”接连爆发，持续多年的高油价对世界各国造成了不同程度的冲击，美国这样的发达国家尤甚。资料显示，仅在第一次“石油危机”中，美国的工业生产总值就下降了 14%，这引起了美国的高度重视。

骑行交通在美国的回归，原因在于“石油危机”引发的能源问题，人们对自身安全、

健康问题的重视，以及对城市健康问题的关注。在诸多因素的影响下，自行车作为一种低能耗、环保、健康的交通工具赢得人们青睐，发展骑行交通，构建面向骑行友好的综合交通体系成为美国当时迫切需求。之后，为了应对能源问题，美国于 20 世纪 80 年代开始加大自行车道、自行车停车场、信号灯等骑行系统相关设施建设力度，并积极推进骑行交通与公共交通接驳。同时，自行车产量和销量也得到大幅提升。

尽管自行车产量和销量暴增，但骑行的人群主体仍然是以儿童为主。而出于交通目的的骑行行为，更多集中发生在“大学城”这些少数区域。

总体而言，“自行车热”在当时的美国仅出现于少部分城市，美国大部分城市的交通出行仍被汽车主导。

3. 倡导绿色出行阶段

骑行交通作为绿色、健康的出行方式，其蕴含着以人为本的可持续发展理念。20 世纪 90 年代后，面对愈演愈烈的气候危机，美国城市交通被汽车主导的情况逐渐发生改变，可持续发展成为交通系统未来发展的主流思想，美国进入倡导绿色出行阶段。美国政府致力于通过修路、制定骑行优惠政策和自行车交通法规等方式，实现推进城市骑行交通发展的目的。

1997 年，为解决城市交通拥堵问题，保障民众自行车交通安全，改善城市交通环境污染，促进自行车交通与城市公共交通接驳，美国纽约市交通运输局和城市规划局共同制定《纽约市自行车交通总体规划》，计划建设一条总长约 1800 英里（约 1897km）的自行车交通网络。规划提出后，纽约市交通运输局、纽约市城市规划局、纽约市公园及娱乐局针对纽约市城市交通现状，共同编制了一项自行车交通网络发展计划。随后，纽约市教育局、纽约市交通运输局、纽约市城市规划局、纽约市环境保护局等政府部门协同合作，制定出统一的自行车交通政策，以推动自行车交通规划顺利实施。

2003 年，第 71 届美国市长年会在美国丹佛市举行，参加会议的美国市长一致通过关于促进自行车友好社区（Bicycle Friendly Community，BFC）发展的决议，积极鼓励促进城市骑行交通发展。此外，美国政府通过制定优惠政策鼓励民众以自行车作为主要的出行方式。例如，《佛山日报》于 2010 年 8 月 17 日报道，美国参议院通过法案，用税收优惠鼓励雇主给骑行上班的雇员每月 40 美元到 100 美元的资金支持。政策的鼓励效应，加之骑行系统基础设施建设的逐渐完善，带动了以自行车为主体的新型服务业的出现。目前，美国一些城市已建立起自行车服务站，为骑行者有偿提供车辆存放、维修，以及骑行者沐浴等服务。

在全球推行骑行交通的趋势下，美国越来越多的城市掀起“自行车热”，在现有交通体系的基础上，促进骑行系统与其更深层次的融合与发展。

2.3 欧洲的骑行系统现状及发展趋势

2.3.1 欧洲的骑行系统现状

在当前紧张的生活压力下，构建舒适、人性化的城市交通系统环境，能更好地推动环境友好型、资源节约型城市建设。随着绿色、环保、低碳理念的发展，欧洲各国在城市交通规划设计中不断加强骑行交通体系建设，同时采取一系列优惠政策鼓励民众绿色出行。

1. 自行车道

骑行系统的发展在欧洲由来已久，早在 1890 年，荷兰就建成了世界上第一条自行车专用道。1937 年，荷兰鹿特丹建成世界上第一条自行车专用隧道。据了解，这条自行车专用隧道主要用于连接鹿特丹新城和旧城，建在 30m 深的马斯河底，为便于自行车进出，隧道两端设有 5 台自动升降电梯。

在德国，根据德国联邦交通部在 1998 年发布的数据，从 1976 年的 12911km 到 1996 年的 31236km，德国的自行车道网络总长增长了一倍多。法国生态转型部在 2021 年发布的数据显示，从 2017 年到 2021 年，法国自行车道和绿道长度增加约 13000km，总长达 53000km。

2. 自行车停车场

欧洲各国的城市公园、学校、商场、公共交通枢纽，大多建有自行车停车场。自行车停车场配有自行车停车架，确保每辆自行车都有单独的存放空间。随着高新技术的发展，自行车停车场也与时俱进。例如，荷兰于 2017 年修建的世界上最大的自行车停车场竣工，该自行车停车场采用数字智能化系统，为骑行者提供更加便捷的服务。

3. 自行车装备

为保证骑行安全，欧洲对自行车的装备做出明确规定。例如，在德国，骑行者需佩戴自行车头盔，自行车上需装备自行车灯、自行车铃、自行车锁装置。如果未安装车铃，处以 5 欧元罚款。夜间骑车没有车灯，处以 20 ～ 35 欧元罚款。在非自行车道骑行，处以 20 欧元罚款。为维持自行车骑行秩序，德国配备专职自行车警察，专门负责对违规骑行者进行记录、罚款和教育，保证骑行系统的顺利运转。

4. 骑行系统

以绿色、环保、健康著称的骑行系统投入使用并取得一定效果后，欧洲各国政府积极制定相应政策，加大对骑行系统的投入，以待其发挥更加重要的作用。根据欧洲各国实际情况，欧洲骑行系统可分为两种类型。一种是由运营商牵头，政府补贴，广告公司赞助的骑行系统，另一种是由政府通过招标单独投资的骑行系统。前者以法国为代表，后者以英国为代表，两者均有其优势，并在实践中均获得了不同程度的成功。

近年来，欧洲还兴起一些自发组织的骑行俱乐部，为骑行者提供安全技巧培训、故障救助、旅行及其他方面的指导。

2.3.2　欧洲骑行系统的发展趋势

欧洲骑行系统的发展最早可追溯到 20 世纪 60 年代，荷兰阿姆斯特丹一群人发起“白色自行车计划”，借助非机动车骑行来缓解城市机动车拥堵和减少机动车高速行驶下交通事故的发生。在这一新型交通分支系统规划概念的带领下，一些欧洲国家多次发起自行车运动，加强骑行基础设施建设，为推进各国骑行系统完善发挥了重要的作用。

1. 可持续发展交通阶段

第二次工业革命以后，欧洲工业生产迅猛发展，汽车全面普及，欧洲形成以汽车为主导的城市交通体系，慢行交通体系的发展受到严峻挑战。

20 世纪 70 年代到 21 世纪初，欧洲城市交通进入可持续发展阶段。1975 年，法国公路与高速公路技术研究服务中心的一名专门研究自行车问题的工程师概括说：“1959—1968 年，法国自行车道工程的进展速度不超过每年 80km。这些车道不仅窄得可怜，而且缺乏维护，在安全方面根本无法达到预期的效果。1969 年之后，人们彻底放弃了这项工程。目前法国大约有 950km 的自行车道，其长度仅为公路的 0.35%，而这个比例仅是德国的 10%。”

高度发达的机动车交通网络大力挤压慢行交通空间，对居民出行安全和城市环境造成威胁。面对交通资源的严重不足，以及全球能源紧缺的严重威胁，欧洲各国根据国情重新规划城市交通体系，并通过加大投入骑行系统基础设施建设和制定相关政策以提高自行车出行分担率，助力机动车交通体系向骑行交通体系转变。

1979 年，法国骑行者联盟（FUBicy）成立，该联盟致力于改变民众对自行车“消遣娱乐”的认知，引导民众将其作为真正的交通工具。1980 年，在众多骑行者的要求下，法国一些城市陆续出台自行车鼓励政策。1992 年，面对国内出现的“肥胖”现象，英国医学会提出骑行对健康有益，并有利于减少污染、缓解交通拥堵。1997 年，德国继 1982 年提出在所有国道上修建自行车道要求后，新的交通法提出允许设置自行车优先街区。此外，为进一步提升骑行交通在交通体系中的地位，德国在 2002 年推出“全国自行车十年计划（2002—2012）”，在现有程度上继续对以自行车出行为主导的骑行系统进行规划、建设的研究。

2. 安全交通阶段

2020 年后，欧洲进入安全交通阶段。欧洲多国政府出台相应政策，加大自行车基础设施建设，骑行需求得到快速增长，由此逐渐成为城市生活的刚需，欧洲自行车产业迎来发

展新机遇。

以瑞士为例，瑞士是名副其实的自行车爱好者的天堂。2018 年，瑞士国家旅游局在北京举办的 2018 年夏季新闻发布会上，宣布了新一季的推广主题，即“骑行瑞士，回归自然”，可见瑞士政府对于自行车旅游的热忱。关于瑞士自行车旅游线路的安排，一位旅游线路规划师对此进行了详细的规划：从冰川壮丽的上戈尔姆－安德马特开始，经过矗立鲜艳色彩木屋的乡村街道，在瑞士东部最高峰——海拔 2502m 的森蒂斯峰俯瞰德国、奥地利、列支敦士登、法国和意大利 5 国风光，最后到达禁止燃油车辆行驶的采尔马特（Zermatt），一睹“欧洲山王”马特峰的身姿。尽管路线很长，但“没有人比瑞士环游之路更抢镜”，也没有一种交通方式比慢行更能领略沿途的风光。

与瑞士相似，法国也进行了骑行系统的建设。2018 年，法国政府发起“活跃出行和自行车计划”，计划 7 年投入 3.5 亿欧元，用于补贴雇员自行车出行。在“活跃出行和自行车计划”的鼓励下，2019—2020 年，法国骑行者人数增加了 28%。

为鼓励骑行，法国政府还专门制定骑行优惠政策，为企业内骑自行车出行的雇员提供每人 400 欧元的交通补贴和报销 50 欧元自行车修理费。与此同时，巴黎作为法国首都，宣布在《2015—2020 自行车发展规划》的基础上，进一步投入 2.5 亿欧元对包括自行车道在内的骑行基础设施进行升级，以建设全球最佳骑行友好城市。据了解，截至 2021 年，巴黎已经拥有超过 1000km 的骑行道路网络，其中，包括超过 300km 的骑行专用道。并且预计至 2026 年，巴黎将会新增 180km 永久性独立骑行道，全市自行车停车点将翻 3 倍，且将更加注重城市与郊区、整个大都市区的骑行连续性。

另外，巴黎还推出了更多政策用以促进骑行系统发展。例如，巴黎自行车盗窃案频发，为了保障市民的财产安全，巴黎在原有自行车停车位的基础上，新建了超过 13 万个能够满足各类使用需求的自行车停车站。

为了使骑行者有更舒适、安全的骑行环境，巴黎还将加强市政交警的管控举措，保证骑行者在部分红绿灯区有相对优先的通行地位。此外，巴黎欲借 2024 年即将举办夏季奥林匹克运动会的东风，大力推广自行车体育运动。

2021 年，英国政府公布的统计数据显示，2020 年英国自行车骑行增长量超过以往 20 年的总和，自行车骑行里程增加了 45.7%，英国促进民众采取自行车出行的举措取得了明显成效。意大利则批准为购买自行车的消费者提供自行车售价 60% 的“绿色”补贴。

2019 年 12 月，欧盟委员会公布了“欧洲绿色协议”，以应对气候变化、推动可持续发展。“欧洲绿色协议”的公布，为未来交通体系向“绿色、慢行发展”指明了路线。欧洲各国政府大力加强自行车道扩宽和修建、自行车停车场修建、公共自行车投放等骑行系统基础设施建设。2021 年 5 月 18 日，来自 56 个欧洲国家的部长和代表通过了《维也纳宣言》以及签署了首份《泛欧自行车出行总体规划》，推行城市骑行系统向更加清洁、安全、健康和包容转型，并重点在全欧洲推广自行车出行。

2.4　日韩的骑行系统现状及发展趋势

伴随城市的快速发展，世界上大部分国家越来越深刻地认识到机动车交通与城市之间存在的矛盾。在东亚，城市交通问题也同样成为重要问题。作为东亚的发达国家，日本和韩国已将自行车看作绿色、安全、健康、清洁的交通工具，是改善城市交通问题、保护环境、减少能源损耗的最优解，由此，日本和韩国进一步认识到，充分实现自行车价值的关键在于建立系统、科学、完善的骑行系统。

2.4.1　日本骑行系统的现状及发展趋势

由于日本的地形以岛屿为主，各种资源稀缺，国土面积小而人口多，其在规划建设骑行系统方面是较早的践行者。多年来，日本东京以“自行车爱好者的城市”著称。

1. 日本骑行系统的现状

伴随可持续发展思想的深入，日本将慢行交通放到了城市交通发展中的重要位置，日本的城市交通策略已经转向以公交、自行车优先，限制汽车出行和发展的综合发展方向，致力于将慢行交通与公共交通作为整体进行统筹规划。日本由此不断从政策、基础设施建设等方面，积极推进慢行系统发展。

（1）自行车道建设

20 世纪 70 年代到 21 世纪初，日本大多数城市内的步行与骑行道路空间始终处于混合局面。2001 年，日本国土交通省发布政令，称今后在进行日本全国的交通道路的新建和扩建时，有义务设置自行车专用道。2007 年，日本修改《道路交通法》，将骑行与步行的道路空间分离，并着力构建完备的慢行道路网，自行车道得以获得快速建设。

（2）共享单车发展

1975 年，日本最早的共享单车在日本滋贺县八日市推出，该批共享单车共投入 200 辆，且统一涂抹成黄色，供人们免费使用。1980 年，日本国土交通省以神奈川县平塚站为试点，开展了共享单车业务。由于平塚站附近有免费停车场，所以此次试验并未取得理想效果，该批共享单车在 1984 年、1990 年的利用率分别为 41%、52%。

尽管平塚站试点被部分媒体认为是一次失败的尝试，但这次尝试也是迈开了共享单车体系建设的第一步，并在此基础上进行多次尝试，最终在埼玉县上尾市车站获得成功，实现了 163% 的利用率。此后，在政府的引导下，日本的共享单车基本实现普及。

（3）自行车停车场建设

20 世纪 70 年代，“石油危机”带动了日本自行车回归的热潮。1977 年，日本自行车拥有量达到约 4700 万辆。然而，自行车停车场的缺少使自行车乱停乱放现象严重，据日本国土交通省统计，仅在某地轨道站点 500m 以内的范围里，就停放着约 67 辆自行车，严重影响道路管理。为解决这一难题，日本大力修建自行车停车场，并制定《自行车使用宪章》

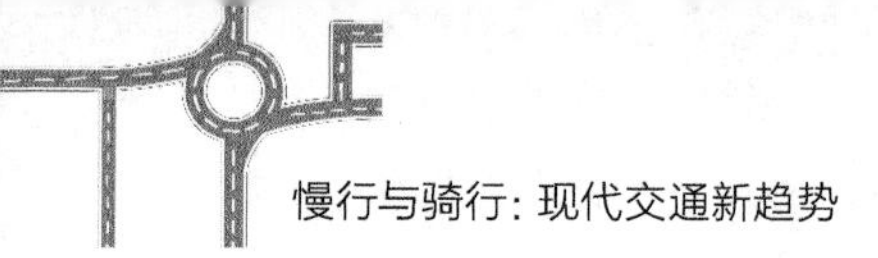

规定自行车停放范围。数据显示，从 1978 年到 1981 年，日本在火车站附近建立了 73 万个自行车停车场。

2. 日本骑行系统的发展趋势

随着城市化进程的加快，日本逐渐意识到国内城市交通存在相当程度的矛盾，认识到公共交通是解决交通问题的最佳出路，而骑行交通更多作为公共交通的辅助存在。因此，从 20 世纪 70 年代的自行车热潮开始，日本骑行系统发展的主要方向是作为公共交通系统的补充。

20 世纪 90 年代，日本认识到交通需求管理（Transportation Demand Management，TDM）是改善城市交通问题、推进公共交通与骑行交通接驳的重要策略。TDM 即通过影响出行者行为来达到减少或重新分配出行者对空间和实践需求的目的。在 TDM 思想的引领下，日本通过采取改善步行和骑行系统、设置自行车和公交车优先区域、增加公共交通停车换乘枢纽、停车管理等方式，有效控制交通总量、减少车辆交通量、均衡交通量。

在增加公共交通停车换乘枢纽方面，日本东京成为典型案例。东京市区内共建有 230 座轨道交通站，骑行交通分担率达到 15.8%，轨道交通分担率达到 22%。

事实上，自行车作为中短距离出行工具，在东京公共交通领域发挥了重要的作用。在当地公共交通系统内，轨道交通占比最高，根据东京第五次都市交通调查，东京 1988 年、1998 年、2008 年的轨道交通的日运量分别为 3719 万人次、4024 万人次和 5000 万人次，总体呈递增态势，轨道交通的分担率（即轨道交通出行量在公共交通出行量中所占的比例）也分别以 25%、25.4%、29.6% 的比例上升。东京将轨道交通与骑行交通接驳，显然使骑行系统产生了更重要的价值。

2.4.2 韩国骑行系统的现状及发展趋势

建设骑行系统是改善城市交通问题、推进城市交通可持续发展的重要措施，作为骑行系统建设的后起之秀，韩国的发展经验值得参考。

1. 韩国骑行系统的现状

整体而言，韩国骑行系统相对“年轻”，也因此具备了较为明显的后发优势，与日本相比，其在功能、体系、规则上更为现代化。

（1）自行车道建设

自 1998 年韩国将扩大自行车利用率作为国策推行之后，韩国投入 1110 亿韩元，用于在全国范围内修建长 112km 的自行车专用道，以及修建可以停放 5.3 万辆自行车的自行车停车场。2006 年，韩国首尔市政府发布《提高自行车使用率》方案，该方案计划投入 1190 亿韩元的资金，在 2007—2010 年扩充和修建 385km 的自行车道。2008—2013 年，韩国修成总长为 3114km 的自行车专用道。此外，韩国还通过绿化带将步行道和机动车道隔离，形

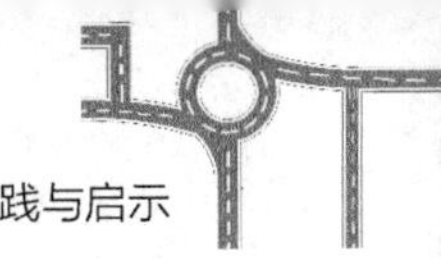

成相对封闭独立的慢行交通出行环境，作为首尔慢行系统建设的重点。

（2）自行车停车场建设

除了 1998 年韩国政府宣布计划修建自行车停车场，韩国首尔在 2006 年提出在公共交通站点、学校、商业中心等人群密集地区建设总面积约 2000 平方米的自行车停车场。

2. 韩国骑行系统的发展趋势

韩国骑行系统共经历了以下两个发展阶段。

（1）机动化协助阶段

从 20 世纪 70 年代到 80 年代，韩国城市交通进入以汽车为主导的机动化阶段。随着经济的迅猛增长，在韩国政府“汽车国产化”政策和出口导向战略的引导下，韩国各汽车公司大规模开发、生产和出口汽车，韩国汽车工业得以飞速发展。1970—2003 年，韩国汽车保有量从 6 万辆增加到 278.2 万辆。在这一阶段，骑行系统仅作为机动化交通的辅助部分。

（2）绿色出行阶段

从 20 世纪 90 年代到 21 世纪，韩国城市交通进入绿色出行阶段。为鼓励人们将自行车作为主要的出行交通工具，1998 年，韩国行政自治部制订了一项道路整修计划，将扩大自行车利用率作为国策加以推行。2008 年，时任联合国秘书长潘基文在联合国气候大会上提出“绿色新政”，倡议各国针对环境、气候、能源等问题制定环境友好型政策。韩国政府积极响应号召，推出了包括发展自行车产业、建设骑行系统基础设施、鼓励人们绿色出行等内容的“绿色新政”。在政策引领下，2009—2013 年，自行车交通运输比例由 1.5% 增长至 3%。此外，韩国首尔市政府为推进骑行系统发展，积极规划、建设基础设施，通过拆除高架桥、缩小道路宽度、建设绿道等手段，为骑行者提供便利、快速、安全、舒适的慢行环境，逐步推进以骑行交通为核心的城市交通体系建设。

2.5　国外骑行系统的发展启示

纵观国外骑行系统发展的历程，其发展的影响因素主要包括环境、能源、健康等。同时，国外骑行系统在不同发展阶段选择的方向、形成的理念、采取的措施等，会因各国自然条件、社会经济发展和城市化水平、工业化程度、骑行文化氛围的不同而有所差异。

例如，美国由于能源危机和城市交通拥堵而提倡、推广自行车，并因美国经济实力雄厚，以及“三面环海、东部西部高原山地、中部大平原”的地势特点，选择大力修建自行车道、自行车停车场等骑行系统基础设施。

相反，日本国土面积狭小，人群密集，综合交通系统中的轨道交通较为发达，更能满足人们中短距离出行的需求。因此，日本在建设骑行系统时，更注意其是否能与轨道交通合理、有效接驳。换言之，日本骑行系统并不是单独发挥作用的，更多是作为公共交通的补充而存在。

尽管同属于发达国家，但美日两国选择不同的骑行系统发展方向，说明它们都在根据自身的特点研究骑行系统，而不是一味模仿其他国家和地区的成功实践。

2.5.1 国外骑行系统在发展过程中存在的问题

以骑行为主导的慢行交通为国外诸多城市交通注入了新的活力，并得到出行者尤其是骑行爱好者的热烈追捧，但骑行系统发展过程中所暴露的问题值得我们反思，我们以此推动骑行系统更快、更好地发展，加快城市慢行交通建设。

1. 过多投放共享单车造成资源浪费

骑行系统是自行车、自行车道、自行车停车场、自行车服务站等多个基础设施构成的综合体。由于存在交通、环境和能源的压力，一些国外城市认为在城市内投放大量共享单车是促进骑行系统发展的有效捷径，这造成企业在市场已接近饱和的情况下，仍然在相同或邻近的区域投放大量的共享单车，却未考虑城市的承载力，高估了市民的需求，造成了严重的资源浪费。

2. 共享单车损耗大

随着互联网技术和物联网技术的发展，共享单车的使用和归还更加智能、便捷，大部分国外城市的共享单车逐渐由灵活性低的有桩共享单车向灵活性高的无桩共享单车转变，与此同时，国外政府或企业对共享单车的监管力度却在下降。基于此特点，国外共享单车频繁出现乱停乱放的现象，影响市容和交通秩序。同时，共享单车的性质也决定了其是公共财产或企业所有的企业财产，很难得到使用者的主动爱惜，共享单车被毁坏、偷盗的现象严重。据了解，法国巴黎在 2007 年推出自行车租赁系统 Velib，最初投放的 10000 辆自行车中有 80% 被毁坏或被窃走。

尽管国外政府或企业尝试通过划定停放区的方式来限制共享单车停放的位置，但这并未从根本上解决共享单车乱停乱放、被人随意毁坏的问题，严重威胁了人们的生命及公共财产安全。

3. 骑行的特性

自行车受人力驱使，更适用于中短距离的出行。由于不同城市的市区面积有很大的差距，自行车出行更适用于中小城市或大型城市的市内交通，只有如此才能更好地发挥骑行系统的价值，但同时也体现了骑行系统功能层面的有限性。国外的一些城市交通管理规划方并未意识到这一有限性，过多地追求全面，反而限制了骑行系统功能的发挥。因此，构建集出行、休闲、休憩、购物等为一体的骑行交通空间，是加快骑行城市建设行之有效的措施。

2.5.2 获得的启示

考察国外骑行系统的发展历程和实践结果，可得到以下启示。

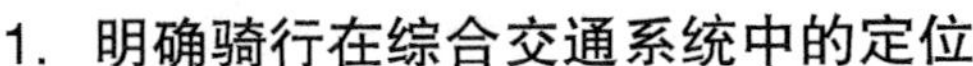

1. 明确骑行在综合交通系统中的定位

以自行车为例，自行车的功能定位可以分为两种：一种是锻炼、休闲、娱乐的工具，另一种是交通工具。国外骑行系统更多着眼于自行车的实用功能，将之推广为绿色、低碳的交通工具，并成为推动城市骑行交通与慢行交通建设、促进城市交通可持续发展的重要动力。

2. 合理控制共享单车数量

由政府引导企业对共享单车数量加以合理控制，这种控制不仅能减少资源浪费，减少政府或企业运营、管理的成本，还可以避免共享单车乱停乱放的现象，达到维护城市容貌，保证城市交通秩序的目的。

3. 积极进行骑行系统的基础设施建设

积极进行骑行系统建设，需要城市管理者做好基础设施建设，包括建设安全、连续、便捷的骑行交通网络，满足附近通勤需求的自行车停车场，提供娱乐、休闲的骑行交通空间和完善的自行车服务站等。完善的交通基础设施是推进骑行系统稳步发展的重要保障。

4. 推动城市交通线路规划及建设

城市的交通线路规划对城市经济的发展有重要意义。我国地方政府应从城市的实际情况出发，充分汲取发达国家城市发展骑行系统的经验和教训，根据我国发展骑行系统的总体要求，在合理用地的基础上，制定合理、系统的城市交通线路规划策略，以推动城市骑行系统健康发展。

5. 深入培养骑行文化

骑行文化是社会内特定群体在不同时期对自行车等骑行工具形成的思想、理念、行为、风俗、习惯，以及由此产生的一切具体活动。良好的骑行文化能激发人们的骑行热情，使骑行活动充满活力。此外，良好的骑行文化还能培养、强化人们绿色出行的观念，对增进健康、减少污染、节约能源有重要意义。

6. 做好城市慢行系统的管理

地方政府要明确、落实各部门的工作职责和管理范围，设立专门监管部门对骑行系统的建设、运行和维护进行综合管控，有效分析城市骑行系统的发展状况、实施效果等，为进一步扩大慢行系统的后续发展规模提供有力的数据支撑。

7. 制定相关法律保障骑行系统发展

为保护骑行者的安全，维护骑行者的合法权益，地方政府应根据实际情况采取适当的措施，鼓励、推动骑行系统发展。例如，1996 年法国出台的《大气保护与节能法》明确提

出“发展公共交通和低污染的节能型交通方式（特别是步行和自行车）”。日本的《道路交通法》对骑行者、自行车有严格规定，自行车必须靠左行驶、变道或转弯停车时骑行者必须做出相应的手势信号、夜间必须开车灯等，否则骑行者不仅将面临罚款，严重的甚至要面临刑事拘留。

除了制定相应的法律法规保障骑行系统发展，我国还应总结国外发展骑行系统的经验，并针对发展过程中存在的重点问题制定有效的解决措施。骑行系统的建设和发展，对新型城市交通的规划建设至关重要。只有从国家基本国情出发，从城市实际情况出发，采取正确措施推动骑行系统发展，才会使其绽放生机。反之，如果盲目复制其他国家发展骑行系统的措施，反而可能增加骑行交通的压力，破坏城市交通的发展。

案例：德国的自行车高速公路

20 世纪末到 21 世纪初，德国的城市交通方式逐渐由“四轮”向“ 两轮”转变。

早在 1979 年，德国联邦环境委员会提出“适宜自行车的城镇”的城市慢行交通发展策略，计划重新规划自行车道网络。

2016 年的数据显示，德国大约有 3210 万人骑自行车出行，有 42% 的德国人会定期骑自行车，骑行系统建设成为实现交通分流、推进交通可持续发展、推动低碳城市建设的重要手段。在此背景下，以“世界汽车王国”著称的德国逐渐成为欧洲大陆最大的自行车消费国。

为更好地满足人们的骑行需求，提升自行车速度，使骑行更加安全、便捷、快速、舒适，骑行基础设施是必不可少的。其中，尤以道路为重。近年来，自行车道的升级版——“自行车高速车道”概念在德国兴起，为德国自行车专用道路的建设指明了方向，德国也早已致力于自行车高速车道的规划和设计。

作为骑行系统规划建设的先行者，荷兰和丹麦对自行车高速车道进行以下定义：自行车高速车道，即拥有最高优先级并能提高骑行速度、安全和舒适程度，同时尽量减少乃至杜绝出行者在道路上停靠等待次数的道路。修建自行车高速车道的目的是在确保骑行者安全、舒适的前提下，尽量减少骑行者的出行时间，提高骑行速度。

早在 20 世纪 90 年代，德国已经开始计划建设自行车高速车道。德国道路交通专家温弗里德·萨格拉和鲁尔地区协会交通质量管理部的哈罗德·斯皮尔灵针对城市交通拥堵问题，提出将汽车高速公路作为自行车高速车道，以解决交通拥堵、环境污染等问题的设想。该设想呼吁将鲁尔地区的一条汽车高速公路——A40 公路让给自行车使用一天。但是当时这一项目并没有得到实施，直到 2010 年才得以实施，在德国获得人们的广泛关注，并推动了德国对自行车高速车道的规划和建设的可行性研究。

柏林—勃兰登堡都市圈的柏林和勃兰登堡州成为德国最先开始进行自行车高速车道建设的市州。在这两个市州的具体规划中，自行车高速车道被设计成宽 5m 的双向车道。随后，德国

西部鲁尔地区、下萨克森州、巴伐利亚州等多个地区也开始进行自行车高速车道的建设。其中，德国西部鲁尔地区自行车高速车道建设为典型代表，我国的新闻媒体对此也给予了关注。

据《南方周末》2011 年 12 月 6 日报道，当世界上部分国家和地区的骑行系统建设刚刚起步时，德国西部鲁尔地区协会就已和政府进行协商，并逐渐达成共识，协定共同修建一条能够将鲁尔地区串联起来的、宽 5m、全长约 60km 的自行车高速车道。

2016 年 1 月 12 日，《科技日报》中的《德国开通自行车专用高速公路》一文则表示，德国开通了一条自行车高速车道的前 5km 路段，可以让自行车“一路绿灯”通行。

该自行车高速车道主要沿着鲁尔地区废弃的铁路轨道修建，连接德国西部包括杜伊斯堡市、波鸿市、哈姆市在内的 10 个城市和 4 所大学，道路长度延伸到 100km，可以为超过 200 万的居民提供骑行便利。与传统的高速公路相同，自行车高速车道没有设置红绿灯和交叉路口，最高时速可以达到 50km，还设有双向车道、夜间照明标识等，全方位为骑行者的安全保驾护航。

根据 RVR 区域发展组的预测，该条自行车高速车道建设完成后，每天可以减少 50000 辆汽车出行，能从根本上缓解德国城市交通拥堵、汽车尾气污染、噪声污染、能源衰竭等环境和能源问题。

尽管德国修建自行车高速车道被认为是“引领德国的城市走向绿色出行的美好未来”的重要途径之一，但德国自行车高速车道项目的建设并非一帆风顺，其首先面临的就是资金问题。由于自行车高速车道属于近年才兴起的概念，德国联邦政府并未设立专门负责自行车高速车道项目建设的部门，而其他部门通常也只负责汽车道、铁路、水路等传统交通基础设施的建设和维护，骑行系统的基础设施建设仅仅交给地方政府负责。因此，想要在全国范围内建设一条全长 100km、连接德国西部的 10 个城市的自行车高速车道网络，其建设和维护成本是相当棘手的问题。

RVR 区域发展组的马丁 • 托恩斯认为，自行车高速车道的建设需要德国联邦政府的支持，否则自行车高速车道的建设很难实现。德国自行车俱乐部（Allgemeiner Deutscher Fahrrad Club，ADFC）同样认为德国建设自行车高速车道需要联邦政府的帮助，且联邦政府应该至少将联邦运输资金的 10% 用于自行车道基础设施建设，因为在德国综合交通体系中，自行车出行约占 10%。

最终，在德国鲁尔地区首次开通的 5km 自行车高速车道路段的修建资金由欧盟、北莱茵威斯特法伦州和 RVR 三方共同承担。其中，欧盟承担 50% 的资金，北莱茵威斯特法伦州承担 30% 的资金，RVR 承担 20% 的资金。

在该条 100km 的自行车高速车道建设过程中，德国其他地区纷纷响应。德国金融中心和交通枢纽法兰克福规划了一条长 30km 的道路，向南到达有“科技城”之称的达姆施塔特。德国南部第一大城慕尼黑也在其北部郊区规划出一条 15km 长的自行车道。德国关于自行车高速车道的工程建设如火如荼，自行车出行已经成为不可避免的趋势。

在德国各方的努力下，截至 2021 年，德国自行车保有量达到 7800 万辆左右，约有 80% 的

家庭每家至少拥有1辆自行车，有30%的家庭每家拥有3辆或3辆以上自行车。为进一步推动骑行系统健康、有序发展，德国联邦政府通过《国家自行车交通计划3.0》，计划在2030年之前，在全国范围内建设更多、更完善的自行车道路网络，并在大城市之间建设更多的自行车高速车道。

与此同时，随着现代科技的发展，以及现代科技在交通领域的深度应用，德国在传统自行车高速车道的基础上，着手研制有气流助推的、更为高级的封闭自行车高速车道，即通过在封闭自行车高速车道内补充大型流动气体，助力骑行者更加省力、快速地骑行，进一步推进自行车高速车道优化升级。

⇨本章总结

纵观国外骑行系统的发展历程，无不围绕着交通、环境、能源、健康等方面的变革而进行。由于骑行系统是综合交通系统的重要组成部分，骑行在交通中主要用于中短距离出行，是缓解交通拥堵的有效途径，因此，建设骑行系统对加快构建城市慢行交通体系产生的效果最为显著。

总体而言，骑行系统的建设不仅能够从根本上缓解交通拥堵，还可以降低资源消耗，减少环境污染，推动城市慢行交通建设，对实现生态环境质量改善，促进城市可持续发展有重要意义。

第3章

我国骑行系统的发展现状、问题和需求

【本章内容概要】

本章主要介绍我国骑行系统的发展现状，帮助读者从工具、体系等研究角度出发，认识骑行系统目前存在的问题，进而了解如何满足其发展过程中出现的具体需求。

【本章学习重点与难点】

学习重点：了解骑行系统的发展现状，清楚骑行系统中的主要交通工具和现有体系。

学习难点：深入理解骑行系统现有问题产生的背景、原因，明确呈现的矛盾表象，清楚应加以化解的矛盾、问题和有待满足的需求。

【案例导入】

今天，电动自行车早已遍布城市的每个角落。谁能想到，曾经它们也被禁止过。

20 世纪 90 年代初，电动自行车开始在我国街头出现。这种电动自行车造型简单，和普通自行车毫无两样，只是在后架或侧面装了一个塑料盒或帆布包，用来安装蓄电池。此时，这种“原始”电动自行车没有统一的国家标准。直到 1999 年，才出现了后来被称为“老国标”的国家标准《电动自行车通用技术条件》（GB 17761−1999）。

1998 年 8 月 1 日开始施行的《中华人民共和国道路交通安全管理条例》里没有电动自行车的相关规定。条例中规定的非机动车只包括自行车、三轮车、人力车、畜力车、残疾人专用车等，而电动自行车显然不会归属于机动车。因此，街道上越来越多的电动自行车成为性质不明的“新物种”，由此产生了一系列问题。

两难之下，有的城市开始对这种新型骑行工具加以管控，甚至一些城市全面禁止销售电动自行车。

“忽如一夜春风来”，2003 年 10 月 28 日，第十届全国人民代表大会常务委员会第五次会议通过《中华人民共和国道路交通安全法》，将电动自行车明确划归为非机动车，正式认可了电动自行车上路行驶的权利。

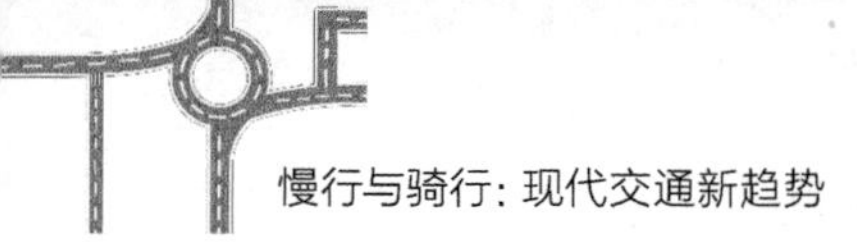

由此，电动自行车在我国开始飞速发展。

电动自行车曾经遭到禁止，但又为何迅速“转正”？通过其发展历史，我们能观察出我国骑行系统发展的哪些问题和需求？它们又如何改变了骑行系统的现状？这些正是本章要学习的内容。

3.1 我国骑行工具的发展现状

涵盖自行车和电动自行车（包括电动摩托车、电动滑板车等）骑行工具的骑行系统，是我国交通系统的重要组成部分，也是大众短距离出行的主要方式，在新兴的城市慢行系统中占有重要地位。

3.1.1 自行车

自行车和电动自行车是我国骑行系统中最常见、最主要的工具。

自行车，英文名称为“bicycle”。从词源来看，bi 指“二”，cycle 指“轮”，该单词意为两轮车，英文也称为“bike”。自行车在我国又称为脚蹬车、单车，指两轮的小型陆上车辆。

1. 自行车的定义和历史

自行车已有两百多年的历史，影响了世界各国的交通发展进程。1815 年，自行车诞生于法国，当时的自行车没有中轴和脚蹬。1869 年，法国人马金对自行车进行改造，增加了前轮脚蹬。1890 年，英国人对自行车进行二次改造，将实心轮胎改造成空心轮胎。随后，自行车开始批量生产，进入千家万户，成为大众出行的工具。

自行车使用者骑上车后，以踩脚蹬作为动力，不需要燃料或其他能源。自行车具有 20 多个部件，是典型的简单部件组合而成的复杂人力机械系统，其部件包括车架、轮胎、脚蹬、车把、链条、鞍座等，这些部件大致可分为 3 个组成系统，具体介绍如下。

① 导向系统。自行车的导向系统由车把、前叉、前轴、前轮等部件组成，使用者可通过车把的操纵来改变自行车行驶方向，并确保车身处于平衡状态。

② 驱动系统。自行车的驱动系统包括脚蹬、中轴、链轮、曲柄、链条、飞轮、后轴、后轮等部件。人脚的蹬力通过这些部件传动，使自行车得以前进。

③ 制动系统。自行车的制动系统主要为车闸部件。使用者通过对车闸的操纵，让自行车减速和停驶，确保行车安全。

2. 自行车的属性特征

自行车既能实现“从门到门”的短距离出行，又能实现 15 ～ 20km 的长距离出行，其主要特征如下。

① 便捷性。自行车并不受到时间、路况、气候的严格限制，具有充分的便捷性。使用者能灵活选择出行的时间点和路线。一辆自行车的重量仅为 15kg 左右，便于存放和运输，即便出现故障也能实现人工运输。

② 节能性。自行车不需要燃料能源，不排出废气、废物，具有节能环保的特性，同时还能锻炼人的体能。

③ 低成本。自行车的成本低，无论其是静止状态还是运动状态，所占据的空间面积都很小，远小于汽车、公交车、地铁、火车等占据的空间。自行车价格虽不同，但基本在各个城市居民能承受的范围内，其作为交通工具有很大的成本优势。因此，自行车的社会总成本比汽车、公交车、地铁、火车等低很多，在道路基础设施投资中，自行车道路也属于回报率相对更高的投资。

3. 助力自行车的发展现状

助力自行车是传统自行车的升级产品，越来越多的骑行者开始尝试使用助力自行车获得新的骑行体验。

助力自行车的基本外观与传统自行车相同，其保留了机械传动系统，并增加了小型电机、小型电池、智能传感器、智能控制器、显示仪表等电子系统。助力自行车与电动自行车最大的区别在于它是以人力骑行为主，以电动助力为辅，人力和电力结合，形成高度人机一体化的出行模式。

助力自行车和自行车类似，也可以实现个人出行的低碳价值。这种车型的骑行速度为 20 ～ 25km/h，普通助力自行车可以轻松完成 20km 左右的出行，如果用于通勤，每年每人的使用距离可达 5000km，减少 1 吨左右的碳排放。正因如此，欧美对助力自行车给予了扶持政策。例如，欧盟国家为消费者购买本土品牌助力自行车提供 300 ～ 500 欧元的现金支持，如果是企业购买给员工使用，还会减免企业所得税。一系列扶持政策激发了欧美骑行消费者选择助力自行车的意愿，使该市场规模不断扩大。

助力自行车在我国骑行工具市场上占据较小的部分。中国自行车协会的统计数据显示，2021 年我国自行车产量为 7639.7 万辆，电动自行车产量为 4551.1 万辆。尽管自行车产量更大，但附加值不足，助力自行车完全可以成为出行者的轻量化交通工具，填补自行车和电动自行车之间的市场空白。

推广助力自行车，不仅需要提高技术水平和企业投入，也需要公共政策的支持。相关部门应综合调研，积极推动助力自行车的公共政策制定实施，选定创新试验城市，鼓励出行者更多购买和使用助力自行车，从而丰富骑行工具选择，给出行者带来便利。

4. 自行车产业现状和趋势

随着我国居民生活水平的日益提高，以及对健康生活的迫切需求，加之政府和媒体不断宣传绿色交通、全民健身的重要意义，自行车凭借其代步、健身、娱乐、时尚等多种功能，

承担慢行交通的主要功能，越来越受到人们的欢迎。

目前，我国自行车的市场需求存在增长空间，消费群体对自行车这一交通工具的追求已不再局限于代步，同时还追求舒适性、轻便性和功能性。自行车的生产已经完全市场化，从零部件制造到整车制造，再到消费端的专业服务渠道运营，都存在激烈的市场竞争。自行车行业的进入门槛相对较低，中低端产品生产技术简单，其他发展中国家的自行车行业迅速发展，无形中也推动了我国自行车市场的竞争。

3.1.2 电动自行车

电动自行车是指在普通自行车形式的基础上安装蓄电池作为辅助能源，并安装电机、控制器、转把、闸把等操纵部件和显示仪表系统后形成的机电一体化骑行工具。

电动自行车的市场化交通应用开始于 20 世纪 80 年代初的日本。与传统自行车相比，电动自行车出行距离更远、行驶速度更快、骑行更省力和舒适，能节省出行者的时间和体能。目前，电动自行车已成为我国群众日常生活中不可缺少的交通工具，极大地减轻了城市交通的压力，方便了群众出行。从出行距离上看，5 ～ 15km 是自行车出行的极限范围，但却是电动自行车出行的优势范围。而当出行距离在 5 ～ 10km 时，电动自行车比公交车更具效率优势。

电动自行车具有良好的机动性、可达性并且方便、准时、花费少、省力。某项在上海、昆明和济南的交通工具调研分析结果显示，电动自行车的机动性、可达性要高于当地的公交车。尤其在将出行总时间作为交通成本来计量时，电动自行车的出行效率较高，成本优势更为明显。

目前，我国已成为全球最大的电动自行车生产、消费和出口国，我国电动自行车的发展大致经历了以下 4 个阶段。

1. 萌芽期

1983 年，我国上海生产出第一辆永久牌电动自行车。但从市场整体而言，20 世纪 90 年代前，我国的电动自行车基本依靠进口，种类也仅限于游览观光车、公务执勤车、高尔夫球车等，电动自行车几乎没有进入交通领域。

1992 年，我国开始自行研制和生产电动自行车。1995 年是我国电动自行车的起步元年，以实验性生产居多，主要由电动自行车生产企业自发进行信息汇聚、技术跟踪、市场观察，进行小批量试验性的市场试用投放。

此时，我国电动自行车产业处于萌芽阶段，主要是对电机、电池、充电器和控制器等的技术摸索。由于产业刚起步，技术发展不明显，电动自行车存在电池寿命短、续航里程短、电机输出弱、爬坡能力差、容易损坏诸多问题。但此时的经验积累，为之后电动自行车产业在人才、技术和产品研发等方面的规模化发展提供了充分条件。

作为一种新的交通工具，电动自行车逐渐进入出行者的视野。从 1997 年开始，我国电动自行车出现商业化应用。1998 年，电动自行车全国销量仅有 5.4 万辆，从 2000 年开始快速增长。

2. 初步规模化阶段

2000 年，我国的电动自行车开始进入初步规模化阶段。技术突破为整车性能带来提升，电动自行车的行驶里程增多，开始正式成为自行车的升级换代产品，甚至成为摩托车的替代产品。电动自行车激发了市场消费需求，受到出行者的欢迎。行业内开始出现具有相当规模和实力的电动自行车生产企业并初步规模化运作，行业产能不断增加。

2004 年，电动自行车的全国销量达到 750 万辆，形成了以天津、江苏、浙江为代表的三大电动自行车产业聚集地。其中，天津以原有的发达自行车产业为基础，主要生产简易版电动自行车。江苏和浙江则凭借摩托车产业配套集群优势，主要生产豪华款电动自行车。

2004 年 5 月 1 日正式施行的《中华人民共和国道路交通安全法》将电动自行车认定为非机动车的合法车型，我国电动自行车的发展进入高速增长时期。

3. 高速发展时期

2004—2014 年是我国电动自行车产业的高速发展时期。从技术角度看，电动自行车产品的技术水平大幅提高，从有刷有齿电机发展到更高效的无刷电机。蓄电池、充电器、控制器的技术性能也有了大幅度提高，电动自行车的爬坡、载重和续航性能显著增强。

从生产角度看，在这个时间段内，大小生产企业之间进行激烈竞争，刺激了技术的进步和扩散，全行业生产研发水平得到大幅度提升。从市场发展角度看，电动自行车产品从此时开始在出行领域普及，成为短途出行的重要工具。从产业角度看，电动自行车行业涌现了一批全国性知名品牌，区域市场内也出现大量凭借低价确立局部优势的小品牌。

2014 年，电动自行车全国销量达到 2904.5 万辆。在我国绝大多数城乡地区，电动自行车已成为居民日常交通工具，全面融入居民的生活和工作。

在电动自行车高速发展时期，由于缺乏较高的准入标准、技术标准，市场集中度不高，产品质量参差不齐，电动自行车产品在使用过程中出现了多种安全性问题。

4. 成熟阶段

2015 年以来受产业结构调整、经济增速放缓等客观因素的影响，加上城镇化、经济发展导致人口和机动车密度增加、交通拥堵、城市环境污染等问题凸显，我国电动自行车产业整体增长速度开始放缓并进入成熟阶段。2019 年，我国电动自行车产量达到 2707.7 万辆。2020 年 1 ～ 10 月，我国电动自行车产量达到 2548 万辆，全国电动自行车企业利润总额达到 30 亿元。

2019 年 4 月 15 日，《电动自行车安全技术规范》（GB 17761-2018）（即电动自行车“新国标”）正式实施。该标准与旧标准相比更加严格，对电动自行车的外观、参数和性能等多个方面的标准进行调整。“新国标”对电动自行车的各项安全指标加以严格认证和全面规范，包括3C认证[1]、具备脚踏骑行能力、整车质量（包括电池）不能超过55kg、最高时速不超过25km、电机功率不超过400W、蓄电池标称电压不超过48V等，在此基础上，还增加了防篡改、防火、阻燃、充电器保护等安全技术指标。

“新国标”推出后，传统电动自行车生产企业对产品布局开始调整，加紧安全性能的转化步伐。同时，“新国标”也推动了消费需求的多样化、出行者喜好的转变。出行者对电动自行车的认识日益提高，对电动自行车的产品质量、售后服务、技术革新水平提出更高的要求。为了应对这些要求，生产企业必须同时具备新产品开发能力、质量控制能力和售后服务能力。市场围绕这些能力展开了优胜劣汰，使电动自行车行业面临产业格局的调整，使电动自行车产品竞争更为激烈，原本不具有足够竞争力的企业开始被淘汰。

在成熟阶段，我国电动自行车产品呈现以下技术特点。

① 结构设计合理化。电动自行车行业开始广泛采用前后减震系统，原来的抱刹、鼓刹等制动系统向碟刹、随动刹转变，这些使骑行更为安全舒适。原来的辐条式轮毂开始向铝合金、镁合金整体式结构发展，电动自行车的强度、耐腐度更好，质量更轻。

② 品种丰富。各大电动自行车生产企业拥有独特的产品结构形式，形成了不同品类，例如踏板式、电动助力混合式、中轴驱动式等，骑行者的多元化、个性化需求得以满足。

③ 技术性能提高。电动自行车核心部件技术性能提高，为电动自行车在交通出行领域的广泛应用提供支撑。电机方面，从有刷有齿到无刷无齿，提升性能、提高效率；控制器方面，正弦波控制技术凭借其低噪声、高扭矩、高效率的优势，被广泛应用；蓄电池方面，电源管理和胶体蓄电池技术均得以突破，有效提高了电池容量并延长了电池寿命。

在未来，电动自行车将拥有更大的发展空间，无论是从环保、能源还是从便捷角度来看，电动自行车都将在一定程度上取代传统自行车，成为我国城乡居民短途出行的主流方式。

从发展角度来看，自行车（含电动自行车）是慢行交通中相对高效的出行工具。尤其在我国交通系统进入机动车时代之前，自行车已是居民出行的主要代步工具。如今，随着城市的绿色发展，慢行交通逐渐复兴。

相较于私家车出行和公共交通出行，自行车与电动自行车在中短距离出行时的优势更加明显，触达范围也更加广泛，充分满足居民的日常出行需求。然而，不管是骑行还是步行，当务之急都是解决路权的归属问题。目前，慢行系统在城市交通系统中依然属于弱势地位，只有各部门立足于自行车和电动自行车的特性，充分重视慢行交通基础设施的建设和政策法规的保障，城市交通状况和生态环境才能得到进一步的改善。

1 3C认证指中国强制性产品认证，英文全称为 China Compulsory Certification。

案例：石家庄市的电动自行车管理经验

近年来，随着国民收入水平的提高，很多家庭都拥有了私家车，由此也导致了一系列社会问题和交通问题。对于大城市来说，常年的拥堵已是见怪不怪，而随着一些二三线城市的机动车保有量逐年增长，这些城市也出现了不同程度的交通拥堵。

为方便出行，许多人会倾向于购买电动自行车出行。电动自行车是非常便携且环保的交通工具。为外卖、快递、买菜、上班、接送孩子等需求提供了巨大的便利，对缓解城市交通拥堵具有显著作用。反之，如果这些出行需求都用机动车来承担，那么城市的交通资源将不堪重负。

与此同时，随着城市电动自行车的增多，各种交通乱象和安全隐患也频频出现，市民的出行需求与城市交通管理存在着矛盾，这充分考验着城市的交通治理能力。一些城市为了减少管理压力，发布了“禁摩限电”的规定。实际上，对于市民而言，当出行距离为 3 ～ 10 km 时，电动自行车是最合适的出行工具。例如，接送孩子上下学，学校一般距离家里不远，但步行效率较低，家长往往会选择骑电动自行车接送孩子。如果所有家长都使用私家车接送，短时间内大量私家车聚集，很容易造成交通拥堵。

从目前来看，越来越多的城市对电动自行车的管理态度有所缓和。许多城市为推行骑行系统的建设，将电动自行车的综合治理列入重点的工作内容。以石家庄为例，在这座 1100 余万人口的城市中，电动自行车的保有量达到 350 万辆。石家庄在河北省范围内率先进行电动自行车上牌服务，市民购买电动自行车后通过网上预约、线下挂牌的方式进行备案，电动自行车就可以合法上路了。针对一些老、破、旧等不合规的电动自行车，石家庄市政府充分考虑市民需求，为此类电动自行车颁发临时牌照，并设立 3 年过渡期，让市民能够逐渐适应新规。

石家庄的电动自行车治理取得了良好的成效。鉴于此，国内各城市纷纷借鉴石家庄的管理经验，充分考虑市民出行需求，不断加强电动自行车的治理，使城市的交通管理工作更加科学规范，市民生活幸福指数不断提高。

3.2　我国骑行系统的发展现状

我国现有的骑行系统在复杂的城镇化发展背景下呈现高增长的良好态势，但也出现了相应的问题和缺陷。

3.2.1　复杂的城镇化发展背景

目前，在我国骑行出行者中，所占比例最大的无疑是电动自行车用户。在各地城镇化发展背景下，这些用户的分布情况呈现鲜明的结构特征。

1. 以中低经济收入的人群为主

城市骑行者大多活动于城市中心城区，既有高楼大厦的商业区，也有旧房密集的老城区，

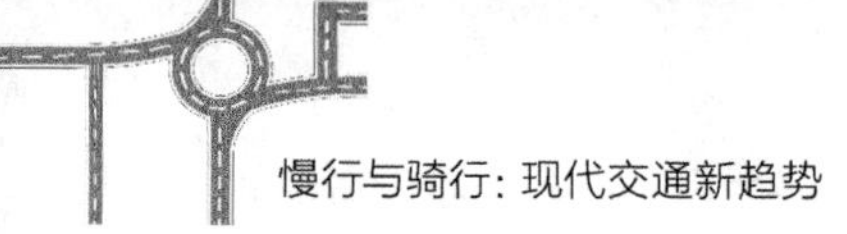

受限于经济收入，即便在我国发达的一线城市，电动自行车也是中低经济收入人群最为高效、方便的交通工具。

2. 快节奏下的时段性使用

在城市的发达商业区（例如商业街、美食街、大中型专业市场等典型区域）内存在显著的电动自行车时段性聚集现象。由于这些区域的快节奏运转，交通高峰时段内，这些区域中人流量的聚集会引发大批量电动自行车聚集。

3. 短途物流行业的迅速发展

随着餐饮外卖行业的兴起，美团外卖、饿了么等企业迅速发展，加之原有的顺丰速递、圆通速递等快递服务企业，其强大的运送能力依托于每位外卖员、快递员，而电动自行车则是极为重要的运输工具。由于短途物流覆盖了城市绝大多数区域，很容易出现电动自行车集中出行和停放的情况。

灵活轻便的电动自行车是很多行业从业者的首选交通工具，尤其是外卖、快递等需要“门到门”的行业。在慢行交通意愿调查中，市民普遍反映公共交通出行虽然方便，但在中短距离出行时存在局限。例如去附近的商场购物，如果乘坐公交地铁，则需要步行一段距离才能到达站点，而到站后同样需要步行一段距离才能到达商场，如果选择电动自行车出行，就能实现“门到门”到达，不仅不用担心交通拥堵，而且省时高效。

除了“门到门”需求，由于城市的交通拥堵问题越来越严重，在中短距离出行时，大多数市民倾向于选择慢行交通。当出行里程在 1km 以内时，步行是较好的选择，当出行里程在 1 ～ 5km 时，自行车和电动自行车是相对高效的选择。

尽管市民对电动自行车有着很大的需求，但由于其目前尚未完全纳入交通管理体系，市民的出行体验常常受到较大的影响。

3.2.2 城市骑行出行的增长态势

自 2020 年后，我国不少大城市的骑行出行量开始上涨。以北京为例，2020 年该市居民出行量中，步行、骑行比例合计达到 46.7%，为近 5 年的最高点。

数据表明，骑行系统在我国目前的交通体系中扮演着重要角色并有积极增长的趋势。对于这一事实，我国各城市规划部门和交通管理部门均予以肯定，但各城市存在管理态度和方法差异，这种差异会给当地骑行交通发展带来不同影响。当城市规划部门和交通管理部门充分重视骑行系统的价值时，骑行系统在城市交通体系中就会有较高的地位，进而在正确策略的引导下发挥较大作用。

当下，骑行系统的价值地位在城市规划建设和交通规划设计等领域仍存在地域差异，即便在各地政府下属的相关部门之间也有不同的观点。这导致部分城市依然在客观上限制骑行系统的发展，甚至在一些路段取消了非机动车道。与此同时，很多城市对骑行系统的认识更为全面深入。不少城市重新审视骑行系统的相关政策，编制了城市骑行交通规划，可以预料的是，这样的城市将随着未来骑行系统的发展而越来越多。

骑行是主要慢行交通方式，但不管是步行还是骑行，市民出行的安全性和舒适度保障仍有所欠缺。当下，为提高市民出行效率，骑行系统是城市交通规划的重点内容，也获得了一定程度的增长动力。实际上，在共享单车出现之前，许多城市已经有了公共自行车租赁系统，但由于基础设施与停放站点过少，自行车租赁并没有得到全面普及。而共享单车的出现打破了这个边界。尽管共享单车的出现造成了许多城市问题，但各地政府通过各项政策积极引导这一新生交通体系，通过完善的规章制度规范共享单车的发展，从而使共享单车成为城市慢行交通里的主力军。

2017 年，《关于鼓励和规范互联网租赁自行车发展的指导意见》发布。这份文件不仅规范了城市公共自行车的管理，还大力倡导群众在短距离出行时选择自行车，从而进一步推动了骑行体系的发展，充分发挥慢行交通对低碳交通体系的积极作用。

从社会层面看，近年来，我国人民群众的环保意识不断增强，越来越多的人加入了低碳出行的队伍，我国城市公共自行车的数量正在不断增长，越来越多的人从选择公共交通转向选择骑行交通，由此可见，骑行系统的增长势头将更加旺盛。

3.2.3　骑行系统自身的问题

骑行系统能带来各类社会效益，对人体健康、空气污染治理、温室气体减排等做出显著贡献。但我国的骑行系统除了受到客观因素制约影响，自身也存在着不足，主要表现为其工具性能不足和使用者行为不规范的问题。

1. 工具性能不足

和其他交通工具一样，骑行工具的不足带来了对应的风险。

（1）安全保障能力较差

骑行出行的安全保障能力较差。一旦骑行工具在运行中遭遇的干扰因素增多，就很容易引发交通事故。尤其是在突然发生碰撞的情况下，骑行者容易受伤甚至遭遇不测。

（2）动力限制

骑行出行受动力限制。自行车、电动自行车能作为有效的交通工具，但无法作为长距离交通工具使用。当自行车出行距离超过 15km 时，人体会难以适应，而普通电动自行车一次充电后的出行距离也只能达到 30 ～ 50km。

（3）地势影响

骑行出行会受地势影响。自行车、电动自行车适用于平坦地区，在超过 30° 的坡道上，骑行控制相对困难。

（4）舒适性不佳

骑行出行舒适性不佳。骑自行车、电动自行车的时间过长会造成人体不适。在高温（30℃

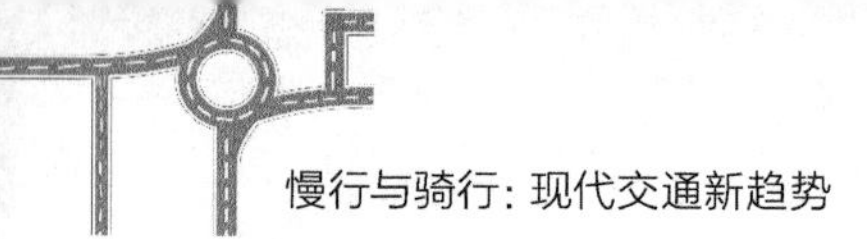

以上）和低温（10℃以下）的环境中，不适合长时间骑行。

2. 使用者行为不规范

使用者行为不规范导致的安全问题主要发生于电动自行车出行群体，主要存在以下两个问题。

（1）购买者无视技术标准规范

无论是“老国标”，还是“新国标”，都对电动自行车的性能参数进行了相应规定。“新老国标”对电动自行车性能参数的规定见表3-1。

表3-1 “新老国标”对电动自行车性能参数的规定

	新国标（GB17761-2018）	老国标（GB17761-1999）
最大车速	25km/h	20km/h
整车重量	55kg	40kg
续航里程	—	25km
连续输出功率	400W	240W
电池电压	48V	48V
脚踏功能	保留	保留

与“老国标”的推荐性不同，“新国标”属于强制执行标准，其原因在于电动自行车的质量问题及随之引发的交通安全问题日渐增多。然而，不少消费者并未从这一角度来认识“新国标”，而是追求更高时速的“实用性”电动自行车。为了迎合这部分需求，一些生产者和销售者不惜以改装等各种方式向市场提供超标违规的电动自行车。

即使消费者购买了符合“新国标”的电动自行车，为了防晒、防雨，他们经常会在电动自行车上增加防雨棚、遮阳伞。显然，这些装置导致车体面积增加，降低了驾驶的灵活性。消费者还可能为了提高车速，更换电动自行车的电池，进一步导致原有零件和改装配件不适配，造成交通安全隐患。

（2）驾驶者安全意识差

目前，电动自行车的驾驶门槛低，几乎不要求驾驶者取得驾驶资格。

电动自行车的驾驶者为节约时间，骑行时追求速度，而忽视了道路交通规则，电动自行车在公路上行驶时，违法超载、超速驾驶等现象时有发生。例如，在交叉路口闯红灯、随意变道、进入快车道、路口抢道等，这些会导致交通安全问题。

3.3 遵义赤水河谷旅游公路运行情况调查和评估

遵义赤水河谷旅游公路是贵州省怀仁市茅台镇到赤水市区的一段沿河谷布局的公路，主线全长154km。

该公路地处大娄山山脉北缘与四川盆地的过渡地带，其地貌特征为临水、山高、谷深、坡陡，沿河台地分布，险滩较多。自然景观主要有河谷景观、丹霞地貌景观和瀑布景观。河谷公路两侧高山相对，植被茂密，植物特色分明，岩石和地表呈赤红色，与绿色植被形成强烈的视觉对比。

赤水河谷旅游公路是全国第一条河谷旅游公路，也是第一条服务完善的快慢综合交通旅游线路。公路的一端为“中国第一酒镇”，另一端是世界自然遗产丹霞地貌，途径千年古镇习水县土城镇，包含了红色文化、白酒文化、盐运文化和考古文化等。公路沿途经过 12 个乡镇，机动车道主线采用黑色沥青车道，分别由 G12、S303 和 G546 公路相关路段构成，采用了设计时速 40km、路基宽度 8.5m 的二级公路标准。骑行道路则由红色沥青自行车道组成，全程共有 23 个观景台、12 个驿站、26 个露营地、1 个直升机停机坪、162 座桥梁和 2 座隧道。

赤水河谷旅游公路项目于 2015 年 1 月 25 日开工建设，经过 15 个月的艰苦奋战后贯通。

3.3.1　公路特色

赤水河谷旅游公路是国内慢行道设计的典型作品，其设计理念、功能展现、建设模式都具有明显的特色。慢行道设置为骑行和徒步混用，在功能设计中更多考虑了骑行者的需求并具备以下特色。

（1）完善的慢行体系

慢行道与公路并行，共 160km，能满足徒步、骑行等多种出行方式。

（2）特色驿站文化

全慢行道设置驿站、观景台，打造“一站一主题、一站一功能、一站一集散”的特色驿站群，构建“快进慢游”的交通格局。

（3）清晰标识

赤水河谷旅游公路采用统一形象标识，设置有特点、有提示意义的交通地标。

此外，赤水河谷旅游公路通过资源整合进行灵活管理，充分引入商业设施，展示和销售地域特产，也能有效帮助解决沿线居民就业问题，合理增加收入来源。

3.3.2　慢行活动

赤水河谷旅游公路开通后，管理方积极举办了多项户外骑行运动赛事，为骑行者提供更好的旅行体验。

2016 年，中国遵义赤水河谷国际公路自行车邀请赛在该公路开展，国内外共 232 名骑行爱好者参与活动。比赛骑行路程从仁怀市茅台镇 1915 广场开始，到赤水市旅游集散中心结束，共 151km，优胜者仅用了 3 小时 30 分左右即完成了整段路程的骑行。

2017 年，遵义赤水河谷全球商学院精英挑战赛（简称 RIC）首次在该公路沿线成功举办，

开展包括骑行在内的多个运动项目。参赛者沿着赤水河绿道和自行车道前行，对公路和景色都产生了深刻的印象。

3.3.3 慢行系统的运行情况

赤水河谷旅游公路的慢行系统促进了贵州省旅游业和城乡一体化发展，既提升了当地交通效率，又使城市居民亲近自然，获得健康休闲的交通环境，为农村居民增加了经济收益，改变了经济发展方式。

目前，赤水河谷旅游公路慢行系统的运行情况如下。

1. 慢行道路

赤水河谷旅游公路的自行车道宽度为 2 ～ 3.6m，既能满足骑行、步行功能要求，又和周围的道路、自然景观融合，且地形坡度处理相对科学，能保证慢行过程的正常体验。不足之处在于部分路段紧挨机动车主干道，道路宽度受限，部分路段略显狭窄，对骑行舒适度有所影响。

2. 慢行环境

赤水河谷旅游公路周边有种类较为丰富的植物。规划和管理方在良好保护原有地形、植被和水体的基础上，对绿化系统进行合理搭配。绿道两旁的植物种类多达 20 余种，大部分路段有合理的绿化配置，在夏季能提供较好的遮阴效果，也能在一定程度上保持原有的地域特色和生态特点，发挥骑行环境自我调节的作用。

3. 服务设施

赤水河谷旅游公路的服务设施有以下多种类型，能有效发挥应有的慢行服务功能。

（1）自行车租赁点

赤水河谷旅游公路沿途有多个自行车租赁点。这些租赁点提供山地自行车和普通自行车供出行者使用。此外，还有不少私人自行车租赁门店提供相应服务，所提供的自行车有单人、双人、四人等类型，出行者能轻松实现多种选择。

（2）公共厕所

公共厕所是慢行系统中必要的服务场所，也是反映一个城市文明程度的重要窗口。赤水河谷旅游公路中整体公共厕所数量充足，但在部分路段配套公共厕所数量不足，无障碍厕所、儿童专用厕所更少，缺乏充分的人文关怀。

（3）垃圾箱

垃圾箱虽体量不大、貌不惊人，但同样也是慢行系统保障的构成部分。赤水河谷旅游公路大多采用分类回收垃圾箱，其标识清晰、外观统一，在数量上充分满足出行者需求。垃圾箱在造型上则选用了简单的圆柱或长方体，避免浪费道路空间面积。

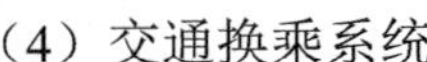

（4）交通换乘系统

标准的慢行道上每隔一段距离应设有停车场和交通换乘系统，便于出行者交替使用不同的交通工具。在赤水河谷旅游公路上，停车场和驿站本身是一体的，能有效降低对生态环境的破坏。但整条路线上的交通换乘系统尚不完善，缺乏慢行道和公交系统之间的接入体系。

（5）导向系统

赤水河谷旅游公路的标识导向系统较为完善。在公路上每隔一定的距离就设有指路导向牌，导向牌结合出行者当前所在位置展示二维码，具有显著的指引作用。此外，在城区部分慢行道上，也设置了具有健康教育意义的标识牌，便于青少年骑行者学习。目前不足之处是整条公路缺乏足够的多媒体导览系统。

（6）照明系统

在整条公路中，城区路段照明系统较为出色，能发挥良好的照明和景观效用。相对而言，郊区的部分路段灯光较暗，部分路段没有照明设施，既影响慢行交通的晚间进行，又会造成安全隐患。

在赤水河谷旅游公路体验慢行的人群来自不同的年龄段，其中最主要的慢行人群年龄在 18 ～ 28 岁，其次是 29 ～ 40 岁。旅游公路设施管理的水平与慢行人群的满意度密不可分，会直接影响这些人的体验效果。整体而言，赤水河谷旅游公路创设并保持了良好的慢行环境，但也在某些细节上出现问题，例如存在汽车、摩托车占道停车或行驶的现象。随着赤水河谷旅游公路建设和维护水平的提高，进一步科学有效地对骑行设施加以管理是当地相关部门非常重要的课题。

3.4　城市骑行旅游中骑行者的行为模式研究

随着骑行新理念的普及，骑行不再只是人们的通勤方式，还是生活娱乐的手段。在娱乐、休闲过程中，骑行旅游同样扮演着重要角色，为人们带来更多精彩体验。要研究骑行系统的发展现状，就有必要研究骑行旅游中骑行者的行为模式。

3.4.1　骑行旅游现状

我国旅游业处于高质量发展阶段，其中，骑行旅游越来越受到欢迎和重视。

骑行旅游源自骑行运动，为人们出游增加了新的体验内容。骑行旅游的开展有利于旅游业发展，也有利于推行生态旅游新理念，振兴骑行交通产业。

1. 骑行旅游概述

骑行旅游是指骑行者以自行车为主要交通工具，以骑行为主要旅游体验方式而开展的户外旅游形式。骑行旅游以游览观光、锻炼身体、体验民俗风情、摄影采风等为主要内容，

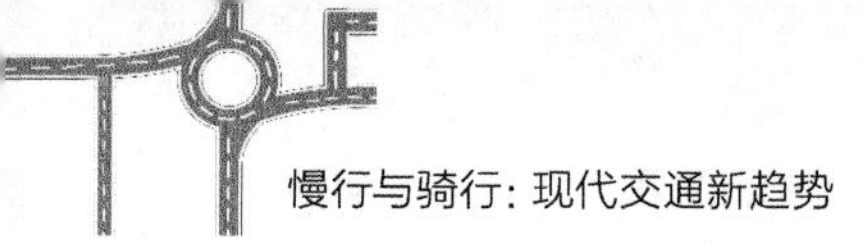

与骑行运动不同，骑行者更重视骑行旅游过程中的感官和内心体验，对骑行速度本身的要求则在其次。

20 世纪 60 年代，西方国家开始发展极限运动，骑行在单纯的出行交通形式的基础上被赋予了休闲、运动属性。与此同时，城市化进程加快，骑行工具被广泛运用，旅游业迅速发展，也催生了骑行旅游方式。同样，骑行在我国也经历了类似的发展过程。

2. 骑行旅游的类型和特征

为便于研究和分析骑行旅游中骑行者的行为模式，根据实际情况，我们可以将骑行旅游划分为骑行自助旅游和骑行组团旅游两种类型。

骑行自助旅游是指由骑行者个人规划、安排和实施的旅行方式。自助骑行者会事先收集、准备好旅途中所需要的信息和装备，包括骑行路线、骑行区域自然概况、骑行工具、骑行装备等。

按照骑行自助旅游的程度，其还可细分为全自助骑行旅游和半自助骑行旅游。前者是指骑行者个人携带所有装备，能随时中断骑行进程进行休息、用餐或露营，后者则是指骑行者在骑行旅途中携带衣物等少量装备，其他（例如餐宿）等都以消费形式完成。在某些半自助旅游中，骑行者还可将自行车用机动车等载体运送到目的地，并在固定骑行路线上体验骑行。

骑行组团旅游是指由旅行社、骑行俱乐部、骑行协会或其他社会团体组织一定数量的骑行者，按计划好的骑行路线和日程，进行团队式的骑行旅游活动。由于是团队组织，骑行者在途中所需的装备和补给由后勤车负责提供，骑行者只需要做好个人准备即可。

如果根据骑行时间划分，骑行旅游还可以分为一日游、两日游和长途游等。

3. 骑行旅游的意义

骑行旅游不仅对旅游爱好者有重要意义，还能为生态、产业、文化的发展带来价值。

（1）生态意义

生态旅游将自然环境保护理念作为基础，通过骑行这种方式进行宣传，不仅能提高游客的环保意识，也能让旅游路线所在的生态环境保护受到重视。同时，骑行旅游对生态破坏较小，能确保骑行者与旅游目的地环境的和谐共处，保证旅游目的地原始性和发展性的平衡。

（2）产业意义

长期以来，机动车的价格不断降低，电动自行车大量使用，自行车作为交通工具的地位每况愈下。骑行旅游的开展，能丰富自行车实践应用的内涵，为自行车产业的发展带来新希望。从研发和生产角度来看，自行车将会继续朝着轻量化的方向发展，其设计、配套装备将更人性化、市场化。

（3）文化意义

骑行旅游能推动广义上的慢行文化普及，改变当地从骑行者到政府对骑行交通的看法，

影响当地交通管理部门对自行车与机动车、行人之间的关系的看法，促使其完善骑行道的建设标准和骑行线路的设计，推动骑行交通安全法规及条例的成熟。这些都能为骑行交通体系的合理应用奠定基础。

（4）社会意义

当前，城乡居民利用时间、空间进行休闲旅游。境内、省内、周边和本地旅游规模大大增加。数据显示，我国城市居民出游距离大幅度收缩，2022 年清明节期间收缩到 100km，劳动节期间收缩到 99.6km，较 2021 年收缩 33.2%。游客在目的地的平均游玩半径也降为 6km，比 2021 年同期下降 60.7%。

面对崭新的旅游需求变化，建设城乡骑行旅游系统，无疑能带来更大的社会贡献。这一系统不仅能解决城市居民健康旅游出行的问题，也能满足乡村旅游业的高质量发展，创建全社会共享的美好旅游空间。

4. 骑行旅游与骑行系统的关系

目前，骑行在城市已全面普及，并被视为解决交通拥堵和环境问题的有效方式。相比而言，更多城市尚未意识到骑行旅游的作用。骑行旅游被称为可持续旅游、深度旅游与负责任的旅游，对于旅游业与骑行系统的发展具有双向促进作用。

骑行旅游不产生空气污染和噪声污染，不会破坏旅游景点的生态环境。对于游客而言，骑行旅游能避开景区附近的交通拥堵，让游客更加深入地感受旅游景点的人文环境，属于深度体验的旅游方式。

对于骑行系统而言，骑行旅游能加快其整体发展。骑行旅游能更好地发挥骑行系统的功能，并基于现有资源更好地发展骑行系统。例如，为了方便游客骑行，城市景点需要建造更宽阔舒适的骑行道路，设立更多的自行车停放站点。为提高骑行旅游的舒适性与美观性，城市需要对路面标识、基础设施、沿途景观进行改善，在这些举措下，骑行系统获得同步发展。

3.4.2　骑行旅游中骑行者的行为模式

在骑行旅游中，骑行者的行为模式会产生积极变化，心理层面的变化会超过身体层面的变化。

1. 行为分析

以成都当地的骑行者为例，根据 2019 年成都市骑行者行为模式调查，在骑行旅游总花费方面，有 6.7% 的受访骑行者花费在 1000 元以内，花费 1000 ～ 3000 元的占 47.4%，花费 3000 ～ 10000 元的占 28.7%。

在装备消费方面，有 10% 的受访骑行者花费 1 万～ 3 万元，7.2% 的受访骑行者花费超过 3 万元。

在骑行频率方面，52.6% 的受访骑行者保持每周至少 1 ～ 3 次的骑行频率，23.4% 的受

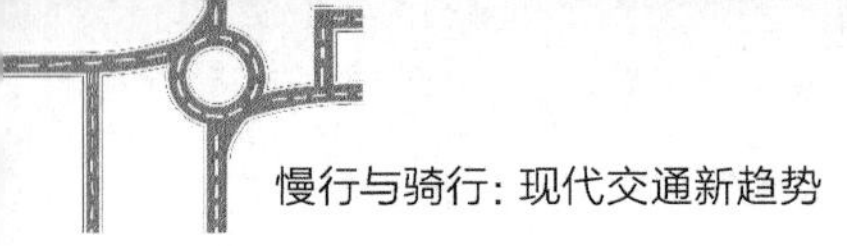

访骑行者保持每月 1 ～ 3 次的骑行频率，还有 13.4% 的受访骑行者每周超过 3 次骑行。

在骑行人数方面，55.5% 的受访骑行者选择和自己的朋友一起骑行，这些骑行者往往相互鼓励参与骑行。仅有 14.8% 的受访骑行者喜欢独自骑行。

2. 共性特征

骑行者在行为模式上虽各有不同，但也存在着较为明显的共性特征。

（1）结合健身和交通出行

骑行旅游是依靠骑行者自身的体力和意志力来完成的。骑行者具有健康的身体和足够的体力，同时他们也希望通过骑行来强身健体。因此，骑行旅游者、骑行运动者和骑行交通出行者在现实中并没有明确的角色界限，他们经常以骑行运动和交通出行来为旅游打好体能基础。

（2）自发性和自助性

尽管骑行旅游在我国已有多年的历史，但骑行旅游的专业市场并不健全，针对这一领域的商业性服务项目也不多。目前，骑行旅游活动基本处于自发状态，参与人员相对固定，骑行者们通过定期组织骑行聚会活动，建立稳定的联系，使骑行成为旅行社交的渠道。同时，骑行者通过微信、QQ、博客、论坛等现代通信手段进行交流，以此进一步催生视频、摄影、文学等形式的骑行旅游文化，丰富了骑行者的业余生活。即使是不同地区、不同组织的骑行者之间也能通过平台积极联系，相互提供旅游信息，增进骑行旅游文化的交流。

3. 总体行为特征

研究发现，骑行旅游整体过程中骑行者的总体行为特征如下。

（1）骑行旅游前的行为特征

骑行者在骑行旅游前的行为特征主要受出行前的态度或动机、阻碍因素、决策准备等影响。骑行者利用骑行进行旅游的主要目的是缓解压力、结交朋友、增长见识，其面临的阻碍因素包括缺少合适同伴、欠缺骑行基础、缺少与骑行相关的知识和技能等。

在开始骑行旅游之前，骑行者通常具有很高的兴趣，通过相互讨论交流来获得骑行信息。他们也会通过运动和交通出行的方式不断练习骑行能力，投入资源，为骑行旅游做准备。

（2）骑行旅游中的行为特征

骑行旅游中的行为特征主要指骑行者在旅游过程中的偏好选择、参与程度等。影响骑行者选择的主要因素包括道路路线、住宿设施、景点、计划方式、社交等。例如，是选择颠簸不平的山间土路泥路，还是选择开发成熟的骑行公路；是选择经济而自然的野营帐篷，还是选择设施完善的民宿酒店；是喜欢未经开发的原生态目的地，还是喜欢经过人工开发宣传的旅游风景区；是喜欢在旅游过程中随时发现新的未知，还是提前规划行程并严格执行；是倾向于小圈子朋友出行，还是在旅游过程中结交当地人、认识更多朋友等。

（3）骑行旅游后的行为特征

骑行旅游后的行为特征是指骑行者在骑行活动结束之后的反馈行为。此时，骑行者会按照自己的期待，对旅游过程和目的地进行满意度评估。

在满意度层面，如果骑行者感到身心放松、结交了友好的朋友等，则说明其满意度较高。这表明骑行者并非为骑行而骑行，而是通过这种方式进行旅游以收获更多健康体验、结交更多志趣相投的朋友。骑行者也不只关注骑行旅游对自身的影响，还关注骑行旅游过程中人际关系对自身的影响，重视人际交流获得的满足感。

3.4.3　推动骑行旅游的举措

为推动骑行旅游的发展，各地政府主管部门和相关企业、机构应努力采取以下举措。

1. 积极开展理论研究

针对骑行旅游中出现的自行车与机动车、自行车与自行车、自行车与行人的关系进行研究，从而合理解决骑行旅游线路中存在的交通问题，为骑行系统的合理应用奠定基础。针对骑行工具为人们提供出行、休闲、娱乐的作用进行深入探讨，鼓励更多的人参与骑行旅游和运动并推广和宣传这一交通方式。此外，还应对骑行旅游的开展模式深入研究，培养对应的高素质管理人才团队，规范相关组织机构。

2. 规范骑行交通体系

我国城市居住人口多、密度大，骑行旅游推广宣传措施的推进骑行道路建设，鼓励出行者采用骑行工具能有效缓解交通问题，同时可以开辟适合骑行旅游的线路，规范骑行旅游线路沿途的各类骑行服务设施，为选择骑行方式的出行者提供支持。

案例：骑行旅游与文化线路的融合

近年来，我国人民群众的旅游观念和出行方式发生改变。其中最显著的变化便是由以往的长距离出游转变为近郊游、周边游，而骑行被认为是中短距离出游的最优交通方式。

根据 2022 年对我国骑行旅游的调研数据，八成以上的骑行旅游爱好者的骑行里程超过 10km，其中有一半以上骑行旅游爱好者的骑行里程超过 20km。骑行旅游的目的多种多样，但主要是休闲、健身和娱乐。从骑行旅游的人员构成来看，有一半以上的骑行者是近 3 年内才加入“骑行大军”的，这也是人民群众旅游观念转变的象征。

随着全球发展进入新的阶段，许多城市倡导绿色骑行和文明旅游，骑行旅游便是两者的结合体。对于骑行者而言，骑行旅游既能起到锻炼身体的作用，又能让人感受到旅游的喜悦。对于旅游景点而言，骑行旅游可以改善景点附近的交通状况，最重要的是，骑行对于景点的破坏性较小，有利于旅游目的地的生态文明建设。

近年来，我国结合慢行旅游交通发展，对综合性的“文化慢行线路”进行了探讨，其

主要目的是通过慢行交通线路将我国多样的历史文化遗产串联起来。这一举措在国际上早有成功先例，例如“圣地亚哥 – 德孔波斯特拉朝圣之路”，它是文化与交通完美融合的首次尝试，并被列入《世界遗产名录》。我国地大物博，历史资源丰富，因此找到能将文化与交通有机结合的方式，是保护我国文化遗产或各个旅游景点、景区的有效策略。

构建“文化慢行线路”虽然目前在我国仍是一个较新的概念，但许多城市的交通规划建设已在践行相关的思路。为了强化对旅游景点的保护，各地政府提倡用原生态、无污染的骑行方式进行游览观光。由此可见，随着我国更多“文化慢行线路”的建成，骑行旅游将迎来更大的发展机会。

3.5　我国骑行系统面临的约束和需求分析

随着交通的发展、国民生活质量的提高，骑行系统能将交通出行、运动、旅游很好地结合起来，展现出可观的未来发展空间。

骑行系统虽然总体发展势头良好，但也会受到一些因素的制约。例如，骑行系统服务配套设施落后、公路系统设计落后、骑行安全缺乏必要的保障等。骑行者希望能在规划和管理方的积极决策和引导下破解这些问题，满足自身的出行需求。

3.5.1　骑行系统的制约因素

当下，行车环境、停车环境和安全环境是制约骑行系统的主要因素。行车环境中存在的问题很容易造成骑行速度下降，个别路段甚至无法骑行，骑行者失去交通安全保障。停车环境问题可能导致自行车、电动自行车乱停放等行为，影响行人或其他交通工具的正常通行。安全环境中存在的风险则是制约了整体骑行系统的发展。另外，完善的法律法规体系有助于骑行系统的发展。

1. 行车环境问题

骑行的行车环境指骑行过程中骑行者所处的相关交通环境。良好的行车环境能让出行感到便利和舒适，例如道路标志画线、道路铺装、行车空间建设等。

历史上，我国曾有当时世界上质量最佳的自行车道。相当长的时间内，我国城市公路采用混合交通，即各类机动车与自行车等非机动车共道，导致机动车和自行车快慢混行、矛盾突出。20 世纪 80 年代，我国开始在机动车道两侧，利用画线、设置护栏或绿化带方式，隔离出自行车道。进入 21 世纪后，我国住房和城乡建设部明确表态，反对限制自行车道的使用，各地应确保自行车道的便利，已取消自行车道的城市应加以恢复。

由于我国私家车保有量增加，自行车作为交通工具逐渐被取代，机动车在公路上的数量越来越多，占用自行车道的情况仍然非常普遍，甚至有不少地方将自行车道划定为路边停车场。在一些城市，机动车和非机动车混行的情况普遍，甚至存在人流、车流不分导的情形。骑行者成为“弱势群体”，容易造成较大的安全隐患。

经过多年的发展，我国专用骑行道路建设依然存在不平衡、不充分问题。例如，一些地区的非机动车道本身狭窄，造成骑行不便。另一些地区的非机动车道本身并不窄，但机动车、非机动车和行人之间发生的偶然或持续混用行为也会造成骑行不便。

即便在北京这样的一线城市，机动车在胡同内的行驶和停靠，也会导致公用空间被大量占据，造成机动车、骑行和行人的交通不便。而在三线及以下城市，某些较窄道路上，机动车道和非机动车道之间并没有物理隔离设施，机动车在非机动车道上可以随意进出停靠。非机动车道交通饱和时，骑行者只能穿行于机动车道，或者进一步“侵入”人行道。当然，即便非机动车道没有饱和，部分骑行者也很可能进入机动车道通行，干扰机动车行驶，造成交通安全隐患。

除了机动车道和非机动车道缺乏隔离，由于机动车数量不断上升，机动车停车位短缺问题加重，非机动车道的空间开始被机动车停车位大量占据，骑行者缺乏行驶空间，这样即使不发生交通事故，也会导致骑行者失去安全感，降低行驶效率。

从宏观上讲，某些城市的自行车道比较零散，自行车道和其他道路之间缺乏有机衔接，反而与公交专用道、公共交通车站等交通基础设施有空间重叠，导致自身功能无法充分发挥。

2. 停车环境问题

停车环境主要包括一般路外停车场所和特定场所（指定停放场所），例如一般画线停车点、公共自行车定点停放点、共享单车停放点、换乘站点区域停放指定等。

目前，我国城市骑行停车环境问题主要表现为以下两点。

（1）停车设施建设不完善

我国城市道路网主要基于机动车进行规划，往往无法充分考虑骑行需求，在骑行停车设施方面的建设思路不够完善，既给骑行者造成不便，又影响交通整体效率。

（2）停车设施优化不完整

我国骑行停车设施通常依托于原有的机动车路网、城市基础设施系统建设，系统性优化不足，骑行停车系统的完整性还有待加强。

3. 安全环境问题

与发达国家相比，我国骑行系统还存在安全上的不足。现有交通安全标准规范对骑行的考虑较少，骑行系统设施建设无法满足交通安全的需要。骑行系统安全研究相对滞后，在实践中也缺乏对新技术的足够重视和应用。

骑行者自身的不安全行为也放大了骑行系统在安全上的不足，例如，骑行者闯红灯的现象。尽管大多数骑行者在面对调查时表示自己会遵守交通信号灯规则，但很多人并没有在出行中严格执行。当然，随意闯红灯行为除了骑行者主观安全意识淡薄的原因，也可能是因为信号灯设置的问题。当骑行者需要等待红灯的时间超出了一定范围，他们就可能因

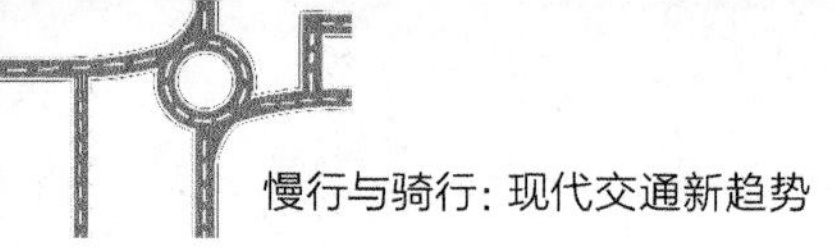

为无法忍受而冒险违规。

建设和发展骑行系统，必须从政策、技术、宣传、教育等不同角度着手，重视骑行交通的重要意义，打破约束，保障骑行出行的安全和整体交通运行的效率。

4. 法律法规体系问题

目前我国没有系统性或导向性的骑行交通法律法规。骑行交通法律法规是推动骑行系统发展的重要力量，是管理部门治理骑行交通乱象，提高骑行交通治理水平的依据。

法律法规的出台和执行，不仅影响着骑行交通管理的规范程度，也决定了骑行系统的可持续发展。只有在规范的管理体系中，各部门各司其职、各尽其力，才能让道路、路面标识、骑行工具、停放站点等系统要素井然有序，市民骑行出行的意愿提高。

3.5.2 骑行系统的需求分析

在骑行系统现状分析的基础上，我们从法规、宣传、管理、设施 4 个方面进一步分析骑行系统的需求。

1. 法规健全

健全的法律法规与执法体系是骑行系统健康发展的可靠保障，也是骑行者自身安全的重要保障。仅依靠法律法规不足以解决目前骑行系统的全部问题，各地各级政府应立足于本地交通特征，出台配套的法规、条例和办法，规范骑行者的行为，确保自行车、电动自行车交通设施的合理设置。同样，基层执法部门也需要加强执法，保护骑行者的合法权益。

2. 宣传引导

政府有必要不断面向骑行者深入开展安全法规教育活动，使之正确理解法律法规，提高守法意识，树立良好的骑行交通法治观念。

骑行交通法治意识的培养应从青少年抓起，积极将相关安全教育内容纳入义务教育内容。相关部门尤其应注重对青少年骑行者的安全教育，未来数年到数十年间，他们将是骑行主要人群，在骑行系统中占有重要位置，并会影响下一代人。因此，骑行交通安全教育需要以青少年为主要对象。

当然，骑行系统需要的并不只是法律宣传，也需要道德影响。从心理内在运行机制来看，骑行者选择违规行为的道德成本，经常小于其获得的直接“收益”，从而导致骑行者随意闯红灯、变道等，既违反交通管理法律法规，也违背道路行驶道德规范。

骑行系统的改善仅依靠严格执法并不现实。我们应立足现实，形成可普及、可传播、可评判的并能对骑行者行为起到约束作用的道德规范。交通管理部门应通过宣传，在广大骑行者中大力倡导交通道德，确保他们充分认识到违背交通道德对自身的危害，正确使用道路通行权。

3. 加强管理

当骑行者在自身、环境、他人的综合影响下，能充分意识到自身不规范的行为具有的危害性时，他们选择做出这些行为的可能性就会更小。

在研究骑行系统的需求时，尽管应考虑到客观存在的取证、执法的诸多困难，但我们也应正视交通管理部门对骑行交通违法查处较为宽松的现状，这也在某种程度上限制了骑行系统的健康发展。因此，加大管理和处罚力度，同样是骑行系统发展的现实需要。

4. 提升设施性能

骑行系统还需要提升设施性能，设施包括多个方面，既包括道路设施、安全设施、服务设施等硬环境，又包括交通管理、监管运作等软环境。设施性能的提升能积极影响骑行者，降低骑行违法行为和事故发生的可能性。例如，采用新技术，提高骑行交通指示信号设施的便利性，以此提高骑行者的行为守法比例。又如，对交叉路口设施做出改善，尽量避免骑行者和机动车、行人产生通行上的时间和空间冲突，也能提高骑行的安全性。

5. 编制系统性的规划

道路是骑行系统里最基础的元素。我国城市道路资源与交通需求之间存在矛盾。例如，城市的发展使土地开发的强度不断增大、道路两旁建筑林立、老旧社区的土地使用强度无法支撑现代城市交通需求、路网难以拓宽，慢行空间整体严重不足，非机动车道和人行道的发展逐渐被边缘化。

因此，对市民而言，尽管慢行尤其是骑行，是省时、便捷、高效的交通方式，但当他们面临机动车与非机动车混行、骑行者的安全得不到保障时，经常会放弃骑行这一环保节能的交通方式。

在这种背景下，相关部门应做出系统性的慢行系统管理规划，平衡道路资源，避免城市的发展陷入恶性循环。

案例：共享单车扎堆投放，对城市而言是福是祸

2017 年被称为共享单车的元年。各家企业开始进军共享单车市场，城市里的共享单车迅速增加，同一个城市里出现了各种品牌的共享单车。

共享单车的涌入让大量市民享受到了红利。为了占据更大的市场份额，企业开始推出各种优惠。

对于大多数市民而言，共享单车操作方便快捷，仅需使用手机扫码并支付较低的费用就能实现中短距离的出行，而且不会受交通拥堵的影响，出行的效率相对较高，而且骑自行车低碳环保，还能起到锻炼身体的作用。

共享单车在很大程度上解决了市民“最后一公里”的交通需求，让公交地铁的接驳更

加方便。共享单车实际上是一种新的交通业态，在政策与管理上还不成熟，因此共享单车的品牌混战也为城市交通管理带来了新的考验。一方面，短时间内大量共享单车涌入，各个城市由于缺少相应的政策法规进行管控，城市面貌和管理秩序受到一定的影响；另一方面，共享单车的安全性能及相关配套设施尚未经过全面检测，存在一定的安全隐患。

受此影响，共享单车的发展并不健康。首先，大量共享单车面临无“地”可停的窘境，于是人行道上、辅道上，甚至机动车道上，随处可见乱停乱放的共享单车，城市面貌大受影响。在一些大城市的城中村，甚至可以看到几百辆共享单车堆叠成山。其次，有些人故意损坏共享单车，更有甚者，私自涂改或撕毁共享单车上的二维码，将共享单车据为己有。由于共享单车保有量过高，运营和维护人员不足，很多共享单车“带病”上路，存在一定的安全隐患。有不少市民反映，虽然路上随处可见共享单车，但是可以骑的没有几辆，不是二维码扫不了，就是存在故障，一些共享单车由于缺少打理显得十分脏和破旧，实际骑行体验并没有想象中的那么愉快。

共享单车具有一定的公益性质，自行车出行对城市交通和生态环境具有积极作用。企业的无序进场导致城市面貌受损，交通管理部门陷入执法困境，但各城市对共享单车没有采取“一刀切”的管理方式，而是各部门积极协同制定共享单车平台建设方案，充分发挥共享单车的积极作用。共享单车管理之路与骑行系统的建设之路才刚刚开始。

3.6 骑行系统的理论研究与政策支持

与机动车系统相比，骑行系统是更早出现的交通系统，但其专项理论研究的历史却很短，研究成果也较新。随着近年来社会环境和发展思维的转变，我国各级政府对骑行系统发展的政策支持力度不断加大。研究我国骑行系统发展现状，必须对其理论研究与政策支持加以了解。

3.6.1 骑行系统的理论研究

目前，我国学术界对骑行系统的理论研究，主要集中于骑行者微观行为和骑行系统宏观运作两大方面。

1. 骑行者微观行为研究

骑行系统不仅在出行方式、资源消耗上同机动车系统有明显区别，而且在骑行者微观行为上，也有显著的特征。另外，骑行工具自身的结构和特点（例如平衡性、灵活性、人力影响等）也是骑行者微观行为研究的重点。

（1）骑行系统的有机性

在我国，较早对骑行者心理进行研究的著作是赖维铁的《交通心理学》。该书研究得出，骑行者是通过眼睛和耳朵等器官，将外部交通环境信息反馈到大脑中枢神经系统，后者再利用信息处理机制，将骑行决策信号传递到身体的运动器官（例如手、脚、腿、臀等），以控制骑行工具的速度和方向，而骑行工具的运动又会改变外界的交通环境。在此过程中，人和骑行工具构成了有机运作的整体系统，该系统同样也包括道路和环境。

（2）骑行者的心理特征

根据《交通心理学》的研究成果，骑行者的主要心理特征如下。

① 惧怕。骑行者在某种程度上惧怕机动车，尤其是大型机动车。骑行者缺乏驾驶室的保护，同时骑行工具有相当的不稳定性，即所谓“一碰就倒、一倒就伤”的特性。在参与交通出行时，与机动车距离越近，骑行者就越惧怕、紧张乃至惊慌失措，容易造成突发性事故。

② 超越。除了少数旅游休闲的骑行者，大部分骑行者会追求高效和便捷，即希望在更短的时间内到达目的地。为此，他们可能随时会超车、变道，即所谓“见慢就超、见缝就挤”，有人不仅在机动车道行驶，还要冒险不断超车，甚至逼迫机动车紧急避让。

③ 离散。骑行者大多是个体出行，存在交通法律意识淡漠和交通道德观念缺乏的不足。尤其是在没有交通指挥的情况下，骑行者容易各不相让，影响整体交通秩序。

④ 从众。所谓从众心理，是指人们认为只有与大多数人的行为一致，才能获得内心安全感的心理特征。在骑行者心理研究结果中可以看到，只要有某个骑行者选择违章（例如闯红灯）而未发生问题，就会有一群骑行者在从众心理影响下做出同样的行为，随后参与者就会越来越多。

⑤ 习惯性。个人对行为的不断重复会形成习惯。习惯就是行为与外部刺激之间建立的短时神经联系，这种联系既可以生成于大脑皮层的优势兴奋区，也可能生成于相对抑制区。具有良好习惯的骑行者，无论何时何地，都会习惯性地选择遵守交通规则，反之，不具有良好习惯的骑行者则很容易随心所欲、违章骑行。

⑥ 情绪化。人面对个人情绪的处理能力是不同的，对路况压力的承受能力、对刺激的容忍能力也不一样。当骑行者情绪波动剧烈时，可能会出现思绪紊乱的情形，导致骑行注意力不集中，难以应对突发危险。

2. 骑行系统宏观运作研究

骑行系统属于慢行系统中充满韧性而富有活力的部分，其核心内容是通过有效规划设计，促使人们使用骑行工具出行。在我国，骑行系统的规划设计已被越来越多的城市提上日程，相关研究和实践正为骑行者提供更为方便、安全、高效的通行环境。

（1）城市慢行规划设计研究

目前，我国城市慢行规划设计体系中，骑行系统的应用规划更为科学，骑行道路与公共交通系统被进一步紧密连接并相互协调，以保证骑行者使用的方便性、工作人员维护的高效性、管理部门控制的全面性。尤其在自行车道的科学规划上，国内研究者更重视将自行车道的距离、位置控制在合理范围内，最大限度地考虑交通出行人群中的弱势群体，确

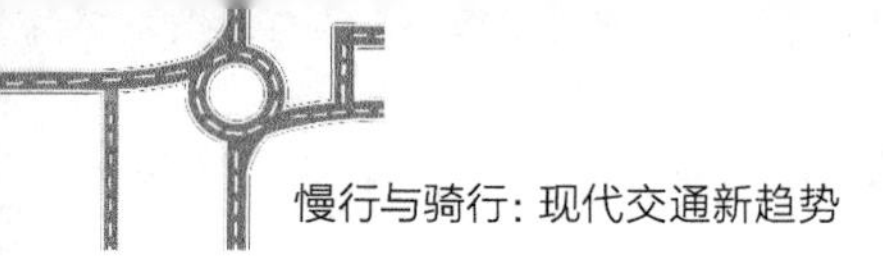

保他们拥有安全和便利的出行环境。另外，研究者重视按照区域规划设置骑行通道，对不同的区域（例如老城区、商业区、住宅区、旅游区、教育区、工业区等）设置不同的骑行交通道路网络，以服务该区域的出行需要。

（2）骑行系统友好性研究

从环境角度来看，国内骑行系统的研究更多着眼于体现城市慢行交通的重要性，将其作为缓解交通矛盾的重要举措，以提高城市居民出行品质，并促进城市形成出行生态，以及低碳、可持续的交通建设方向。从2016年后，国内开始出现大量城市骑行相关的学术研究，这些研究通过对骑行系统友好性的评估和建议，对城市相关规划政策提供支持，为城市骑行系统建设提供重要的理论支持。

（3）智慧交通融合研究

骑行系统的理论研究离不开智慧交通发展的大背景。智慧交通通过其自身大数据优势，能更好地将交通问题以数据形式呈现，为交通问题的研究提供数据分析和支持，并为解决方案提供更多的可能性。鉴于不同城市交通的复杂性，骑行系统的运行效率具有一定的限制，研究者已经开始将重点转移到如何协调传统机动车系统与骑行系统，以构建完整的智慧交通综合体系。为此，用于骑行系统服务的大数据评估技术和移动设备也在积极被开发和完善，以确保传统机动车系统和骑行系统在数据上、应用上形成无缝对接。

智慧交通与骑行系统的融合性研究能对现阶段的道路情况和数据库中的历史情况进行综合分析研判，并在此基础上为骑行者提供出行意见和科学的服务。例如，移动智能终端的专业服务软件为骑行者提供骑行路线指引；安装在公交车站或地铁站的智能互动设备帮助骑行者在最短时间内获得最佳骑行路线等。

（4）研究的不足与趋势

近年来，国内外学者针对骑行系统进行了大量深入的研究，并在宏观和微观层面获得了不同的成果。但目前也存在一些不足。

现有骑行系统研究存在的不足主要表现为运行特征挖掘问题、精细化规划设计问题和可持续发展模式定位问题。

首先是运行特征挖掘问题。许多研究机构无法获得基于整个城市的骑行系统运营数据进行大数据分析，难以对骑行工具的运行时间、潮汐规律和效用函数等特征加以描述，也无法对骑行工具的功能定位、用户需求等进行更系统的判断分析，难以让大数据分析能力在政府决策、市场运营中充分发挥优势。

其次是精细化规划设计问题。目前与骑行系统相关的主要企业（例如共享单车企业）更多追逐直接商业价值，缺乏能力和动力进行精细化、系统化的规划设计。而交通管理部门也很难考虑城市整体路网对骑行的承载水平和各社区骑行出行的需求，缺乏线上线下对骑行系统进行调度维护的能力，因此造成骑行资源无序投放而浪费的局面。

最后是可持续发展模式定位问题。自行车、电动自行车的可持续发展是保障骑行系统发展的重要基础。但从现有的研究成果来看，无论是政府还是企业，对骑行工具的管理运用都缺乏较为成熟的理论支撑和方法指导，难以将骑行工具的便捷性和城市交通的秩序性形成最优的结合。

在既有研究成果的基础上，骑行系统研究未来的拓展空间集中在城市骑行交通运营能力分析和协同发展上。

首先，骑行系统的数据与机动车系统相比，具有数据量大、科学性强、更新快的特点，这些让城市骑行系统研究有了更广阔的空间。相关的大数据研究可以对骑行者的骑行轨迹、起止点、延续时间等进行统计，从中搜集信息、明确规律。此基础研究成果能有效指导城市的骑行系统规划，将骑行大数据和公共交通数据相结合，发现区域内存在的骑行交通问题，对骑行系统的设施布局、线路优化提供科学依据和指导。如果条件允许，还可以尝试在研究的基础上，建立由政府相关部门、企业和社会研究机构共同参与的数据平台，实现相关成果的共享，为骑行系统规划提供更有价值的支撑。

其次，目前的研究更多集中在骑行系统本身，而忽视了骑行系统对城市空间与市民活动的长期影响。

现代城市中，市民的活动主要分为必要性、自发性和社会性活动，3 种类型的活动对交通空间有不同的要求。必要性活动是指市民在日常生活中必须进行的活动，例如上下班、就医、求学、购买必要的生活用品等，这些活动通常不会因为出行环境变化而改变。自发性活动是指市民出于自身意愿，在出行环境良好的情况下进行的活动，例如逛街、访友、锻炼、休闲等，如果选择骑行，则这些活动对出行环境质量有较高的要求。只有环境便于骑行时才会发生。社会性活动指在公共空间中有同伴共同参与的活动，例如相约出游、聊天约会、观看演出或比赛、公园活动等，这些活动同样需要适合骑行的出行环境。

因此，如果城市中某个社区具有良好的骑行系统支持条件，市民就更愿意增加活动种类，延长活动时间。反之则会减少。以骑行设施为例，高效的骑行道路拓展了公共交通的服务半径，能使更多区域被纳入公交、地铁、轨道交通的辐射范围，这将会“唤醒”该范围城区内的市民，提升原有城市空间的市场价值。同时，由于骑行系统和公共交通系统之间的顺利接驳，出行难度得以降低，市民出行频次增加，带来更多的流动和消费，激发更多的城市活力。

未来对骑行系统的研究应着眼于类似的联系，进行不断拓展，以探索骑行系统更大的影响空间。同时，研究者还需要深入了解骑行系统对气候变化、空气质量、交通发展、城市建设的影响，由于我国具有全世界最大的骑行人群，这些研究也同样能为全世界的骑行系统发展带来启发。

总之，现有研究的不足使骑行系统的健康、可持续发展产生了瓶颈，未来研究需要集中于关键问题，促进骑行系统的精细化和有序化发展。

3.6.2　骑行系统的政策支持

由于近年来公共自行车和共享单车的兴起，加之电动自行车使用人群的不断扩大，骑行对我国各城市慢行交通体系的影响逐渐凸显。除了其带来的便利性、环保性等正面影响，

也产生了明显的问题。为解决问题并确保骑行系统的健康发展，政府通过政策加以支持，在骑行系统的管理和使用中扮演越来越重要的角色。

政府对骑行系统的主要政策支持包括以下方向。

1. 健全骑行配套设施

政府通过健全骑行配套设施，有效解决骑行路权问题，保证骑行者的安全。例如，北京市在 2019 年 5 月开通了从回龙观到上地的自行车道，供当地市民出行。北京市东城区东花市街道设置了该地区非机动车专用停车场。类似政策作为模板被应用到更多城市的骑行规划方案中。

政府在骑行设施建设上推出的各项政策还集中体现在对自行车道的重新规划上。广东省通过出台《广东省城市公共交通发展规划（2016—2020 年）》和《关于完善自行车道系统规划建设提升品质生活的指导意见》等文件，对全城自行车道进行了全面、系统、连续的规划。包括制定慢行交通规划战略，明确自行车道的路权保障，在主次干道和支路自行车道上分别配备方便完善的基础配套设施，形成安全连续的骑行交通体系。

2. 明确监管政策，加强执行力度

在充分意识到骑行系统重要性的城市，政府加强了对影响骑行系统行为的监管力度，通过明确执行政策来优化骑行环境。

例如，共享单车兴起后，北京、天津等地出台管理办法，对蓄意破坏、强占、盗窃共享单车的行为追究认定为违法犯罪，授权公安机关依法追究法律责任。交通运输部也正式发布了《关于鼓励和规范互联网租赁自行车发展的指导意见》，要求共享单车企业规范化运营，加强车辆统一调配、合理停放共享单车、组建线下运维团队检修破损车辆，确保用户安全。成都、深圳、杭州、武汉、上海等城市也陆续出台相关政策文件，保障共享单车的有序发展。

关于骑行系统的规范性政策必然会具有明显的地区差异性。例如，杭州市政府根据当地特点，根据不同时间采取不同监管办法，结合当地人流量密度的变化，进行细分化监管。在重大节假日期间，杭州市交通运输局、杭州市旅游局、杭州市公安局会共同发布针对风景区、市中心的人流量密集区域的骑行工具停放监管信息，以明确骑行工具的可停和禁停区域，避免骑行工具集中停放造成的交通问题。

随着骑行系统的不断壮大，各地政府着重从监管、治理的角度，出台具有保护和鼓励导向的政策文件，起到一定程度的示范作用，并在统一骑行工具标准、处罚违法行为等方面取得成效。

3. 政策支持的不足

在了解骑行系统相关政策的同时，也要认识到政策支持的不足。目前，单独针对慢行安全监管的相关法律法规尚未出台，针对其细分领域（例如自行车、电动自行车、共享单

车等骑行领域）的政策也未能在全国范围内形成统一，这导致许多城市的政府无法对出行者和服务企业进行有效约束，不能准确地划分出行主体权利与义务。尤其在共享单车领域，政府缺乏成熟的监管经验借鉴，无法完全将既有的监管政策移植到共享单车领域。

总体而言，各地政府针对骑行系统出台的监管政策，在责任归属、执行力度和奖惩办法上存在欠缺，对骑行用户的鼓励或制约措施缺乏进一步阐述，导致政策可行性不足，执行空间小。这将是未来骑行系统政策的重点改善方向。

骑行系统服务的主要对象是个人，各地政府在规划的过程中要充分重视个体需求，保障每个人的利益。尤其是我国城市规划和交通管理正朝着“双碳”目标发展，骑行系统建设成为城市绿色发展的重要表现，各地政府应积极转变发展理念，本着以人为本和公平公正的原则，对骑行系统给予更明确、更有力的政策支持。

案例：政府主导的公共自行车系统和企业运作的共享单车

共享单车的迅速发展，给市民的出行带来了便利，也带来了一些隐患。回顾这一骑行系统分支的发展史，它可以分为 3 个阶段。

第一阶段是从 2007 年到 2015 年的政府主导阶段。

2007 年，国外兴起的公共自行车项目开始进入我国部分一线城市。其运营形式是以政府为主导，多数为有桩式的公共自行车系统。此前在 2005 年，北京市推出了我国第一个公共自行车系统，该系统不基于信息技术而建设。2008 年 5 月，杭州市开设首个基于信息技术的公共自行车系统，共设 2000 个站点，投入 50000 辆公共自行车。到 2014 年，我国公共自行车数量已超过 40 万辆。

第二阶段是从 2016 年到 2019 年的企业运作和政府监管阶段。

2014 年，ofo 共享单车首次出现在我国的校园内，由于价格低、使用方便，其迅速被推广。2016 年，随着移动互联网的发展，共享经济理念兴起，共享单车作为公共自行车系统的新形式开始发展。2019 年，我国共享单车用户规模达到 2.56 亿人。同时，国内市场上出现了 77 家共享单车企业，投放约 2300 万辆共享单车，累计融资超过 260 亿元。在此阶段内，共享单车规模的迅速增长也引发了乱停放、押金争议等多种问题，政府监管力度也随之不断加大。

从 2020 年开始，共享单车运营进入第三阶段，即企业与政府共建共享、共管共治的时代。

共享单车开始有机融入城市公交生态，成为公共交通服务的一部分。例如，哈啰公司从 2020 年开始，在一些城市推行定点停车模式，引导用户规范文明用车，用户通过使用哈啰 App，在其电子地图上找到 P 字标识，即可找到附近的停车点。用户将车骑到停车点后，在 App 上点击“我要换车”按钮，就能自动关锁，实现定点规范停车。哈啰公司认识到车辆停放问题已不仅是骑行商业化过程中用户的痛点，而且是政府公共管理关注到的社会痛点。共享单车市场并非毫无门槛，其门槛恰恰来自骑行整体环境的复杂性，也受到企业运营质量的影响。企业眼中的共享单车和政府眼中的公共自行车是否能有效耦合，将决定企业的项目能否在城市内长期运营。由于共享单车和共享电单车的普及，从 2021 年开始，已经有不少城市政府开始减少公共自行车的投放，甚至取消这一项目。

在广西，有政协委员提出建议，应该将公共租赁自行车固定站点撤除。当共享单车尚未出现时，公共自行车是政府提供给市民解决“最后一公里”出行的良好途径。但现在，共享单车受到广泛欢迎，使用固定站点公共自行车的人在减少，公共自行车项目的投入却并未降低，例如站点需要电源、电力线路需要运转、维修也要耗费人力财力等，政府可以撤除固定桩位的公共自行车点，撤销公共租赁自行车管理机构，并引入有效的市场竞争机制，引导共享单车健康发展，并予以积极管理。

实际上，从 2021 年 4 月开始，北京市就在陆续清退公共自行车。《西城区公共自行车退出公告》指出，由于共享单车这一新业态的产生和发展，公共自行车的历史使命已经完成。随后不久，呼和浩特、武汉、广州等地政府也停止运营公共自行车。

共享经济方兴未艾，骑行系统茁壮成长，作为两者的结合，共享单车注定会在交通发展历史上写下重要的一笔。

⇨本章总结

当下城市发展带来的各种问题，使骑行系统成为大众、政府和企业的重要选择。本章主要阐述了我国骑行系统的现状特点，并结合现实案例，分析如今骑行系统体现的进步与不足。

第一，骑行工具呈现“以电动自行车为数量基础、以自行车为模式基础”的特点。在骑行系统内，大部分骑行者使用的日常工具为电动自行车，但真正可执行、可复制、可推广、可提升的，还是以共享单车为代表的自行车出行模式。

第二，我国骑行系统发展既离不开城镇化的社会大背景，也离不开骑行者具体的生活和工作需求。研究者应看清骑行系统一直呈现的高速发展态势，也应积极发现其中持续存在着的矛盾。

第三，遵义赤水河谷旅游公路的研究意义在于其既具备慢行旅游的功能性，也具有快慢综合交通的实践性。本章通过重点解读这一案例的成功之处，揭示骑行系统、机动车系统和旅游景点三者之间的结合方式，指出其现有的不足，探索进一步完善的方向。

第四，相对于其他服务行业，骑行旅游的低碳环保特性更为明显。在产业结构进一步调整的客观大环境下，国内希望通过振兴旅游业拉动地方经济的城市不在少数，而鼓励低碳旅游无疑是其规划重点。因此，骑行旅游的研究意义不仅在于提升交通系统的价值，更在于激发城市产业和经济的活力。

第五，骑行系统的建设和完善是动态化的过程，会受到来自内外因素的约束。为克服约束，应首先明晰不同环境下不同骑行系统的具体需求，再提供精准的资源加以支持。在此过程中，相关研究者和政府有关部门或通过理论研究的方式，或通过政策支持的方式，开发新的资源、改变原有资源组合形式，以打破骑行系统的发展瓶颈。

第 2 部分

核心要素：价值与意义

骑行系统与慢行系统的价值与意义表现在政治、法律、管理、企业、文化和规划等各个层面。正是这些层面的特性，构成了骑行系统与慢行系统全面运行的核心要素。

第 4 章

骑行系统与慢行系统的战略意义

【本章内容概要】

本章主要介绍骑行系统与慢行系统的战略意义，帮助读者了解骑行系统、慢行系统与国家相关交通战略的契合点，发现骑行系统与慢行系统在保障民生和弱势群体权益中的作用，从整体认识骑行系统与慢行系统的战略意义。

【本章学习重点与难点】

学习重点：掌握骑行系统与慢行系统的相关民生价值，了解国家相关交通战略与骑行系统之间的关联性，认识骑行系统与慢行系统在交通强国、交旅融合中的作用。

学习难点：深入认识骑行系统与慢行系统在服务民生、服务国家相关交通战略方面的作用。

【案例导入】

2022 年 1 月 24 日，上百名骑行者集结于上海浦东望江驿 9 号，参加主题为"健康上海 骑遇滨江"的第三届健康风尚节系列活动，这已是上海慢行活动的日常内容。

为深入实施全民健身的国家战略，上海积极制定并推行《健康上海行动（2019—2030 年）》，加强"一江一河"两岸公共空间的骑行健身设施建设，打造市民出行、健身的新去处和城市的新亮点。

为此，上海已建成多条步行道和自行车道兼备的绿道，例如黄浦滨江绿道、徐汇滨江绿道、长宁外环林带生态绿道等。"十四五"期间，上海将继续加大绿道建设，推进外环绿道改建、新建和贯通，建成 100km 以上步行道和自行车道兼备的、连续贯通的外环绿道。

为何上海如此重视绿道建设？它能给城市发展和民生带来哪些益处？

4.1 骑行系统的民生价值

骑行系统是城市慢行系统的支撑，而慢行系统在城市交通系统中占据重要地位，与每个城市居民的生活都紧密相关，在制定涉及如此庞大群体利益的政策时，坚持民生价值取向是应有之义和基本原则。

4.1.1 骑行系统坚持民生价值的内在逻辑

骑行系统是慢行系统的重要组成部分，谈论骑行系统的民生价值实际上也是在考量慢行系统的民生价值。慢行系统建设的根本目的在于改善城市的交通环境，满足城市居民的多元需求并提高生活质量。因此，民生价值是慢行系统建设的逻辑起点。

人们实现自身社会价值，创造社会财富，就必然要借助交通工具前往工作场所。此外，人们在社会实践中还需要实现社交价值，而这需要人从一个空间移动到另一个空间与更多的人交流，也必然面临着出行方式选择的问题。

现代城市中，尤其是人口密集的大城市，普遍面临着交通拥堵、尾气污染、交通事故频发等“城市病”的困扰。慢行系统因其独特的优势，在改善上述“城市病”方面有重要的作用。其中，骑行系统与城市居民的日常生活、自身发展等需求息息相关，是社会和谐稳定的重要基石，其建设必须坚持民生价值取向。

4.1.2 骑行系统坚持民生价值的客观分析

骑行系统的出现和发展，源自民生的自发需求。

1. 服务民生是骑行系统的基本属性

从宏观的角度来分析，交通系统建设在我国国民经济建设领域占据重要地位，交通运输业在国民经济和社会发展中起着基础性、战略性的作用。党的十九大将建设交通强国作为重大战略进行部署，骑行系统因此在建设完备的交通系统中扮演着不可忽视的角色。

从微观的角度来分析，骑行系统与城市居民的日常生活息息相关。“行”与“衣”“食”等内容摆在同等重要的位置，古语“出则以车，入则以辇”也从另一个角度表达出人们对舒适生活的追求。

骑行系统既是城市发展的“大民生”问题，也是与居民具体的生活需求相关的“小民生”问题。骑行系统建设的根本目的在于切实解决城市居民在出行中的具体难题，真正满足城市居民对美好生活的期待。

2. 民生视角是骑行系统的现实需要

骑行系统不是“面子工程”“政绩工程”，更不是耗费财力的“赶时髦工程”。骑行系统的真正使用者是广大居民，他们是骑行系统的真正主体，只有居民广泛且积极使用骑行系统，才能使骑行系统产生巨大的经济效益和社会效益。因此，骑行系统的设计和建设应围绕满足居民的出行和生活需求展开。

3. 以人为本是骑行系统的价值取向

以人为本就是将居民个体的利益作为一切行动的出发点和落脚点。骑行系统本质上是为满足居民的需求和利益而存在的，要践行以人为本的价值取向。

在骑行系统的规划与建设中，必须充分倾听居民的意见，充分关注居民的需求，将对居民的人文关怀体现在骑行系统的具体建设中。

4.1.3 骑行系统坚持民生价值的具体表现

骑行系统是否坚持了民生价值，关键在于骑行系统是否满足了居民的需求、解决了居民的问题、实现了居民期盼的功能。

1. 改善出行环境的通行功能

骑行系统出现之初，承载着满足居民出行需求，尤其是短程出行需求的功能。骑行系统作为现代城市交通系统的重要组成部分，与城市公共交通系统、机动车系统等共同构成了城市的交通脉络，实现居民在城市不同功能区域的自由便捷流动。骑行系统与城市绿色景观、自然风光、历史人文建筑的连接，大大改善了出行环境，更好地实现了通行功能。

2. 促进经济发展的经济功能

发展是最大的民生，经济社会的发展能使广大居民受益，没有发展，改善民生就成了无源之水。慢行系统的规划与建设，本身就是交通系统建设的重要部分，对交通业的合理投资会带来巨大的经济效益和社会效益。同样，骑行系统更注重城市的微观交通设施和网络建设，更贴近城市居民的日常生活和经济活动。例如，居民在骑行过程中能够轻松地接触商品，从而购买商品，刺激消费，还能完成旅游、观光等活动，从一定程度上提高临街商业体的活跃程度，进而促进城市经济的发展。此外，许多城市举办以竞技表演为主的环城自行车骑行活动，带来巨大的广告效应，提升城市的知名度，促进城市的经济发展。

3. 改善人居环境的环保功能

骑行活动不产生污染环境的有害气体，能避免拥堵问题。从城市发展的角度来看，骑行系统可以产生巨大的社会效益。

除了环保功能，骑行系统将骑行者的舒适感受作为重要的追求目标。骑行系统像一张网，把城市的水系、公园、绿地等连接到“网”的各个节点。在实践中，骑行系统还注重配套的绿道、景观隔离带等设施建设，让骑行者在轻松、优美的环境中完成骑行活动。

骑行系统一系列设施的建设，能有效提升城市人居环境的质量，改善城市的面貌。

4. 加强人际交往的社会功能

在现代的骑行系统中，出行功能只是众多功能的一部分。骑行活动还是一种社交活动，例如人们在不同城市和地区自发组成“骑行俱乐部”。骑行活动爱好者能以较低的经济投入（通常是一辆自行车）加入有不同人群参与的骑行活动，打破了空间的限制。骑行系统平等的路权保障，也能让骑行者在轻松的氛围中达到社交目的。

案例：杭州骑行系统的民生价值

杭州骑行系统建设就是坚持民生价值的典范。C40 城市气候领导联盟（该联盟是一家专注于应对气候变化的国际公益组织）在 2021 年 9 月 5 日开幕的“杭州国际日”活动上公布“全球 5 个最佳实践骑行城市”名单，杭州与哥本哈根、巴黎等“老牌”骑行城市一同入选。

杭州是如何发展骑行系统、如何引导市民广泛使用自行车出行的呢？其秘诀就是将城市的骑行系统建设与民生紧密联系在一起。

一是遍布全城的绿道网。据统计，杭州截至 2021 年 11 月共建设环湖、沿山、沿江等多种类型的绿道总长约 4200km，基本覆盖了杭州主城区的所有区域。从杭州市主城区的任何地点出发，步行 5 分钟即可到达绿道，大大方便了市民的自行车出行。

二是接驳方便的公共交通网络设施。杭州主城区的 3680 多个“小红车”（杭州的公共自行车主体颜色为红色，市民称之为“小红车”）服务点科学配置在公交站、地铁站、居民区、商业区、企事业单位等人流密集、通行需求量大的区域，以及风景旅游点等。另外，借助大数据技术，选择公共自行车出行的市民打开导航软件就能轻松了解所处绿道 100m 范围内的公共厕所、公交站点等信息。杭州还尽可能多地设置了公共自行车的停放点，并做好与周边各个功能点的衔接，真正将“绿道衔接线”的概念融入民生服务。

三是骑行费用较低的公益服务。杭州的“小红车”免费租借率高达 98%，如果市民租借“小红车”骑行，那么在转乘公交等其他公共交通时能享受一定的优惠，这项政策从“小红车”设立之初一直延续至今。另外，杭州还陆续创新开通各项骑行优惠措施，例如免押金租车服务，“1 元随心骑服务”等，可以说在杭州，市民只需要很少的经济成本就能享受到优质、便捷、舒适的骑行服务。

杭州骑行系统坚持以服务民生为指导，创造了巨大的社会效益。根据相关机构的统计和C40城市气候领导联盟发布的数据，2022年，杭州全市的公共自行车拥有量达到约12万辆，日均租用量约为 25 万人次。在 2008 年到 2020 年，杭州的“小红车”累计出租次数约为 11 亿次，假设每辆汽车平均承载 3 人出行，相当于减少了 3.7 亿辆汽车出行，换算成碳排放量，相当于减排 100 万吨。

案例：成都的城乡慢行交通示范区建设

作为我国西部地区的超大城市，成都经历千年的文明积淀，拥有了今天独特的城市格局。而今，当人们来到成都，其公园城市的形象跃然眼中，这与城乡慢行交通示范区建设完美契合。

2022 年 1 月，国务院批复同意成都开始建设秉承新发展理念的公园城市示范区，成都将“绿水青山就是金山银山”理念贯穿于城市发展的全过程，也体现在其以人为本、慢行友好的交通策略上。成都重点开展了以下工作。

首先，编制发布《成都市天府绿道规划建设方案》。依据该方案，成都构建了“一轴、两山、三环、七带”的区域级绿道 1920km、城区级绿道 5000km 以上、社区级绿道 10000km 以上，形成总共约 17000km 的三级天府绿道体系。

其次，编制发布《成都市公园城市街道一体化设计导则》，形成了“核心目标、理念转变、总体要求、场景营造”的总体思路框架。在该导则的影响下，成都积极致力于对街道两侧的空间要素进行一体化设计，以建设以人为本、安全、美丽、活力、绿色、共享的公园城市街道场景为目标，统筹协调不同要素，推动街道转型。

最后，编制并发布成都市《慢行交通系统规划》，遵循严格控制断面、合理分配资源、保障慢行安全、提升环境品质的原则慢行交通系统规划。成都市共规划自行车专用道 798km、主通道 2325km、一般道 3623km、步行特色道 1794km、通学优先道 884km、步行专用道 32km，并打造了 13 条多彩慢行大道。

此外，成都还推出《成都市共享单车运营管理服务规范（试行）》和《成都市中心城区公共区域非机动车停放区位技术导则》，加强对共享单车和非机动车停放的管理。

借助以上措施，成都以轨道交通站点作为核心，以慢行作为有效衔接，打造融合的绿色交通体系。这一体系不再受限于常规的市政规划，而是以不同形态进行衔接。传统的地面慢行系统向立体慢行系统延伸，成都在综合交通枢纽、轨道交通站点、密集商业区等区域进行综合设计开发，构建多维慢行系统，确保其高效连通、功能复合。其中，成都天府新区益州大道站和市一医院站的一体化设计突破了传统规划思维，成为将地下空间运用到慢行交通建设的典范。

该区域为金融城商务圈核心区，公共服务机构较多，人口基数较大，对外交通密集。成都市对该区域的地下空间进行开发，形成高效立体的慢行空间。在该空间内，通廊和两侧地块连接，沿街地面出入口和地面公交站衔接，实现了“三线四站”无界融合联动，与周边公共绿地互联互通、有效衔接。

在该区域，成都秉承的公园城市理念落实到了慢行系统的规划和建设实践中，轨道交通、公共交通、慢行在这里融合，成为公园城市的具象表达。未来，成都慢行系统的建设将带有更多的前瞻性，在以人为本理念的指引下，发挥成都原有的绿色生态优势，坚持民生价值，打造人与环境积极融合的公园城市。

4.2 慢行系统是综合立体交通网的有效组成部分

2021 年 2 月 24 日，中共中央、国务院印发《国家综合立体交通网规划纲要》，该规划纲要宣布，到 2035 年，基本建成便捷顺畅、经济高效、绿色集约、智能先进、安全可靠的现代化高质量国家综合立体交通网，并要求各地区结合实际情况认真贯彻落实。

《国家综合立体交通网规划纲要》从国家战略层面对综合立体交通网订立目标、规划蓝图，慢行系统因其承载的出行等功能，在综合立体交通网中也将发挥其独有的作用。

4.2.1 综合立体交通网的概念和功能

在经济快速发展、科技水平日新月异的今天，世界早已连成整体。国内外交流频繁，对交通运行水平也提出了更高的要求。现代交通已然形成涵盖水（水上、水下）、陆（地上、地下）、空（天空、太空）的立体的综合体系。

1. 综合立体交通网的概念

综合立体交通网是不同的交通表现形式在空间网络上的集聚、分布，涵盖公路、铁路、航空、管道等，是交通表现形式在某个区域范围的总和。综合立体交通网是交通运输体系的基础，也是经济社会发展的主要基石，在国民经济中担当着重要的角色。

2. 综合立体交通网的功能

综合立体交通网能让其各个构成部分发挥出最大的作用，提供最便捷的交通运输方式，从宏观、中观到微观层面，综合立体交通网都充分实现了功能最大化。

（1）宏观层面

综合立体交通网能实现各种交通方式的融合。

首先是空间上的融合，综合立体交通网涵盖的交通空间包括水（水上、水下）、陆（地上、地下）、空（天空、太空）等人类目前已经探索并有能力开展交通运输的空间范畴。

其次是方式上的融合，不管是汽运、航运、铁路运输、管道运输，还是在不久的将来会普及的太空运输（例如 SpaceX 公司的“星链”），都可以囊括在综合立体交通网的范围中。

（2）中观层面

综合立体交通网能促进通道资源的综合统筹。综合立体交通网不仅是各种交通方式的简单叠加或者组合，还是一个完整的体系。在该体系中，各种不同的交通方式能实现资源的最大化利用和最优配置，实现“1+1>2”的效果。在“线”上，统筹布局各种交通方式，更高效地共用通道资源。在“面”上，强调发展多式联运，充分发挥各种交通方式的组合作用。

（3）微观层面

综合立体交通网能加强各种交通方式的有效衔接。不同的交通方式和系统具备的特点

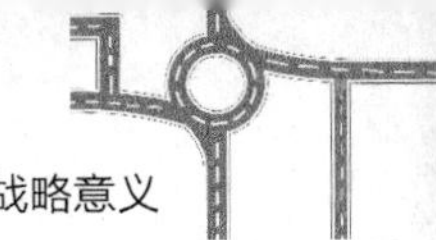

和侧重的功能有所不同，在交通体系中发挥着不同的作用。综合立体交通网若要提高效率、降低成本，就必须确保每个节点的连接高效便捷，例如，客运实现零距离换乘、货运实现无缝运输等，同时也必须强化各交通方式之间的衔接融合。

综合立体交通网作为畅通有效的交通网，除了可以加强交通运输功能，还能将交通中的旅游观光、休闲购物等功能通过不同的交通方式衔接在一起。

综合立体交通网通过资源的优化配置，用较少的资源发挥更高的组合效率，通过高效衔接发挥更高水平的网络效应。综合立体交通网不仅重视扩大增量、扩张规模，而且重视存量资源的优化配置和交通网络的合理布局。通过提高不同交通方式之间的互补性，形成综合立体的交通网络，实现不同交通方式的顺畅衔接。

4.2.2　慢行系统在综合立体交通网中的作用

慢行系统是一个独立的交通系统，在综合立体交通网中发挥着不可替代的作用。

1. 慢行系统是综合立体交通网的有效补充

综合立体交通网是一张高效率的综合交通网，将不同的交通设施节点、交通枢纽等连接在一起，通过加强衔接融合以提高效率。由于慢行系统在短程运输方面具有天然的优势，加之建设投资小、土地资源利用效率高，所以其可以融入公路运输系统、铁路运输系统等交通系统中，因地制宜地进行布局，实现各个交通系统的有效衔接，提高综合立体交通网整体的运输效率。

慢行系统最主要的优点和作用体现在人员的运输和流动上，由于慢行工具在通常情况下存取方便且花费较小，在短途运输中更容易被接受和使用，所以慢行系统可以作为综合立体交通网的有效补充。

2. 慢行系统支撑综合立体交通网功能的实现

综合立体交通网首先要实现的是交通运输功能，交通运输通常的客体是货物和人员，即货运和客运。

从客运的角度观察，慢行系统在承载人员出行方面，能做到经济、安全、便捷、高效。慢行系统能将人员快速地运输到需要接驳的其他交通系统的网络节点（例如，人们通过骑行快速到达轨道交通枢纽，再选择地铁等其他交通方式），由此确保综合立体交通网功能的顺利实现。

综合立体交通网是综合的、系统的，缺少哪一个交通系统的支撑都无法高效地实现交通运输的功能。因此，慢行系统是立体综合交通网功能实现环节中不可缺少的一环。

3. 慢行系统促进综合立体交通网功能的提升

综合立体交通网并不是盲目地靠加大对交通运输设施的投资和扩大交通系统的规模来实现功能扩展，而是更注重对存量资源的优化组合。

慢行系统的土地资源利用效率高，单位土地的投资相对较少，对慢行系统的构建、重组，可以有效提升综合立体交通网的功能。此外，慢行系统还具有环保、节能、低碳的特点，可以实现“低碳交通”的目的。综合立体交通网更高效地实现了交通运输的功能，而人通过交通运输要实现的目的是多样的，既有完成货物运输的目的，也有外出购物或旅行、交友的目的，慢行系统在实现这些目的方面具有巨大的优势，也发挥着重要的作用。

慢行系统作为综合立体交通网的组成部分，与其他交通系统一起，共同推进综合立体交通网的高效率运行。慢行系统在城市综合立体交通网中具有重要的地位，在现代文明高度发达的今天，交通出行并不一味只追求“快”，慢行所带来的舒适体验在一定程度上反而成为综合立体交通网的重要关注点。

慢行具有低碳环保、出行方便、舒适便捷的特点，是短距离出行、与公共交通方式接驳的最常用和最经济的交通方式。此外，慢行系统设施也是城市公共空间的重要组成部分，是市民工作、生活、休憩的重要载体。

案例：上海是如何建设慢行系统的

目前，很多大城市制定了适合自身城市特点的慢行交通规划。上海、深圳、杭州等地的慢行交通规划走在我国前列，并与世界接轨。以上海为例，2021年，上海市交通委员会、市道路运输管理局等部门共同编制了《上海市慢行交通规划设计导则》。从总体上来说，该设计导则坚持“人民城市人民建，人民城市为人民”的指导思想，贯彻“慢行优先”的核心理念，注重为各层次的慢行交通规划设计提供指导和参考。

上海的慢行交通规划主要体现了以下3个方面的内容。

一是构建连续完整的慢行网络。通过增加慢行网络的密度，提高慢行系统的可达性。鼓励“窄马路、密路网”的城市道路布局建设，新建、改建或者增设城市慢行系统设施，开放利用公共空间和通道，打破路网断点的瓶颈，打造多层次、互联互通的慢行网络。通过增强绿道与其他道路的衔接，充分发挥绿道的交通出行功能，优化完善慢行系统设施的布局，保障慢行者的平等路权。

二是打造便捷高效的接驳系统。加大站点周边的慢行系统设施密度，提升设施的通达性，提高接驳效率；优化和加强非机动车停放设施的建设与管理，探索功能合理的立体化的非机动车停放管理系统；优化公交站台慢行接驳设计，保障慢行者接驳的安全；分场景优化公交站台、非机动车道、人行道的系统协调设计，确保公交车、地铁进站，非机动车通行、行人接驳的安全。

三是塑造以人为本的慢行体系。运用精细化的管理，实现慢行系统的品质提升。从路段、节点、环境服务等方面出发，对机动车、非机动车和行人在出行和停车等场景下常见的难题，提供精细化、稳健的改善措施，减少机动车对于慢行者路权的占用。打造平顺步行系统、无障碍电梯、安全通学圈、儿童友好型街道等慢行环境，营造全龄友好、充满活力、品质宜人的慢行空间。深度挖掘大数据，探索智慧感知系统，结合智慧道路建设，通过智慧化设计指引，提升慢行智慧管理水平。

4.3　骑行系统与“双碳交通”

目前，全球有超过一半的人口生活在城市中，尤其集中于大城市。与此同时，城镇化的速度还在加快。城市中交通活动的碳排放逐年增加，引发了人们对环境保护和可持续发展问题的持续关注。

随着经济的发展和人民生活水平的提高，我国家庭机动车的保有量呈逐年上升的趋势，降碳的形势更加严峻。

为实现降碳目标，交通运输业的改革势在必行。骑行系统低碳甚至无碳的出行模式越来越受到重视，慢行系统在“双碳交通”的实现中占据的地位也越来越重要。

4.3.1　“双碳交通”的概念和背景

“双碳交通”中的“双碳”是指碳达峰和碳中和。碳达峰是指国家、企业、个人等主体的生产经营、生活等活动所产生的二氧化碳（包括其他温室气体）在达到峰值以后，进入平稳下降的阶段；碳中和是指上述活动所产生的二氧化碳等温室气体，能通过节能减排措施或者绿色植物的吸收而被抵消，从而达到相对“零排放”的状态。

“双碳交通”，又被称为低碳交通，是指在交通运输的过程中，通过低排放、低污染、低能耗、高能效的交通运输方式，提高运输效率，减少二氧化碳等温室气体的排放，达到节能减排的目的，最终实现碳达峰、碳中和目标。实现“双碳交通”，减少二氧化碳等温室气体的排放是目的，革新运输系统、提高运输效率、改善用能结构、减少对传统化石能源等高碳资源的依赖是路径。

“双碳交通”概念随着人类环保意识的提高而逐步明晰。1935 年，受丹麦植物学家尤金纽斯·瓦尔明的影响，英国生态学家亚瑟·乔治·坦斯利在《生态学杂志》上发表论文，正式提出“生态系统”理念，认为自然界中生物生命形态与景观、气候等因素能够相互作用。1962 年，美国生物学家蕾切尔·卡逊发表了《寂静的春天》，震惊了全美，也揭开了环保运动的序幕。此后，温室气体、全球变暖、能源结构等环保问题受到全球重视。1992 年，联合国环境与发展大会通过了《联合国气候变化框架公约》，1997 年又通过了《京都议定书》。2003 年，英国政府公布白皮书《我们能源的未来：创建低碳经济》，首次在官方文件中提出了“低碳”的概念。

以上发展过程可以帮助我们简明了解低碳发展需求在经济发展过程中逐步被接受和重视的过程，交通运输业作为国民经济发展的重要支柱性行业，因使用传统化石燃料等高碳排放的能源，已经越来越不符合低碳的要求，我国的“双碳交通”目标也是在这样的背景下应运而生的。

交通运输部在 2013 年印发了《加快推进绿色循环低碳交通运输发展指导意见》，强调交

通运输业是“国家节能减排和应对气候变化的重点领域之一”，要求“加快推进绿色循环低碳交通运输发展”。

4.3.2 骑行系统在“双碳交通”中的地位

实现“双碳交通”，要在提高能效、降低碳排放上下功夫，骑行系统以其几乎零碳排放的优势，与“双碳交通”的要求天然契合，在“双碳交通”的实现过程中占有一席之地。

1. 骑行系统是“双碳交通”的有效构成

骑行系统是慢行系统的重要部分。当今社会，慢行越来越受到大众的喜爱，慢行系统在很多城市落地生根，在交通系统中扮演的角色越来越重要。

骑行主要是靠自行车等非机动车交通工具出行，基本没有碳排放的问题，对降碳目标的实现发挥着巨大的作用。要实现“双碳交通”，必须革新能源结构，改变传统以化石燃料作为交通主要能源的状况。此外，“双碳交通”还要求提高土地空间资源的利用率，通过优化交通系统的组合配置，提高交通效率，在这些方面，骑行系统通过有效衔接各交通系统，提高了慢交通的运输效率，成为“双碳交通”的有效组成部分。

2. 骑行系统是“双碳交通”的重要手段

以单位距离内的碳排放量作为考量标准，按照由高到低的顺序将不同的出行方式排名，依次为私人机动车（也包括燃油出租车）、公共交通、骑行、步行。因此，居民整体出行方式的选择在一定程度上影响了城市交通的碳排放量。

在“双碳交通”的背景下，降低高碳排放量的机动车出行方式在居民出行方式中的比重，引导居民使用公共交通工具和骑行、步行等低碳出行方式，成为实现降碳的有效途径。骑行、步行是短途出行主要的方式，完备的慢行系统能实现与各类公共交通的多元化接驳，能有效解决居民出行的末端需求，增加骑行、步行等低碳出行方式在居民整体出行方式中的比重，成为“双碳交通”降碳目标的重要手段。

3. 骑行系统是“双碳交通”的有力抓手

在“双碳交通”中，降低碳排放是目标。骑行系统不仅在出行方式上具备低碳的特点，而且在其相关系统的规划和建设中也同样如此。例如，配套的绿道等城市景观的建设，同样也是节能减排的有效措施。增加骑行在城市交通系统中的比重，无疑能相对地减少其他高碳排放出行方式的比重。盘活骑行系统等低碳出行系统的存量资源，也可以提高交通效能。

总之，“双碳交通”通过骑行系统建设作为抓手，能很好地实现其降碳的目标。

4.3.3 骑行系统促使“双碳交通”目标实现的途径

骑行系统通过做好系统规划、提高系统效率、扩大系统使用范围等方式，能更好地支

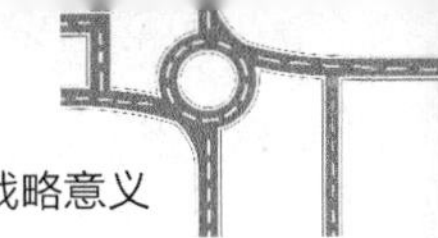

持城市交通系统的革新，加快“双碳交通”目标的实现。

1. 做好系统规划

良好的运行效率必须以科学的规划作为指导，骑行系统规划从国家层面到具体的城市层面，都必须遵循科学的原则，因地制宜的同时也要有长远战略。从大的方面来说，骑行系统规划必须符合当下的国情；从小的方面来说，不同城市的空间结构和交通基础、结构等各不相同，在制定具体城市的骑行系统规划时，应考虑到城市“双碳交通”的降碳策略，以务实的态度来优化目标，将骑行系统规划融入城市“双碳交通”的长期规划并坚持实施。

2. 提高系统效率

骑行系统既可以看成一个独立的系统，也可以看成是慢行系统的组成部分，它与其他交通系统关联互通。当骑行系统作为一个独立系统时，必须优化骑行系统内部的各要素构成，最大化地利用骑行系统所占用的土地资源和各种配套资源。此外，骑行系统还需要优化与公共交通等其他交通系统的接驳体系，实现零距离换乘和无缝对接，最大化地提高居民出行效率。骑行系统效率的提高，提升了交通运输效率，减少了单位运输量的碳排放，体现了“双碳交通”高能效的特征。

3. 扩大系统使用范围

骑行系统的主要应用场景是短距离出行，智联网、物联网等科技手段可以将骑行应用于城市更多的出行场景。很多城市推行的电动助力车等骑行设备，增加了骑行距离，使中短距离的骑行出行成为可能。另外，骑行系统广泛适用于不同交通系统之间的接驳换乘。城区与城郊之间的观光出行也可以通过“公交 + 骑行”的模式实现。骑行系统在一个城市交通系统中的应用普及，能相对减少其他交通方式的碳排放。

案例：英国的交通“脱碳”之旅

英国的交通“脱碳”规划和历程，体现了以骑行为代表的慢行交通在“双碳交通”中的重要地位。

与碳排放较高的工业、建筑等领域相比，交通领域由于其碳排放源分散、排放量大且成分复杂等特点，已经成为碳排放的主要来源之一和各国实施碳中和的重点。2021 年 7 月 14 日，英国交通部发布了《交通脱碳：更好、更绿色的英国》，明确了在 2050 年实现英国交通领域碳中和的愿景、行动和时间表。

由于英国工业化、城市化的进程较早，其碳达峰的时间也较早，1979 年英国的碳排放量达到峰值 6.8 亿吨。此后，全球变暖、环境污染等问题越来越受到重视，发达国家也开始逐步立法促进环境治理，加之煤等化石燃料比重的降低和可再生能源的快速发展，英国的碳排放量开始逐步下降，2019 年英国的碳排放量约为 3.7 亿吨。

从消费终端的碳排放趋势来看，英国商业、建筑、工业生产等领域的碳排放量逐渐下降，而交通领域的碳排放量却一直居高不下。2019 年，英国在交通领域的碳排放量为 1.3 亿吨，占英国二氧化碳消费终端排放量的 37%，已成为英国最大的碳排放来源。其中，汽车和货车的碳排放量占整个交通领域碳排放量的 95% 以上。

为了在 2050 年实现碳中和的目标，英国在《交通脱碳：更好、更绿色的英国》中提到，在交通领域实现碳中和，并不是阻止社会的发展或者降低人们的生活标准，它是“用一种枯燥乏味的方式去描述令人兴奋和意义深远的东西”，简单来说，交通领域的碳中和是以一种不同的方式来做目前人们出行中同样的事情，其根本目的是避免社会进入高碳的生活而危及整个人类社会的生存与发展。从这个意义上来说，交通领域的碳中和（或者说是“双碳交通”）不仅关乎人们的出行，而且从根本上重新塑造人类的生存生活方式，重新塑造城市乡村的存在状态。“双碳交通”能为经济发展带来新的机遇，能够创造更多的就业机会。为此，英国政府提出了在 2050 年之前实现所有的交通方式“脱碳”的愿景目标。

目前来看，英国要实现上述目标绝非易事，需要从法律上、技术上、政策上、思想上等各方面做好相应的准备和突破。从技术的角度来看，汽车出行逐渐向公共交通出行以及“慢出行”转变，能够有效地减少碳排放。

《交通脱碳：更好、更绿色的英国》中指出，加大公共交通及自行车等出行方式的比重，并不意味着汽车没有存在的必要，重要的是对汽车出行按照出行的距离进行划分，引导汽车出行向更绿色低碳的出行方式转变。例如，用新能源汽车代替传统的化石能源汽车，用自行车出行来代替短途的汽车出行，或者通过“公共交通 + 自行车”的方式，提供与汽车类似的“门到门”的服务。根据有关机构所做的交通出行调查报告，2019 年，英国约有 58% 的汽车出行行程在 2 英里（约 3218m）以下，如果这些短途的汽车出行全部用自行车来代替的话，将减少 6800 万吨左右的碳排放量。

4.4 骑行系统与交通强国战略

“要想富，先修路”这句耳熟能详的话，说明了交通在国民经济发展中的基础性、战略性、先导性、服务性的作用。

以石家庄为例，历史上，在京汉铁路与正太铁路将石家庄作为交会点后，石家庄很快成为各条铁路交会的枢纽，也快速发展成现在人口超千万的大城市，可见交通对经济发展的巨大促进作用。

交通是国家安全、改善民生等方面的基石。党和国家高瞻远瞩，将建设交通强国提升到国家战略层面予以谋划。

4.4.1 交通强国战略的发展历史

交通强国战略的发展历史，是我国由交通弱国到交通大国，再到交通强国的发展进程。

1. 薄弱之基

世界上第一条铁路是英国于 1825 年修建的“斯托克顿—达灵顿铁路”，虽然全长只有 21km，但却有着划时代的意义，此后，欧美各国在修建铁路等交通设施方面突飞猛进。我国的第一条自建铁路是 1909 年建成通车的京张铁路，全长约 200km。到中华人民共和国成立初期，我国的铁路里程仅有约 21800km，能通车的公路有约 80000km，内河航运与民航基本处于自然状态，主要的运输工具还是畜力车。

2. 大国之路

中华人民共和国成立后，交通发展迅速，党和国家高度重视交通运输业的发展，通过“一五”计划、“二五”计划，重点建设了一批重要的交通运输干道。此后，国家投资有计划地向交通运输业倾斜，尤其是改革开放以后，交通运输业投资加速，《中长期铁路网规划》《国家高速公路网规划》等一系列长远规划陆续出台，交通运输业获得了长足发展。截至 2022 年年底，我国铁路运营里程达到 155000km，其中高铁运营里程为 42000km；公路总里程约为 5350000km，其中高速公路里程为 177000km；我国港口拥有生产性码头泊位 2.1 万个，其中万吨级及以上泊位 2751 个，国家高等级航道里程超过 16000km；我国民用颁证机场达到 254 个；我国共有 53 个城市开通运营城市轨道交通，运营里程达 9584km。我国已经发展成为世界上首屈一指的交通大国。

3. 迈向强国

我国交通战略规划格局不断提升革新。2019 年 9 月 19 日，中共中央、国务院印发《交通强国建设纲要》，对我国建设交通强国之路划分了两大阶段性目标：到 2035 年，基本建成交通强国；到 21 世纪中叶，全面建成人民满意、保障有力、世界前列的交通强国。党的二十大提出“加快建设交通强国”，标志着我国交通强国战略的实施驶入快车道。

4.4.2　交通强国战略的具体要求

从世界历史发展的进程来看，每个大国的崛起都离不开先进发达的交通作为支撑。我国交通强国战略对交通运输业的发展有着决定性影响，也对实现交通强国战略提出了新的要求。

1. 建设交通基础设施网络体系

建设交通基础设施网络体系，应确保布局完善、功能齐全，以发挥国土空间规划的指导性作用，建设涵盖铁路、公路、水路、航空等多种交通形式、立体互联的综合交通网络。

为了加强城际、城市集群之间的交通互联，城市要加强公共交通、轨道交通建设，完善城市公共交通与其他交通方式之间的接驳换乘，推进骑行等非机动车系统的通达性和舒适性，提升出行品质。在农村地区，基础交通设施网络要实现对更大地区的广泛覆盖。打造具有国际竞争力的综合交通枢纽体系，大力发展枢纽交通经济。

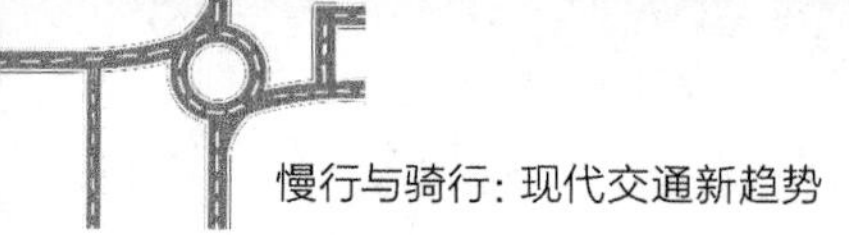

2. 提升交通运输服务质量和水平

提升交通运输服务质量和水平，需要推进不同交通运输方式的多式联运，提高通道的运输能力，加强各交通方式、系统之间的衔接。提升城市、城际轨道交通的通勤水平，提升城乡客运的服务化水准，提供便捷、高效的出行服务。综合利用多种资源，完善现代物流体系建设。通过优化运输结构、推广标准化设施设备、推进专业化物流发展等措施，提高物流效率，提升服务水平。加速交通运输与文旅融合，加快新业态、新模式发展速度。

3. 加强交通运输建设的科技引领作用

为突出科技引领作用，我国需要锚定可能引发交通运输产业变革的前沿技术，加大对能源结构革命的科技研发，抢占关键领域、关键技术的科技制高点。加快智慧交通建设，运用大数据、区块链等技术为交通运输的现代化、数据化赋能。

4. 促进交通运输体系的节能减排

促进交通运输体系的节能减排，应尽快提高土地等资源的利用效率，提高资源的循环利用水平。在交通基础设施建设的过程中，始终贯彻环境保护的理念，加大绿色交通走廊建设，将交通运输体系的发展融入环境保护的大局中。交通基础设施建设到哪，环保理念和环保措施就跟到哪。加大清洁能源、新能源在交通能源结构中的应用，倡导绿色出行方式，降低二氧化碳等温室气体排放。

4.4.3 骑行系统在交通强国战略中的地位和作用

交通强国战略能推动交通效率和交通服务水平的大幅提升，使新模式、新业态快速发展，实现绿色低碳环保交通理念的深入践行。

交通发展的本质是服务于人的需求，促进人的可持续发展。因此，骑行系统以人为本、服务民生的属性，与交通强国战略不谋而合。

1. 以集约化特点服务交通强国战略

骑行系统有效实现了不同交通方式之间的接驳衔接，提高了出行效率，通过优化城市道路网络，将条块分割的不同区块变为互联互通的综合整体，提高了国土空间资源、交通枢纽、交通设施的集约化利用。

在骑行系统的作用下，慢行系统能进一步将城市交通枢纽的功能最大化拓展，促进交通体系建设与土地资源的一体化使用。

2. 以高效化特点服务交通强国战略

骑行系统与其他交通系统一体化融合，构成了交通运输系统的多层次网络，将交通体系变成高效快速的整体。

骑行系统具有方便快捷的特点，自行车等骑行工具占地空间小，能有效地避免机动车“一位难求”的停车困扰。骑行系统的建设周期相对较短，对土地资源的要求相对较低，在城市中的适用范围更广。骑行系统“随时来随时走，随时到随时停”的高效运行方式，提升了整个交通系统的效率。

3. 以品质化特点服务交通强国战略

在骑行系统规划与建设的过程中，应首先根据城市空间、交通体系的现状因地制宜，建设符合城市发展规划目标的个性化骑行系统，打造舒适的出行环境，满足居民的出行需求。

骑行系统通过建设和完善来提供高品质的出行服务，将交通强国以人为本的理念落到实处，增强居民出行的幸福感、满足感和获得感。

4. 以绿色化特点服务交通强国战略

骑行系统低碳、无碳的出行方式，契合交通强国战略对节能减排的要求。骑行系统不但是自行车等无碳排放出行工具的集合，其蕴含的绿色出行理念更凸显整个系统的“魂”。

骑行系统被越来越多的人接受，标志着其降低能源消耗、减少碳排放的功能越来越被重视。社会对绿色出行的接受度越高、参与度越广，交通强国的环保目标就能越早实现。

4.5 慢行系统与交旅融合

我国旅游业已融入经济社会发展的全局，对经济社会发展具有巨大的推动作用，成为我国国民经济战略性支柱产业。面对如此庞大的产业，以骑行系统为主的慢行系统主动与之融合，正当其时。

4.5.1 交旅融合的案例

改革开放以后，我国的经济腾飞，高速公路的建设里程也随之快速提升，高速服务区也经历了从无到有的过程。但在几年前，多数人对高速服务区的要求还只是有一个加油站、能打一杯热水、能泡一桶泡面、能上一次厕所……

而现在，越来越多的高速服务区将自己打造成集商业、旅游、文化等多功能于一体的“驿站”，除了为车主提供加油、食宿等基本服务，还将购买当地的特产、感受当地的文化、游览当地的美景等功能纳入其中。

苏州阳澄湖服务区，以其独具特色的综合功能吸引了很多人专程开车前往，很多车主宁愿绕行，也要将阳澄湖服务区列为必经地点，阳澄湖服务区俨然成为“网红打卡地”。

阳澄湖服务区位于苏州，是 G2（京沪高速）与 G42（沪蓉高速）的节点，地理位置优越，服务辐射范围广。阳澄湖服务区的总建筑面积约为 4 万平方米，拥有停车位 559 个，有 1 万平方米园林式建筑、3000 平方米非遗展示馆、3000 平方米科技馆……这是我国目前占地面积最大的服务区之一，也是综合体量最大的服务区之一。阳澄湖服务区充分利用其文化优势和地域特色，将园林式建筑风格融入现代建筑，保留了苏派建筑粉墙黛瓦的特点。该服务区主楼内设置了一条长 140m、宽 8m 的景观河道，河道两侧形成南北商业步行街，各式旺铺分布两岸，由桥廊相连，并穿插亭台楼阁。引流的阳澄湖湖水在河道里潺潺流淌，充满了诗情画意。

阳澄湖服务区内还设置了一座戏台，定期举办昆曲、评弹等传统曲艺表演，车主（或者说是游客）穿梭其中，流连忘返，既消除了旅途的疲倦，又达到“未到姑苏城，遍览苏州景”的效果。

人们外出旅游需要交通的支持，交通是旅游的基础和先决条件。反过来，旅游业的发展也提高了人们外出的积极性，交通业和旅游业密切相关，早已形成你中有我、我中有你的格局。加快交通业与旅游业的融合，形成交旅融合的大产业格局，对扩大旅游业的规模效应和实现交通强国战略都具有重要意义。

4.5.2 交旅融合的基本内涵

交通业与旅游业分属不同的产业，之所以能融合发展，必然有相同的产业基础，以及正确的融合方法。

融合是两个或两个以上的主体在相互联系、相互作用、相互渗透的活动中，产生更加紧密的联系或者衍生更多的业态或产品。融合的概念包含主体要素（主体至少是两个以上）、过程要素（相关联系、相互作用、相互渗透的活动），以及结果要素（产生更紧密的联系和衍生品）。

根据以上论述，交旅融合的基本概念为：交通业和旅游业两个产业以相同的设施、产品、服务、管理等因素为基础，彼此相互影响、相互渗透或者整合重组，达到和谐共生并演化出更多产品和服务的现象与过程。

交旅融合是两个产业要素之间的深度整合。交通业与旅游业的融合并非两个产业之间“合并同类项”或要素叠加，而是互相融合渗透和整合重组的有机过程。两个产业间具有相同特征的要素在相互融合之后，各自功能得以强化和共享，从而提高资源的利用率。不同特征的要素也能达到融会贯通的效果。

交旅融合让“旅游交通”更高效、更便捷，让“交通旅游”更普及、更舒适，由此形成的交旅产品得以共享资源，从而达到交通业和旅游业相互促进的效果。

交旅融合是两个产业功能之间的互补创新。这两大产业的核心功能在于满足人的需求，交通业要满足人们的出行需求，旅游业要满足人们休闲娱乐的精神需求。交旅融合能实现交通业与旅游业的无缝衔接，在两个产业融合的过程中，产业的核心功能得到互补，通过这样的互补，重整形成新的功能，让交通业和旅游业成为一个整体。

通过交旅融合，便捷、快速的交通扩大了旅游业的客源、提升了旅游体验，旅游业的发展则能促进交通结构、交通方式的转型升级，同时创新交旅产业、产品，取得“1+1 ＞ 2”的效果。

交旅融合是两个产业系统之间的多元交融。交旅产业在指导理念、空间载体、设施产品、产业功能、服务管理等多个方面具有融合的可能和必要。交旅产业要树立新的发展理念，坚持以需求为导向，能融则融，宜融则融，形成“以交促旅、以旅带交、创新发展”的核心指导思想。交旅产业要加强相互之间的认同，强化互动合作，通过动态优化调整，实现共同促进发展。

4.5.3　交旅融合的政策支持

随着我国经济的飞速发展和人民生活水平的快速提高，交通业和旅游业的产业规模都在迅速扩大。在新时期、新发展理念的指导下，在人民对幸福生活提出更高、更多元的要求的背景下，交通业和旅游业都面临着转型的瓶颈。打造符合人民期待、符合社会发展要求的可持续发展的新型交旅产业刻不容缓。

2017 年 3 月，交通运输部、国家旅游局（现为文化和旅游部）等 6 部门联合下发了《关于促进交通运输与旅游融合发展的若干意见》，要求“着力完善旅游交通网络设施，创新旅游交通产品，提升旅游交通服务品质，扩大新需求，创造新供给，更好地适应经济社会发展和人民群众旅游需求新变化”。

2019 年 9 月，中共中央、国务院印发《交通强国建设纲要》，提出“深化交通运输与旅游融合发展”的要求。2021 年 2 月，中共中央、国务院印发了《国家综合立体交通网规划纲要》，又强调推进交通业与旅游业融合发展。我国部分地区也制定了相关的发展规划，例如浙江省文化和旅游厅、交通运输厅联合制定了《浙江省交通运输与旅游融合高质量发展规划》，着力打造全国交旅融合发展的先行省，助力共同富裕示范区建设。

4.5.4　交旅融合的实现路径

交旅融合中的两大基础性系统是交通系统与旅游系统：交通系统包含基础交通设施、交通服务水平、交通管理能力、交通可达性等要素；旅游系统包含旅游景区、旅游基础设施、旅游容纳力、旅游服务、管理水平等要素。交通系统和旅游系统的要素在一定的时空范围内重叠，重新融合。两个系统在空间上、设施上、功能上相互交织，构成了复杂但又开放的综合立体交通网络系统。这种相互影响的作用力，共同实现了交旅融合的动态演化。

加强交通系统建设，推动交旅融合。需要加快综合立体交通网络的建设，形成布局合理、功能齐全的“一站式”交通网络，提升交通网络到旅游景点等旅游资源的通达性、舒适性和便捷性，从时空上缩短旅游出行的时间和距离，提升人们旅游出行的意愿。同时，包括慢行系统在内的综合立体交通网络扩大了人们的出行范围，为旅游目的地带来更多的客源。交通基础设施的建设对旅游资源的空间布局影响巨大，也促使旅游目的地的空间布局结构优化，有利于交旅融合产业集群的产生和产业结构的转型升级。

加强区域旅游发展，带动交旅融合。旅游业的发展会产生大量的出行需求，客观上为交通业带来了更高的流量，因此交通系统产生了自发的动力建设与旅游目的地等旅游资源相关联的干支线，形成与旅游资源相关联的网络化、立体化的综合交通体系。交通量的增加，又提升了交通设施的利用率。旅游者对安全性、舒适性的要求，促使交通系统提升自己的

管理和服务水平。另外，交通量的增加会为交通系统带来更高的经济效益，扩大综合交通系统的规模和优化产业升级，形成良性循环。

加强生态文明建设，提升交旅融合。加大对环境保护的力度，是交通业和旅游业的共同要求，交旅融合必须是良性的、可循环的融合，必须符合可持续发展的要求。在交旅融合中加强生态文明建设，需要注重对交通设施沿线和旅游景观的积极生态修复与保护，严守环境质量底线和生态保护红线，通过绿色交通走廊建设和景区生态保护措施，提升交通和旅游的品质，反过来吸引更多的流量，助力交旅融合的生态可持续发展。

加强社会文化交流，促进交旅融合。综合立体交通的不断发展影响了旅游者的出行方式，例如越来越多的人将高铁作为出行的首选方式。综合立体交通的不断发展也提升了游客的体验感，例如在骑行中沉浸于景区的优美环境。交旅融合还拓展了交通与旅游空间，扩大了旅游者之间以及旅游者与旅游地居民的社会交往，形成独特的旅游交往文化。这种文化要求进一步改善了交通设施、旅游设施的建设，以发展更深层次的交旅融合。

4.5.5 慢行系统与交旅融合的关系

交通业与旅游业因为基础产业特性的不同而分属不同的产业，但现代产业的发展，让产业的边界更加模糊，衍生出许多新业态。慢行系统兼具交通和旅游的特性，在符合交旅融合发展要求的同时又有效促进了交旅融合。

1. 慢行系统具备交通系统功能

慢行系统是综合立体交通的一环，解决了居民短途旅游出行的难题，提升了各交通系统之间接驳和换乘的效率，提高了综合立体交通系统融入旅游行业的速度。

2. 慢行系统兼备旅游系统功能

慢行系统更侧重出行的感受，更多的慢行者不再将出行作为唯一目的，而是将旅游休闲、健身娱乐等融入慢行之中，在舒适的慢行中提升自己的旅行体验。在现代慢行系统的建设中，城市景观、旅游景点等与骑行绿道连接贯通。从这点来看，慢行系统更容易实现融入旅游业的目标。

3. 慢行系统融入交旅融合发展

慢行系统既行又游的特点，使其成为交旅融合、人与自然和谐发展的蓝本。“在行中游，在游中行”的模式，为交旅融合的发展提供了更多的借鉴经验。为此，交旅融合的发展需要更多优质的慢行系统加入及在更多的城市发展壮大。

案例：95 号联盟大道

黄山、武夷山等这些耳熟能详的国内 5A 级景区，每年都吸引了大量的游客，创造了价值巨大的旅游经济。而在空间上，这些景区分布在不同的省，地域的割裂让旅游资源难以

创造更大的综合效益。“95 号联盟大道”的打造，为上述难题找到了解决的突破口，是交旅融合的一个范例。

“95 号联盟大道”位于浙、皖、闽、赣 4 省交界处，全长约 1990km，这条大道连接了 9 个 5A 级景区以及众多的人文生态景观，主要涉及衢州、南平、黄山、上饶 4 个市域单位。在旧有的观念下，想要协调 4 个不同省的城市达成一致的意见并非易事，但在现代社会治理环境中，各地政府对旅游业在带动经济和民生发展方面的重要作用具有了统一而深刻的认识。为了盘活现有的旅游资源，4 个城市形成共识，充分利用现有资源，开展慢行旅游协作。

为推进共同项目的规划建设，4 个城市成立了工作推进专班，以共同体的思维打造该道路。工作推进专班经研究决定，不搞劳时费力的大建设，而是尽量利用现有资源进行改造和品质提升，尽量选择原生态、人少景美处，利用人流、货流量不大的公路进行适当的连通改造。最终，围绕旅游资源的开发和保护，4 个城市达成了构建“联盟花园”的共识，其相关建设的重要内容就是打造公路、轨道、通用航空、绿道、水道 5 种空间形态“慢游”体系。

作为 5 种“慢游”体系中的主要公路产品，“95 号联盟大道”是“联盟花园”基础性、支撑性的项目。该项目突破了以往大修大建的模式，通过整合资源，利用现有的道路资源统一规划、统一标准、统一标识，将原来 4 个城市分段、分散、分类的国省道，以及县乡道路连通赋能，最终打造出一个互联互通的统一公路体系。

“95 号联盟大道”途径 4 个城市最优质的旅游景区，将优秀的旅游资源串联成珠，放大了区域旅游资源的优势，为单体景区带来了巨大的游客流量。据了解，“95 号联盟大道”盘活的旅游资源达 400 亿元，成为中国的一大旅游品牌。另外，“95 号联盟大道”已不单只具有道路交通的属性，因为其深入旅游景区，本身也演化成为一道独特的“道路 + 旅游”的整体景观，成为自带流量的交通文化 IP，是交旅融合、联合发展的生动写照。

4.6　慢行系统与残障人士出行

参与社会活动是人的基本权利。在某种意义上，通行的权利是人们参与社会活动的前提，是人们的基本权利之一。交通系统在规划和建设时，应当践行以人为本原则，保障残障人士的出行权利。

4.6.1　我国残障人士无障碍出行现状

《交通强国建设纲要》中明确要求“到 2035 年，无障碍出行服务体系基本完善”，《国家综合立体交通网规划纲要》也提出“加强无障碍设施建设，完善无障碍装备设备，提高特殊人群出行便利程度和服务水平”。保障残障人士作为特殊人群的出行权利，不但是交通强国的要求，也是践行以人为本、全心全意为人民服务宗旨的要求。

对于保障残障人士无障碍出行，我国之前没有进行专门立法，但 2008 年 7 月 1 日施行

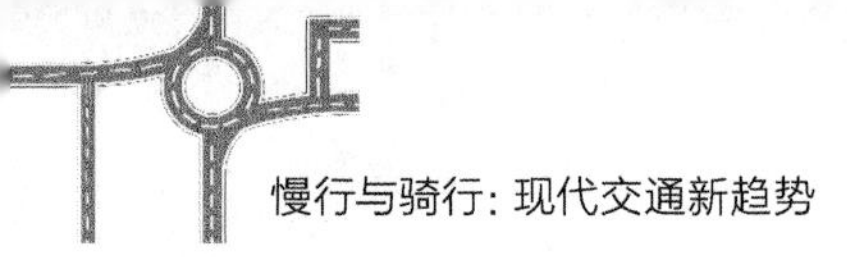

的《中华人民共和国残疾人保障法》对建设保障残障人士权益的“无障碍环境”做出规定，明确国家有义务根据残障人士的实际需要，建设和改造无障碍设施。其中，第五十五条规定“公共交通工具应当逐步达到无障碍设施的要求”。另外，对于保障残障人士无障碍出行散见于各种政策和规章制度。

《交通强国建设纲要》和《国家综合立体交通网规划纲要》均对无障碍出行的设施建设、服务体系建设做出要求。各地，特别是大中城市，大多出台了相关的无障碍出行的规章条例。例如，深圳于2021年9月1日施行的《深圳经济特区无障碍城市建设条例》，在我国首次提出“无障碍城市”理念。

在具体的无障碍设施体系建设方面，我国还出台了相关的标准规范，例如《无障碍设计规范》，交通运输部依照该规范制（修）订了10余项子系统领域的标准规范，例如《铁路旅客车站设计规范》《汽车客运站服务星级划分与评定》等，以及相关服务标准规范，例如《城市轨道交通运营管理规范》等。

我国保障残障人士无障碍出行的交通环境及服务水平建设主要涵盖了各城市交通枢纽、客运站点、轨道交通站点、公交站点等，其中普遍建设的有无障碍出行及配套设施，例如盲道、无障碍电梯、无障碍卫生间、轮椅坡道等，部分有条件的城市还建设了无障碍停车系统、公交导盲系统等。我国积极推广无障碍交通运输设施的升级，推广无障碍城市公交车、无障碍出租汽车等交通工具的应用范围。低地板的无障碍公交车在城市公交系统更新、应用已成趋势。

针对保障残障人士无障碍出行的服务水平逐步提高，各城市交通站点基本设有残障人士专业窗口、志愿者服务站台等，为残障人士提供咨询、引导等服务。另外，各城市“爱心车队”“共产党员先锋车队”等出租车、公交车志愿服务为残障人士出行提供了一定的便利。

目前，我国保障残障人士无障碍出行建设还存在不足。法律法规及标准规范体系亟待完善。在法律制定的位阶层面，还没有保障残障人士无障碍出行的专门立法，其余政策法规尚未形成完整的体系，对无障碍环境建设的指导和规范尚不完善。相关的交通设施和服务要求的标准规范不够系统，可操作性欠缺。对具体的服务流程、服务规范、应急处理等规定还不详尽、不具体等。

在慢行系统的建设过程中，无障碍设备的使用率和服务水平有待提高。虽然大多数城市的交通站点设有相应的爱心通道、残障人士优先通道等，但普遍存在“专用不专，优先不优”现象，通道被占用、挪用、兼用的情况屡见不鲜。志愿者服务站台未配备相应的为听力障碍人士服务的手语服务者或者相应的无障碍设备。解决上述问题需要不断学习先进的经验，并加以改进提升。

4.6.2 国外无障碍出行先进经验

发达国家的社会经济发展水平在一段时间内相对较高，对残障人士包括无障碍出行权利在内的相关权益保护的研究较早，并且已经形成相对完善的立法体系，无障碍环境的建设也取得一定的成果。

美国政府对无障碍环境建设关注的初衷是解决残疾军人的需求，帮助他们寻找就业机会，并重新融入社会。美国为建设无障碍环境，形成了一套相对完备的法律体系，法律的强制性功能使相关无障碍建设得到很好的落实。另外，美国大多数州设有关于无障碍建设的投诉机制，负责收集无障碍环境建设中的意见建议。

在理论领域，美国的纽约州立大学在 20 世纪 70 年代就开始对无障碍环境开展相关研究和探索，美国的许多大学设有无障碍环境建设的相关课程和课题，无障碍环境建设已经成为美国民众关心的热点话题。

日本较早地步入老龄化社会，其无障碍环境建设注入了很多适老化的内容。自 2000 年开始，日本陆续颁布了很多关于无障碍环境建设的法律法规，这些法律法规对无障碍环境建设的要求，不仅针对残障人士，还将范围扩大到健全人群中的老年人、孕妇、小孩等，更容易为民众所接受。日本在建设无障碍环境的过程中，注重与城市的发展、民生的改善相结合，并且把环境保护的要求纳入其中。

4.6.3　残障人士对无障碍出行的需求分析

残障人士身体或心理上的某些损伤和障碍导致其参加社会活动时会遇到一定程度的阻碍，现代文明社会对人的权利是平等保护的，残障人士需要更多的社会保障。此外，心理因素对残障人士的影响巨大，许多残障人士对自身参加社会活动存在畏惧和自卑的心理，因此在无障碍出行系统的规划决策和建设过程中，也应充分考虑这些需求。

1. 交通出行需求

残障人士融入社会生活，首先需要解决的是出行问题。残障人士对无障碍出行的需求贯穿出行的整个过程，支撑整个出行过程的交通系统和其他配套系统都应能满足无障碍出行的要求。

例如，残障人士出门时的无障碍电梯、行走的盲道、无障碍的公交设备等，还有相应的无障碍过街、无障碍导航系统等，均属于残障人士无障碍出行中的交通保障。

2. 平权保护需求

残障人士出行过程中的平权保护需求主要有以下两个。

（1）平等路权保护

从路权分配的公平性和伦理角度来看，道路上的交通参与者都应享有平等路权，路权分配的公平性应根据不同交通参与者的出行需求来考虑。残障人士享有参与交通出行的权利，以满足自身正常社会生活的需要，保障自身的生存发展。

（2）平等人权保护

人权是人类与生俱来的生存与发展的基本权利，人人都应不受歧视地享有这些权利。残障人士通过无障碍出行，能够减少社会公众的特殊照顾，通过利用同样能够被健全人使

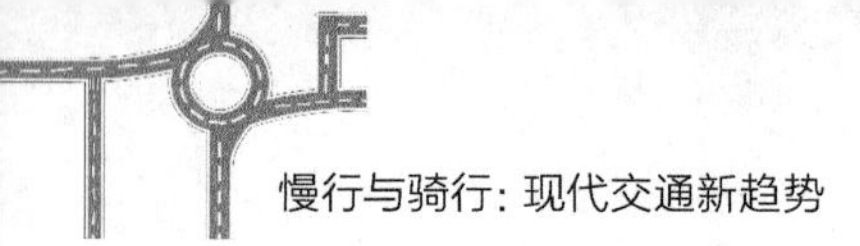

用的无障碍设施达到出行目的。

3. 心理建设需求

健全人在交通出行过程中都会无可避免地遇到各种（例如车辆晚点、道路拥堵、交通事故等）突发情况，残障人士在遇到此类情况时，其自我保护能力要弱于健全人。因此，规划者对残障人士交通出行安全性的考虑应强于健全人。

无障碍出行系统能给予残障人士出行安全充分的保障。此外，无障碍出行系统也能使残障人士独立出行，更好地融入社会生活。

4.6.4 慢行系统保障残障人士无障碍出行的建议

从残障人士决定出行到抵达目的地的全过程来考量，残障人士的出行可分为出行决策过程、具体出行过程、到达目的地 3 个阶段。慢行系统在这 3 个阶段都应发挥自身作用，服务残障人士无障碍出行。

1. 出行决策过程

残障人士在决定自身的出行策略时，首先要考虑出行的便捷性和安全性，即什么样的出行方式能使残障人士更快捷、更安全地实现出行目的。慢行系统本身主要是通过非机动车的出行方式实现出行目的，在安全性上较机动车的出行方式具有很大的安全性和便利性。

2. 具体出行过程

出行活动是残障人士到达交通服务设施，再到离开交通服务设施的全过程。在此过程中，慢行系统以其舒适的出行环境、与公共交通无缝接驳的优势吸引残障人士。借助现代科技，慢行系统结合大数据、物联网实现智慧导航、自助出行。

3. 到达目的地

到达目的地时，慢行系统不需要复杂的泊车环境，解决了残障人士停车难的困扰；慢行系统与公交系统、其他交通系统的零距离无缝化衔接模式，解决了残障人士的接驳换乘难的问题。慢行系统配合相应的智慧语音导航、盲文导航等功能，更好地服务残障人士出行。

通过以上总结，慢行系统在无障碍出行方面，应充分考虑残障人士出行的需求和特点，提高自身的科技服务水平，以一体化服务残障人士，平等地践行以人为本的服务宗旨，在完善城市综合交通体系中贡献自身的力量。

案例：“骑行上海”

案例一：“骑得最远的城市”

美团单车数据显示，2020 年 1 月 23 日到 4 月 8 日共计 77 天，上海美团单车用户骑行总距离超过 30000000km，平均单次骑行距离超过 3km。

哈啰公司发布的大数据显示，2021 年春运开启一周后（1 月 28 日～2 月 4 日），上海哈啰单车骑行量较 2020 年同期上涨超三成，春节期间上海哈啰单车的骑行量比以往年同期提升四成以上。

案例二：上海人的骑行路线

在上海的临港自贸区，有一条被网友誉为“上海最美公路”的骑行公路——塘下公路，这条公路全长约 10km，道路两旁是层层叠叠的水杉林，春夏季节，满眼都是醉人的绿意。而到了秋季，水杉叶绿中带有微黄，黄中又带有点点红，仿佛是一幅大自然的油彩画。微风轻轻卷起掉落的树叶，让骑行其中的人们心旷神怡。

在上海骑行者的心目中有几条经典骑行路线。第一条骑行路线是紧靠黄浦江的滨江骑行线，该条骑行路线全程约 20km，均建设为塑胶骑行道，沿途多个骑行驿站为骑行者提供休息和补充能量、修理骑行工具的服务。该路线还经过繁华的陆家嘴，道路两旁有很多具有特色的咖啡厅、餐厅，为骑行者带来不一样的感受。第二条路线是横沙岛环岛骑行线，该条骑行线路不在市区，而是位于长江入江口的横沙岛，市民在吴淞码头乘船即可抵达，并可在码头租赁自行车。在这里，没有城市的喧嚣，没有密集的车流，有的是小桥、流水、人家，有的是稻田、鱼池、蟹塘，有的是鲜花、苗木、橘园，在这里可以尽情地欣赏田园风光，感受人与自然的美妙和谐，这条骑行线路也被誉为“上海最生态的骑行路线”。第三条线路是江苏路—静安寺—巨鹿路，静安寺商圈是上海知名的繁华商圈，该区域有很多名人故居，是繁华与静谧、历史文化与现代经济交融的地方。此外，上海还有环崇明岛骑行线、世纪公园骑行线等，可以满足不同群体的多样化骑行需求。

案例三：上海人的骑行生活

2017 年国庆节期间，上海一位骑行者从上海古北路茅台路出发，按照事先规划的路线骑行 127km，将骑行路线“绘制”成一幅中国地图，以自己独特的方式向祖国庆生。

2021 年 10 月底，横沙自行车嘉年华暨上海横沙岛第十届骑游大会正式在横沙岛举行，骑行者穿梭在美丽横沙的五彩自然乡村间，尽情享受骑行带来的快乐体验；2021年 12 月 18 日，2021 环外滩慈善自行车赛如期而至，以骑行的方式宣扬健康、低碳的生活方式，并展示城市的活力；2022 年 1 月 24 日，“健康上海 骑遇滨江”第三届健康风尚节系列活动在浦东滨江举行，近百名骑行参与者在滨江的骑行道尽情感受着上海这座城市的风度、温度……这样的骑行比赛、骑行公益活动，早已成为上海的文化名片，也成为上海市民喜闻乐见的健康生活方式。

案例四：上海人的骑行“规矩”

共享单车的兴起，在方便市民骑行的同时，也带来了单车停放杂乱、随意占用机动车道等管理难题，包括共享单车在内的非机动车规范管理也是城市管理的新命题。上海于2021年5月1日起正式施行新的《上海市非机动车安全管理条例》，该条例对非机动车的通行、停放等做出相关规定，另外，对快递、外卖等网约配送行业电动自行车及互联网租赁自行车的安全管理也做出详细的规定。“驾驶非机动车时不得实施以手持方式拨打接听电话、浏览电子设备等妨碍安全驾驶的行为”引起广泛关注。该条例从法律的角度，为上海的骑行活动“立标杆”“定规矩”，引导骑行活动健康发展。

骑行活动早已融入现代城市居民生活的方方面面，城市白领选择骑行作为公共交通接驳换乘的便捷方式，城市外卖配送员将骑行作为赖以生活的主要交通方式，市民将骑行作为贴近自然、放松心情、锻炼身体的不二之选。骑行活动的蓬勃发展促进了城市交通的通畅和效率的提高，提升了城市的活力和魅力，但骑行活动也要在法治的轨道下，接受监管和制约，确保骑行活动和骑行系统的平稳健康发展。

⇨本章总结

本章探讨的主要内容是骑行系统与慢行系统在国家经济发展和社会民生方面的作用，表达了骑行系统与慢行系统积极融入居民生活、国家战略方针、社会整体发展的战略意义。

本章首先从讨论骑行系统的民生价值开始，阐述了骑行系统保障和改善民生的内在价值逻辑，以及骑行系统坚持民生价值的具体表现，从而得出骑行系统的出现和发展是民生的自发需求，同时也促进了民生改善的结论。民生的不断发展和人们对民生质量提升的不竭追求，才使骑行系统不断完善。反过来，骑行系统也在民生改善方面具有巨大的推动力。

本章还阐明了慢行系统是综合立体交通有效组成部分的原因和具体构成，同时也讲述了骑行系统在“双碳交通”、交通强国战略、交旅融合中的作用。从国家的具体战略实施方面，论证了骑行系统与慢行系统在提高交通系统效率、方便居民生活、促进交通系统节能减排、带动区域旅游经济发展等方面都具有自身独特的优势，为骑行系统与慢行系统的进一步发展提供了理论和实践支撑。

慢行系统更多的价值取向是关注慢行参与主体的感受和多元化需求，在关爱残障人士的正当、正常出行权利方面，发挥了巨大的促进作用，保障了交通活动参与者的路权公平，践行了以人为本的基本理念。

第5章

骑行系统与慢行系统的法律法规、政策保障

【本章内容概要】

本章主要介绍保障骑行系统与慢行系统发展的相关政策及法律法规，帮助读者理解相关法律法规的立法宗旨及政策出台背景，掌握其指导思想及主要内容，从整体上认知骑行系统与慢行系统发展过程的立法情况、政策背景及具体实施情况。

【本章学习重点与难点】

学习重点：掌握《中华人民共和国道路交通安全法》《中华人民共和国道路交通安全法实施条例》《城市市容和环境卫生管理条例》《关于鼓励和规范互联网租赁自行车发展的指导意见》《城市道路工程设计规范》《城市道路空间规划设计规范》《成都市关于鼓励共享单车发展的试行意见（征求意见稿）》等的立法宗旨或政策出台背景，梳理以上法律法规及政策保障慢行交通发展的相关规定，熟悉以上法律法规及政策的主要内容。

学习难点：深入理解以人为本理念在法律与政策条款中的具体表现。

【案例导入】

2017 年 3 月 26 日，上海一名 10 岁男孩与朋友一同骑共享单车在车流密集的道路上嬉戏追逐，他们沉浸在赛车的喜悦中，将交通规则抛之脑后，在车水马龙的道路上骑车逆行，该男孩与朋友骑车追逐时与一辆大客车相撞，当场身亡。事发后，男孩父母将客车司机和共享单车企业告上法庭。经法院调解，客车司机与男孩父母达成调解协议，承担相应的赔偿责任。

该案为国内第一例儿童骑共享单车造成交通事故的案例，由于当时并无专门针对共享单车的相关立法，法院对于共享单车企业责任的裁判持审慎态度，最终根据原《中华人民共和国侵权责任法》第三十七条，关于公共场所管理人、活动组织者的安全保障义务的相关规定，认定共享单车企业未尽到安全保障义务，需要承担一定的赔偿责任。

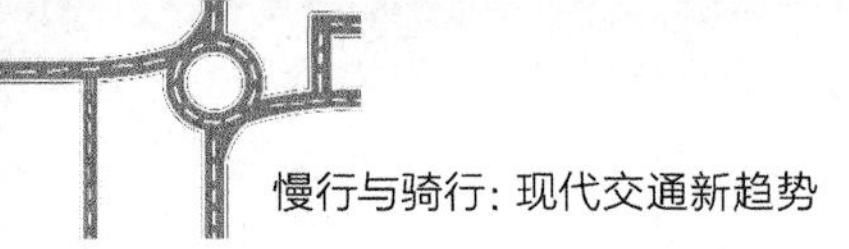

在该案件的影响下，共享单车行业加强了对骑行安全的管理，未满12岁儿童禁止使用共享单车的行业规定由此产生。

骑行系统带来出行便利的同时，也为城市管理带来诸多挑战。共享单车作为骑行系统的创新模式，其引发的乱停乱放、扫码安全问题等应如何解决？当前有哪些法律法规保障慢行交通的发展，立法在慢行交通发展过程中的作用是什么，这些问题值得思考。

5.1 《中华人民共和国道路交通安全法》

现实中，机动车已成为人们出行的主要交通工具，但在理念层面，从“机动车优先”到“行人优先”的转变却非一日之功。发展慢行交通系统，减少交通事故，保护道路交通参与者的人身及财产安全，需要合理的归责原则，需要兼顾习惯与公平的道路通行权分配原则。这一切离不开法律框架带来的公平公正。

《中华人民共和国道路交通安全法》（以下简称《道路交通安全法》）自出台以来经历两次修订，在实践的呼声中，归责原则与道路通行权分配原则的应用渐趋合理，慢行交通的安全保障日益完善，“绿色优先”的观念受到重视。

5.1.1 《道路交通安全法》出台背景与立法宗旨

自改革开放以来，经济、社会发展迅速，1986年道路交通管理体制的改革以及道路安全相关行政法规、规章制度的颁布实施，为道路交通管理工作奠定了良好的基础。随着居民机动车拥有量急速攀升，交通量大幅增加，出现了交通事故数量逐年上升、交通拥堵导致通行率降低等诸多新问题。

为规范道路使用者行为，减少交通事故，改善道路交通的安全状况，2003年10月28日，第十届全国人民代表大会常务委员会第五次会议审议通过《道路交通安全法》，该法自2004年5月1日起正式施行。该法在交通事故归责原则和道路通行权分配等方面的规定，为建设城市慢行交通系统提供制度支持。

5.1.2 保险公司的无过错责任

无过错责任是指无论行为人是否存在过错，当其行为造成损害，则应按照相关法律规定承担民事责任。

《道路交通安全法》第七十六条第1款规定，机动车发生交通事故造成人身伤亡、财产损失的，由保险公司在机动车第三者责任强制保险责任限额范围内予以赔偿。该条款明确规定了我国保险公司无过错责任原则。在交通事故归责过程中，无过错责任原则督促机动车一方应尽到自己的注意义务，有效保护道路交通参与者中的骑行者、行人等弱势群体，2006年7月1日《中华人民共和国机动车交通事故责任强制保险条例》付诸实施，随着“交强险”制度的逐步完善，为该条款所规定的无过错责任原则的适用提供保险制度支持，有力地转移、分散危险造成的损失。

5.1.3　机动车与非机动车驾驶人之间的过错推定责任

为提高全社会道路交通安全意识和城市通行效率，2007 年，《道路交通安全法》第七十六条完成修订，该条第 1 款第 2 项规定“机动车与非机动车驾驶人、行人之间发生交通事故，非机动车驾驶人、行人没有过错的，由机动车一方承担赔偿责任；有证据证明非机动车驾驶人、行人有过错的，根据过错程度适当减轻机动车一方的赔偿责任；机动车一方没有过错的，承担不超过百分之十的赔偿责任”。

1. 过错推定责任

过错责任、过错推定责任和无过错责任是道路交通事故损害赔偿的 3 种归责原则，《道路交通安全法》中第七十六条第 1 款第 2 项的规定明确了机动车与非机动车驾驶人、行人之间发生交通事故，适用过错推定责任原则。

过错责任原则强调加害人的过错是其承担民事责任的前提。过错推定责任原则属于过错责任原则适用过程中的特殊情况，其特殊之处在于，虽然该原则同样以加害人的过错为认定其承担民事责任的依据，但通过举证责任倒置的方法给予加害人自证清白的机会。即当机动车与非机动车驾驶人、行人之间发生交通事故时，机动车驾驶人能够证明非机动车驾驶人、行人存在违反道路交通安全相关规定，并且机动车驾驶人自身已经采取必要处置措施的，其可以主张适当减轻赔偿责任；如果机动车驾驶人没有提出有效抗辩事由，不能证明自己没有过错，即推定其在事故中有过错，需承担相应的事故责任。

2. 根据交通事故双方责任确定减轻责任的比例

此次修订指出，减轻事故责任的比例应以事故双方须承担的事故责任为基础，并明确规定了特定条件下机动车赔偿的最低限额，即当非机动车驾驶人、行人负全责而机动车一方没有过错时，机动车一方承担不超过百分之十的赔偿责任。

3. 优者危险负担原则

优者危险负担原则是分配交通事故责任的重要原则，即根据行为的危险大小及危险回避能力的优劣来决定过失的轻重，因此，应用该原则归责时，应对道路使用者对道路交通注意义务进行区分。当机动车与非机动车驾驶人、行人之间发生事故时，即便非机动车驾驶人、行人在事故中存在过失，但机动车与此二者相比，危险性更大、危害回避能力更强，根据该原则，机动车即使没有过错也不能完全免除赔偿责任，即法条规定须承担不超过百分之十的赔偿责任。

5.1.4 非机动车的道路通行权分配

非机动车的道路通行权分配是《道路交通安全法》中的重要内容。

1. 道路通行权和通行优先权

道路通行权是指道路交通参与主体具有使用道路通行并使用相关设施的资格，通行优先权是指道路交通参与主体优先使用道路的权利。

随着城市道路交通设施的日益完善，城市道路通行权供给总量趋于稳定，在汽车工业发展等诸多因素的影响下，开车出行成为人们的主要出行方式，道路通行需求日益增长，道路通行权分配不均的问题随之凸显，如何保障非机动车道路通行权，成为城市慢行系统建设过程中需要把握的关键问题。

近年来，全国各地的"最窄人行道"引起了全网热议，山东省济南市运署街泉城中学对面的人行道被附近居民称为"史上最窄人行道"，这条人行道仅 20cm 宽，行人侧身勉强可以通行；无独有偶，深圳市宝安区沙井街道沙井路沙头路段也有一段 600m 长的"最窄人行道"，人行道最窄处仅 30cm 宽。长期以来，"机动车优先"的原则，成为城市道路建设和道路通行权分配过程的重要原则，机动车道逐渐加宽，骑行、步行所能使用的空间日渐窄小。正因为如此，慢行交通的道路通行权为《道路交通安全法》所重视。

2. 《道路交通安全法》对道路通行权的分配

《道路交通安全法》规定了非机动车借道通行优先权。其中，第三十五条规定机动车、非机动车实行右侧通行。第三十六条规定，根据道路条件和通行需要，道路划分为机动车道、非机动车道和人行道的，机动车、非机动车、行人实行分道通行。没有划分机动车道、非机动车道和人行道的，机动车在道路中间通行，非机动车和行人在道路两侧通行。第五十七条规定，驾驶非机动车在道路上行驶应当遵守有关交通安全的规定。非机动车应当在非机动车道内行驶；在没有非机动车道的道路上，应当靠车行道的右侧行驶。

当前，多数城市面临巨大的交通压力，交通拥堵问题日益严重，慢行交通的道路空间往往被剥夺，以上条款符合当前道路交通的实际情况，减少骑行或步行出行人员因无路可走而被迫违反道路交通管理相关规定的情况，减少交通事故发生和保护道路交通参与者的人身和财产安全。

5.2 《中华人民共和国道路交通安全法实施条例》

《中华人民共和国道路交通安全法实施条例》（以下简称《道路交通安全法实施条例》）是对《道路交通安全法》的补充，为实践自行车道路优先权、自行车道路交通知情权提出了更为具体的措施，在向自行车出行者提供出行指导、保障其出行安全等方面，发挥了举足轻重的作用。

5.2.1 《道路交通安全法实施条例》颁布实施的意义

《道路交通安全法实施条例》于 2004 年 5 月 1 日正式实施，该条例以《道路交通安全法》为依据，立足交通管理实践，对道路交通参与主体的权责、义务做出了更具体的规范。该条例也为解决交通拥堵问题、预防交通事故提供具体工作指导，对交通安全管理相关部门工作提出新要求，为构建骑行系统和慢行系统进一步指明方向。

5.2.2 自行车道路优先权

骑行交通具有自由、灵活、随意的特点，对道路出行环境的依赖性较强，面对我国城市交通中慢行空间较少的实际情况，确保自行车道路优先权实质上是对道路参与者中“弱势群体”的补偿。

《道路交通安全法》第三十五条规定了非机动车借道优先通行的权利，《道路交通安全法实施条例》第七十条第 2 款则更加详细地明确了自行车借道行驶的权利，该条款规定“因非机动车道被占用无法在本车道内行驶的非机动车，可以在受阻的路段借用相邻的机动车道行驶，并在驶过被占用路段后迅速驶回非机动车道。机动车遇此情况应当减速让行”。

上述条款立足道路交通管理实践，明确自行车在特殊情况下的道路优先权，并明确指出机动车应履行的义务，有利于保护各类道路使用者的出行权，确保城市交通秩序，提高道路通行率。在交通实践中，该条款表现出重要的价值。

以国外经验为例，荷兰拥有较为完善的骑行系统和慢行系统，很大程度上得益于各个城市中自行车道的设计以及自行车道路优先权的法律保障措施。代尔夫特是荷兰的一个小城市，该地大部分交通节点的设计堪称教科书级的完美示范。在某个车流、人流较为复杂的交通节点上，环岛、机动车道、自行车道、人行道、有轨电车道并未呈现复杂的交织状态，反而与周围道路有序衔接；有轨电车道自环岛中心穿行而过；与周围道路衔接的机动车道从 4 个方向汇集至环岛；红色的自行车道以环岛为中心围绕环岛一周，自行车道为双向车道，分为 4 个方向与周围道路衔接；人行道在自行车道的外围，可见“自行车”已成为荷兰的道路设计的重要考量因素。另外，荷兰道路交通法律规则尽显对自行车的优待，荷兰的城市道路上以三角形标志确定道路通行优先权，道路交通参与者在通行过程中，通过判断三角形顶角指示方向与自己行进方向是否一致，以确定道路通行优先权，只有当自身行进方向与三角形顶角朝向相同时，方可先行通过。在荷兰，设置三角形标志时往往会以自行车优先为原则，将更多的优先权给予自行车。

近年来，国内也不乏道路慢行改造的成功案例。北京市的慢行系统建设日益优化，道路空间设计的诸多细节体现出对慢行的尊重，不断升级人们骑车、步行的体验感。北京市在“十三五”期间，规划建设自行车、步行系统，完成超过 3000km 的自行车道整治。慢行系统的升级主要体现在不断拓宽自行车道，日益提高人们尊重慢行的意识，加宽东二环辅

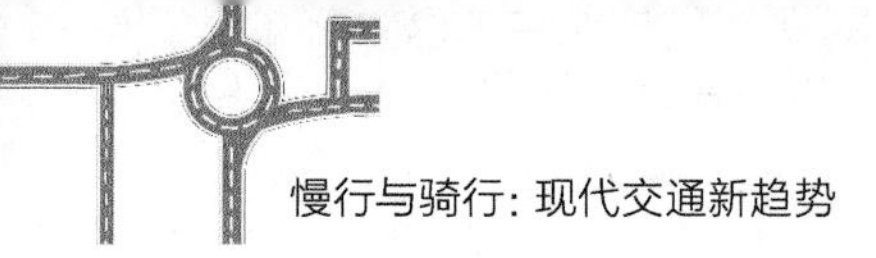

路内非机动车道以及设计自行车左转红绿灯，为居民步行、骑行带来切实的便利。

另外，整治机动车违停，合理规划停车位也是保障自行车路权的有效措施。北京市在整改过程中，减少路侧停车位，将还路于行作为工作重点。以海淀区为例，海淀区魏公村路通过减少路侧 65 个停车位提升了两侧非机动车道的宽度，利用科技手段对违停、违章行为进行处罚，有效减少干扰慢行交通舒适度的因素。

除了在日常公路中拓宽骑行的空间，北京市慢行改造的另一个亮点是将骑行线路设计与激活城市滨水空间融合，通过筛选优质的滨水河道与绿道，改造优化道路衔接节点、相关标志指引，实现慢行系统与城市内自然景观的充分融合，在有效满足通勤需要的基础上，通过激活市内自然景观资源，拓展居民休闲健身的空间。

值得注意的是，《道路交通安全法实施条例》第七十条第 2 款虽然规定了自行车借道优先通行的权利，但未规定其他特殊情况下，各类道路交通参与者的优先等级。例如，在交叉路口、非机动车与机动车混合路段，因缺少相关法律法规明确各道路交通参与者的优先等级。在实践中，多数城市未能在过街信号、自行车停车线设置等方面保障自行车道路优先权。因此，未来的骑行系统规划，可以在该条款基础上做出更大的优化完善。

5.2.3 自行车道路交通知情权

秩序是影响慢行系统建设的重要因素，保障自行车道路交通知情权有利于构建良好的骑行交通秩序。自行车道路交通知情权是指道路施工、交通拥堵、交通管制等与交通路况信息相关的信息应由管理主体依法告知自行车出行者，政府相关部门做出的与道路交通活动直接有关的决定，也应提前告知自行车出行者。

《道路交通安全法实施条例》第三十五条第 2 款规定，道路施工需要车辆绕行的，施工单位应在绕行处设置标志；不能绕行的，应当修建临时通道，保证车辆和行人通行。需要封闭道路中断交通的，除紧急情况外，应当提前 5 日向社会公告。

2005 年 11 月 15 日 20 点，在南京市下关区大桥小学门口，一无盖窨井引发一起交通事故。当晚，郝先生与家人一同骑行回家，因郝先生对回家路线较为熟悉，通过该窨井时未能及时关注路况变化，其车轮突然卡在该窨井中，郝先生由于惯性从车摔下受轻伤。经调查，该窨井属于自来水公司，因窨井出现故障，自来水公司于 11 月 13 日向市政部门报修后，相关工作人员立即到场修理，因修理过程使用大量水泥，需晾干后窨井才可正常使用，暂未放置井盖，为此，工作人员按要求设置路障，提醒路人注意，后因相关部门管理不善，路障于 11 月 14 日晚被行人移除。

在该交通事故中，造成交通事故的直接原因是缺少显著的提醒标志。政府相关管理部门通过公共平台发布社会公告，设置较为显著的标识，为市民提供道路交通信息服务等方法，是实现自行车道路交通知情权的具体措施。及时提醒，也能从公共服务角度为自行车出行者提供出行指导，保障通行顺畅与安全。

5.2.4　自行车出行者的法律责任

自行车具有灵活自由的特点，对道路空间要求较低，对道路交通整体状况的影响力较弱，自行车出行者虽为道路交通中的“弱势群体”，但作为道路交通的参与者，其一举一动关系道路安全，自行车出行者若肆意违反交通规则，也会酿成重大交通事故，危及自身及他人的人身财产安全。

机动车驾驶人黎某正常行驶在市区东西向的主干道路上，行至某企业门口时，杨某骑自行车在该企业门口突然驶入该主干道，在未对路况进行任何观察的情况下，自东北向西南横穿该道路。黎某未能及时发现骑行的杨某，当接近杨某时，突如其来的紧急状况让黎某措手不及，黎某立即向左急打方向，结果车辆失控驶入对面车道，并径直冲向道路另一侧的非机动车道，将正常骑行的吴某撞倒，导致吴某被后方车辆碾压，当场死亡。该案经法院审理判决机动车驾驶人黎某与自行车行驶者杨某对事故承担同等责任，各承担百分之五十的民事赔偿责任。

该案中机动车驾驶人黎某在驾驶过程中未能对道路异常情况尽到注意义务，在处理紧急情况时的紧急避险行为导致吴某死亡，构成避险过当。自行车出行者杨某在横过机动车道时，并未先确认道路安全，也没有下车推行，对该交通事故的发生负有重大责任。

《道路交通安全法实施条例》第六十八条到第七十三条明确规定了非机动车的通行要求。包括在交叉路口根据交通信号灯安全通行的要求，通过无交通信号灯控制、无交通警察指挥的交叉路口的通行要求，横过机动车道的要求，借道通行要求，非机动车载物要求等，自行车出行者应当严格遵守。

鉴于《道路交通安全法》第七十二条到第七十四条明确了非机动车驾驶人违反相关规定应承担的法律责任。《道路交通安全法实施条例》第一百零二条也明确规定，违反本条例规定的行为，依照《道路交通安全法》和本条例规定进行处罚。

5.3　《城市市容和环境卫生管理条例》

道路交通状况影响城市市容管理的重要因素，“单车围城”已经成为市容建设要面对的新问题，其根本原因在于停车设施建设不完善。当前，绿色环保理念早已深入人心，但从理念转变到实践落实的过程并不是一蹴而就的，以“车本位”向“人本位”的转变需要从完善城市慢行系统基础设施建设做起，这也是改善市容市貌，实现城市可持续发展的必经之路。

5.3.1　《城市市容和环境卫生管理条例》的重要意义

为践行城市可持续发展理念，加强城市市容和环境卫生管理，《城市市容和环境卫生管理条例》于 1992 年 8 月 1 日实施，于 2011 年、2017 年进行两次修订。该条例第十三条、第十四条、第十六条明确规定了街道物料的堆放、建筑物的搭建，以及临街施工的相关要求，不

仅有利于市容整洁，还有利于道路畅通，为行人、自行车交通创造了良好的通行条件，为构建城市慢行系统营造了适宜的环境。

5.3.2 自行车道路占有权

《城市市容和环境卫生管理条例》规定了道路占有权的相关法律事项，但自行车道路占有权仍有待进一步明确。

1. 自行车道路占有权的内涵与意义

自行车道路占有权是自行车出行者临时占用道路停放自行车和在指定停车区域停放自行车的权利。保障自行车道路占有权，有利于城市空间的高效利用，有利于道路整洁、通行顺畅，有助于建设清洁、优美的城市环境，符合市容和环境卫生管理工作的宗旨。

2. 我国自行车道路占有权的保障现状

自 20 世纪 90 年代末至今，道路交通建设以“机动车优先”为原则，慢行交通方式日渐式微，自行车使用率低，数量少，占用公共空间小，自行车的骑行空间逐渐被压缩。

近年来，随着共享单车出现，慢行系统成为缓解交通压力、节能减排的一大利器，绿色出行随之成为社会风尚。当自行车出行者沉浸在骑行的快乐中时，停车设施建设不完善、停车空间缺乏与居民骑行需求增长之间的矛盾日益凸显，多数城市纷纷明确骑行工具禁停区域，却未界定允许停放的区域，乱停乱放现象严重，影响市容和市貌，甚至妨碍交通秩序。

当前，“绿色优先”观念深入人心，但我国与交通、市容相关的法律法规中，谈及自行车停车问题的内容较少，多数未对实践自行车道路占有权做出具体的规定，仅有《停车场建设和管理暂行规定》强调停车场对保障道路交通良好秩序的重要性，明确可以占用公共场所作为临时停车场的前提条件，以及必须配建停车的具体情形，这已是国家层面对自行车道路占用权较为详细的规定。

作为快节奏生活城市代表的上海，对骑行系统有较为明确的规划管理。在该市骑行系统内，共享单车助力该城市慢行交通体系的构建，与地铁、公交等公共交通完美衔接，解决了多数上班族“最后一公里”的问题。但与此同时，“单车围城”给行人们的生活带来诸多不便，人们对共享单车也是爱恨交加。例如，上海 10 号线的江湾体育场站因毗邻万达广场、中环国际大厦，属于城市的休闲娱乐区，人流量巨大，该站利用率较高的 2 号出口直通十字路口。然而，尽管该区域已划定共享单车停放区域，但却无法满足每天巨大的停车需求，大量共享单车被停放于该路口的人行道上，行人需要侧身穿过，骑行者也需要下车“突围”。另外，该地铁线路的国权路站是主要的上班通勤站点，与该站点 4 号口衔接的道路两侧人行道上，清晰地规划了共享单车的停放区域。虽然该停放点的共享单车排列井然有序，但大部分共享单车破败不堪、积满灰尘，无法正常使用。在不少城市，诸如此类废弃车辆占据停车空间的案例不一而足，导致其他骑行者无处停车，进而违规停车，既浪费了有效空间，又影响了市容市貌。

由共享单车衍生的出行难题也出现在北京市。从时间角度来看，共享单车违停、乱停现象在早晚高峰时段尤为严重。

以朝阳区青年路为例，由于该道路毗邻地铁站和大型住宅区，每到早晚高峰时段，共享单车停放无序，尽管已设置专用停车区，但停车数量远大于用车数量，停车区变成共享单车淤积的“重灾区”，该路段的人行道、非机动车道也被共享单车占领半幅，高峰时段道路的通行压力骤增。从空间角度来看，公交枢纽附近更易产生共享单车违停现象，以朝阳区大北窑公交站为例，尽管共享单车运维人员每天都会进行 3 ～ 4 次的车辆运输与调度，但仍有大量共享单车堆积在公交站台上，附近的非机动车道也难幸免，严重阻碍公交车进出场站。

为解决这一问题，北京市在区域试点推行“入栏结算”，划定停车区域，以规范停车秩序，对违反定点停车的行为进行警告或罚款。共享单车企业也通过对应软件发出违停警告，或采取收取车辆管理费的方式矫正违停行为。

合理规划自行车的停放区域是保障自行车道路占有权的基础，是城市慢行体系建设的关键环节，根治共享单车的乱停乱放问题，需要消费者、企业、政府三方的互动与协作，慢行系统的建设离不开完善的基础设施、科学的管理标准以及规范停车的社会风尚。

3. 自行车道路占有权的管理实践措施

目前，自行车道路占有权的管理实践措施主要包括以下 3 个。

（1）停车设施建设应凸显服务意识

监管与处罚并不能从根本上解决乱停乱放的问题，反而会打击人们骑行的积极性。因此，相关部门应在规划、建设与管理道路交通设施过程中转变定位，从监管者转变为服务者，树立服务意识。其中，服务意识在停车设施建设过程中尤为重要，便捷、安全的骑行道路和停车设施才是激励人们选择绿色出行方式的关键。

以西欧为例，荷兰人热衷骑行，体系化的自行车交通服务是激发当地居民骑行热情的重要因素。荷兰多数城市水网交通与陆地交通交织，各类桥梁成为城市的重要交通要道，与汽车出行相比，骑行更加便捷，为此荷兰多数城市着力规划骑行交通体系。在荷兰，地铁上设置自行车停车点，自行车行驶者可携带自行车搭乘地铁，方便下车后继续骑行。另外，荷兰各城市的停车场也为骑行提供便捷、友好的服务，有效地激励人们采用公共交通与自行车交通结合的出行方式。荷兰的乌特勒支中心车站自行车停车场是城市的一大亮点，该停车场位于乌得勒支市中心车站地区，毗邻荷兰最大的购物中心，人流量与车流量巨大，此处的自行车停车场堪称自行车停车设施建设的典范，该停车场位于广场地下，目的是为自行车使用者提供安全、便捷的停车服务，鼓励骑行，缓解此处的交通压力。停车场在规划设计细节上尽显便捷、高效的服务理念，停车通道与驶出车道分离，提高停车效率，不

同层次的停车位置由适当斜坡连接，通过墙壁上的颜色编码及电子信号标识，实现停车路线指引和停车位指引。此外，自行车修理店、租赁店，以及各层管理服务人员为停车场使用者提供更加人性化的服务。该停车场容量可达 12500 辆，既是一个改善人们骑行交通体验的基础设施，又凭借其独特的设计，成为城市中值得驻足欣赏的建筑风貌。

（2）停车设施改造、修复与新建并行

当前，城市道路通行空间及相关基础设施建设空间有限。在规划设计停车设施的过程中，应深入考察当地居民的交通习惯、地理特点、历史人文概况，根据实际情况采取有针对性的方案，合理区分改造、修复和新建的任务，提高城市空间的利用率，保障停车设施的使用效果。

葡萄牙的 Caldeiroa 汽车公园，被称为沉入城市肌理的空间设计，虽然该停车场服务于机动车，但其规划设计的理念对自行车停车设施的建设仍有较大的启发意义。

该停车场位于历史名城的老城区，立足城市可持续发展理念，该项目的建设既要确保其与周边历史建筑风格的一致性，又要保证停车场功能的健全。为此，设计师充分考察该项目的设计空间，根据空间特点，区分出改造计划与修复计划，例如改造升级既有的道路系统，在必要时新建人行通道确保公共道路的顺畅衔接，注意选择与周围传统工业建筑调性一致的建筑装饰材料等。该项目以别具一格的设计，使停车场与周边景观完美融合，为当地居民打造了一个本就属于此地的便捷停车空间，实现历史价值、创新理念、可持续发展理念的融合。

（3）停车设施建设与区域功能体系融合

灵活与便捷是自行车最明显的特点，尽管骑行对空间的要求低，但对道路环境及相关基础设施的依赖性极强，若道路设计忽视自行车停放因素，则自行车的灵活、便捷性难有用武之地，反而会成为引发道路交通事故的危险因素。因此，规划设计停车设施时应充分考虑其与周围道路及各个功能区的衔接。

海牙中央车站的地下自行车停车场是荷兰最大的自行车停车场之一，在当地政府与国家铁路运营商的共同努力下，该停车场为自行车出行者提供舒适、安全的停车服务及相关配套服务，促进自行车交通系统与火车交通系统的顺畅连接，使城市交通网络更加完善。此外，改善骑行体验感的关键之处在于，该停车场与周边各类功能区域融为一体，为自行车出行者提供通往住宅区、商业区的多方向出入口和骑行通道。

5.4 《关于鼓励和规范互联网租赁自行车发展的指导意见》

互联网租赁自行车是对城市公共交通系统的有效补充，是城市慢行系统建设的关键环节，由于缺乏制度规范，这一创新业态引发了一系列道路交通安全问题、用户资金及信息安全问题，互联网租赁自行车的健康持续发展也受到限制。

《关于鼓励和规范互联网租赁自行车发展的指导意见》（以下简称《指导意见》）的出台，

为互联网租赁自行的未来发展指明方向。

5.4.1　《指导意见》出台背景

随着互联网经济的发展，互联网租赁自行车成为人们短距离出行工具的“主力军”，共享单车也成为共享经济这一时尚概念最亲民的载体，尊重慢行、绿色、共享的观念深入人心。

2016 年，共享单车迎来历时数年的品牌混战时代。品牌间的恶性竞争一定程度上扰乱了共享单车健康发展的进程，车辆乱停乱放和报废车辆回收不及时造成城市空间浪费，车辆维护不及时影响骑行安全，车辆事故中企业责任不落实等问题日益凸显，与此同时，共享电单车也悄然登场，虽然提高了出行效率，但其出现的问题与共享单车相比也比较多。

2018 年 8 月 2 日，交通运输部、中央宣传部、中共中央网络安全和信息化委员会办公室、国家发展和改革委员会、工业和信息化部、公安部、住房和城乡建设部、中国人民银行、质量监督检验检疫总局、国家旅游局（现为文化和旅游部）10 部门联合出台《指导意见》，为共享单车的未来发展指明方向。

5.4.2　《指导意见》明确鼓励创新的原则

《指导意见》出台时，全国共享单车累积投放量已达 1600 万辆，累积服务超过 15 亿人次，与现有公共交通体系形成有效衔接，极大地方便了人们的日常生活，便捷、绿色、健康等特点突出，是城市慢行交通体系必不可少的组成部分。

《指导意见》充分肯定了互联网租赁自行车对城市慢行交通系统的有益补充作用，在此基础上，明确鼓励创新，规范发展的总体方向。

1. 正视发展中的问题，坚持包容的态度

《指导意见》在总体要求中指出，要“提升互联网租赁自行车服务水平，优化交通出行结构，构建绿色、低碳的出行体系”，要“坚持问题导向，实施包容审慎监管”。实现这一新业态的规范有序发展，各地政府应树立责任意识，明确自身在管理过程中责任主体的地位，从所在城市的特点出发，因地制宜地创新管理模式，另外，政府要在协调、开放发展理念的指引下，引导行业自律和公众参与，形成多方共创、共建、共治、共享的局面。

2. 强调新技术在车辆管理中的推广应用

《指导意见》强调，随着信息技术的发展，卫星定位、大数据等技术，在提高车辆管理效率、提升服务水平、优化用户体验方面的作用愈加显著。信息技术的应用应能为车辆停放等问题提出更加科学合理的解决方案。

5.4.3　科学合理的车辆投放机制

科学合理的车辆投放机制，不仅是互联网租赁自行车行业健康竞争发展的需要，也是全社会慢行系统成长的需要。

2019 年，全国 360 个城市“共享单车”的投入量已达到 1950 万辆，车辆投入后期的维护工作量巨大，多数企业难以应对，问题车辆维修不及时，严重影响用户使用单车的积极性，报废车辆回收不及时，“单车围城”“单车坟场”造成城市空间的浪费，影响市容和市貌，甚至妨碍交通秩序。

对此，各地政府应立足实际情况，着眼于区域范围慢行系统的建设情况，引导相关企业合理投放单车，企业也应认识到合理投放、提升服务质量、提高用户使用单车的积极性，有利于共享单车的健康持续发展。另外，“共享单车”不仅是一种单纯服务居民“最后一公里”的交通工具，企业更应重视其成为本地生活消费入口的发展潜力。

1. 明确各地政府的管理责任

《指导意见》指出“城市人民政府是互联网租赁自行车管理的责任主体”，各地政府应以积极的态度应对存在的问题，充分发挥创造性。

上海市杨浦区把握城市数字化转型的契机，积极探索单车智慧治理之路，利用大数据、蓝牙嗅探和视频摄像机等信息技术，建立单车分布“热力图”，总结人们用车的规律，实现精细治理和精准投放。2022 年 2 月 9 日的数据显示，交通最繁忙的春节期间，杨浦区受理与共享单车相关的投诉量同比下降近八成，同时本区域单车保有量为 39797 辆，与 2021 年 4 月智慧治理平台刚刚上线时相比，单车总量减少一半以上，大幅提升周转率与利用率，有效疏通了车满为患的主要路段和重要交通枢纽，电子围栏精确到米，有效督促市民遵守停车秩序，乱停乱放现象减少，数字治理成效显著。

2. 立足实际满足城市发展需求

共享单车的投放应与城市的地理环境、居民的交通习惯及停放设施资源分布状况相协调。

2022 年 2 月 9 日，河南省南阳市人民政府召开听证会，征询多方意见，充分讨论了共享单车的投放、运营、管理思路，最终确定城区共享单车的投放区域为城区高速公路环线以内建成区范围，并且根据城区不同道路特点和交通状况，区分中心区、核心区，严格控制区域投放总量，避免交通拥堵。

5.4.4 不鼓励发展共享电单车

近年来，在慢行交通备受青睐的社会氛围中，骑行需求刺激共享单车企业的创新，各品牌的共享电单车作为新型绿色共享出行交通工具，涌现于大街小巷，与普通的共享单车相比，虽然价格略高，但其速度快，骑行体验好，能够解决居民中长距离的出行问题，为居民出行提供了更加丰富的选择。然而，共享电单车的高速、高效也带来了更大的安全隐患。公安部数据统计，60% 以上的共享电单车事故是由骑行者超速、逆行等违反交通规则的单方行为引发的，20% 以上的共享电单车事故中车辆存在性能问题，因此，《指导意见》明确提出“不鼓励发展互联网租赁电动自行车”，同时也明确各地对待共享电单车应持审慎态度，要在深入调研，建立完善配套政策制度的基础上引进发展。

当然，结合城市特色，运用法律法规框架，适当发展共享电单车，与《指导意见》精神并不相悖。

贵阳市道路陡坡较多，共享电单车的电动助力功能可以有效解决居民的骑行难题。为促进共享电单车的规范化管理，2021 年贵阳市政府收回了城区的共享电单车，着手制定具体的管理制度。2022 年 1 月，贵阳市《互联网租赁电动自行车经营服务管理实施细则（试行）》正式实施，对企业方的权利和义务做出更加明晰的说明，提高了经营准入门槛，例如共享电单车需依规上牌，企业应建立专用仓库等，该细则为未来共享电单车在贵阳市的科学投放和运行奠定了制度基础。

5.5　《城市道路工程设计规范》

城市道路建设是城市治理的基础，其与道路交通管理、市容和市貌建设、公共设施建设息息相关。随着社会经济的发展，我国城市化水平飞速提升，城市道路工程的建设规模也随之增长，道路工程设计理念日益更新，道路技术应用不断创新。同时，人们对美好出行的期待，城市慢行系统建设的需要，也对城市道路建设提出更高的要求。《城市道路工程设计规范》（CJJ37-2012）（以下简称《规范》）应运而生。

《规范》作为行业通用标准，积极规范各级城市道路工程的设计，实现主要技术指标的统一，明确城市建设过程中以人为本、环保节约的设计原则，指导全国各级城市道路建设过程中应立足城市总体建设需要，以及城市交通总体规划，合理应用技术标准，力求实现社会效益、经济效益、环境效益的有机统一。

5.5.1　城市道路设计理念的蜕变

随着城市化的不断深入，人们对交通条件的要求日益提升，交通需求内容也发生变化，我国城市道路建设在探索中积极发展、完善，在创新中寻找可持续发展的方向，以此满足居民对美好生活的期待。同时，我国城市道路设计理念也经历了不断深化的过程，最为人称道的是从以车为本向以人为本的理念蜕变。

改革开放以来，我国汽车工业有了长足发展。面对飞速增长的交通需求压力，此时城市道路建设以机动车交通需求为核心，通过拓宽道路，改建、扩建满足交通需求。交通需求的增长，带动了城市道路建设工程的增加，城市道路建设也成为刺激交通需求增长的重要因素。

21 世纪初期，全国各级城市通过合理规划道路网络系统，适应道路交通飞速发展的步伐，加强城市干线道路网建设，通过立体交叉设计缓解个别路段的交通压力，强化交通枢纽基

本设施的建设，增强了服务效果。在此阶段，经济发展求快，速度是人们关注的焦点，体现在道路规划设计中就是“以机动车为本”占据主导地位。不久后，为改善机动车的通行条件，减少机动车与行人、非机动车的路权矛盾，在城市道路建设过程中充分发掘已有道路空间的潜力，全国各级城市大力修建人行天桥，完善快速干道与普通道路的衔接。

近年来，大气污染、交通拥堵问题日益严峻，唤醒人们对城市可持续发展道路的反思，随着绿色出行、健康出行观念深入人心，城市慢行交通系统建设备受关注，骑行等慢行交通方式慢慢复苏，“以人为本”“路权均衡”“尊重慢行”等理念在道路设计过程中开始占据主导地位。实现城市道路的生态环保功能、景观塑造功能，逐渐成为道路工程建设中的重要目标。

未来，信息技术、控制技术等高新技术的创新应用，将成为促进传统道路交通系统现代化改造的重要因素。

5.5.2 城市道路设计发展趋势

理念的蜕变更新带来技术的创新应用。当前，城市道路设计展现新的发展趋势。

1. 层次化与综合性

城市交通体系建设更注重层次化与综合性。设计者立足城市规划，利用科学的交通安全设计方法、控制管理技术、信息智能技术，构建与之相协调的城市道路网、轨道交通网、公共交通系统。在此基础上，更合理地规划交通枢纽布局，注重人性化设计，实现内外交通的有效衔接，设计高效便捷的换乘系统。

2. 设计集约化

在当前城市空间总量一定的前提下，设计者遵循《规范》，可以通过加强对地下空间的综合开发等方式，加强对当前交通空间的高效利用。

3. 绿色低碳、以人为本

在《规范》的指导下，设计者更注重绿色环保理念的渗透。例如，在骑行设施规划建设中，雨水渗蓄利用、透水性铺面等节水节能的环保技术得到广泛应用。全国多数城市则立足自身环境特色，加强城市慢行交通系统建设。

随着互联网租赁自行车的兴起及其相关规范的日益完善，自行车交通成为出行时尚，合理路权分配的呼声日益高涨，政府需要严格遵循《规范》标准，开展相关交通设施的规划建设。

5.5.3 《规范》坚持绿色优先、以人为本的设计理念

如今，发展公共交通系统是构建城市慢行交通系统更加坚实的支柱与核心，是城市交通实现整体升级突围的重要途径。

鉴于设置公交专用道是保障公交专属路权，实现公交优先的具体措施。为此，《规范》强调在城市道路规划设计过程中，要重视公共交通通道和场站设计，构建以公共交通为主的城市交通结构，是实现发展城市公共交通的战略目标的关键步骤。同样，自行车交通作为公共交通的有益补充，近年来备受追捧，《规范》明确了自行车道服务水平采用的骑行速度、占用道路面积、交通负荷与车辆状况等指标。

2021 年 6 月，北京市二环路全线慢行系统优化改造工程完工，针对相关路段通行能力弱、通行效率低、骑行体验感差等问题进行整治，通过优化路口信号灯配时，拓宽非机动车道宽度，增加骑行空间，局部路段道路改造重塑，配备警示设施进行安全提示等措施，全面提升二环路非机动车道的服务水平。

2022 年 1 月 31 日，东莞市中心城区的公交专用道正式启用，以此鼓励市民选择绿色出行方式，并明确规定在公交专用道的专用时间段内，只允许公交车、10 座以上客车及特种车辆驶入，同时，为方便社会车辆借道出入，在公交专用道沿线道路出入口及交叉路口设置借道区域，相关车辆可借道通行，但不得长时间占用道路。为确保公交专用道顺利投入使用，东莞市相关部门设置 2 个月的执法警告劝导期，劝导期内对违规占用专用道的车辆以警告教育为主，有助于市民对新规范的接纳与执行。

上述案例说明，《规范》对公共交通提出的标准要求，同样也会影响整个城市骑行系统的运转水平。

5.5.4 环境保护和景观塑造

重视道路生态环保功能、景观塑造功能，是道路工程设计理念深化的重要标志，道路绿化是市容市貌建设的重要内容，也是城市慢行系统发展与完善的内在要求，能为骑行交通创造良好的道路环境，提高骑行道路的服务水平。《规范》中多次指出道路设计应考虑环境景观因素，例如，平面和纵断面设计、交叉路口设计、管线及排水设计应考虑环境景观因素。

5.5.5 交通安全和管理设施的设计标准

《规范》在道路分级的基本规定中指出，快速路应配备保障交通安全的管理设施。在改建道路的过程中，为保障交通安全，应采用工程措施与道路交通管理相结合的方法布设横断面，交叉路口设计也应坚持“安全第一”的原则。

例如，2021 年下半年，江苏省太仓市交通运输部门为保障行人及非机动车的安全，在 G204 城区段增设隔离护栏，避免机动车违规占道，有效保障道路秩序。

2021 年暑假期间，天津市高速公路沿线及周边道路车流量增加。为避免行人、非机动车上高速引发交通事故，天津市交通管理部门加强安全巡查，完善交通安全管理设施，在居民区集中的高速路段的收费站，安装“禁止行人和非机动车跨越”的交通指示标志，提醒行人及非机动车驾驶员注意擅自进入高速公路的危险。

上述案例充分体现了《规范》强化交通安全和管理设施相关设计标准的重要意义

和价值。

5.6 《城市道路空间规划设计规范》

城市道路网是城市总布局的基础，关系到城市交通的通行效率及各项基础设施的运转效率，是城市慢行系统建设的基础性问题。20 世纪 90 年代以来，“以机动车为本”的城市道路规划设计原则带来诸多城市道路问题，例如行人及非机动车的空间被挤占、道路环境恶劣、道路生态功能退化等。

《城市道路空间规划设计规范》（以下简称《设计规范》）是国内首部全面规范城市道路空间各专业规划设计的综合性地方标准。《设计规范》立足北京市道路交通管理的具体实践，坚持城市可持续发展理念，目的在于协调交通、公共服务、生态功能、抗灾害能力等多种功能的关系，实现道路空间的高效利用，提高道路空间的综合承载能力。

5.6.1 明确道路空间规划总目标

城市道路空间是市民公共活动的主要空间，除了基本的交通通行功能，还承载着生态景观、抗灾减灾等功能，是城市市容市貌建设的重要组成部分，是体现城市文明程度及治理水平的重要标志。

《设计规范》重申，道路空间规划应以保障道路安全、路权公平，实现城市道路空间高效利用，提升生态景观功能，以及包容弱势群体为总目标。

5.6.2 保障自行车交通的路权

保障自行车交通的路权，就要回归以人为本的设计原则。《设计规范》要求，在规划设计时，要充分考察市民的骑行习惯，注意非机动车道与城市公共服务设施之间的有效连接，充分发挥自行车交通灵活便捷的优势，保障市民选择自行车出行的权利。

1. 城市道路两侧必须设置非机动车道

《设计规范》强调各级城市道路两侧应设置非机动车道，且机动车道不得中断。非机动车行驶空间不足，往往会造成自行车被迫转入机动车道，借道行驶。部分自行车出行者违反交通规则，极易造成交通秩序混乱，增加道路通行压力，降低通行效率，甚至造成严重的交通事故，另外，不设置非机动车道，客观上也剥夺了市民在某些路段骑车的权利，切断市民与部分商业区等功能区域的便捷联系，带来日常生活上的诸多不便。

2021 年 12 月底，北京市马家堡西路南延道路慢行系统改造工程完工。该工程按《设计规范》要求，重点增加非机动车道，成功打通慢行交通系统断点。该交通线路上跨南五环，道路周围有居民区、产业园、商户，涉及人数较多，骑行空间需求量大，此前，由于缺乏非机动车道，居民骑行仅有两种选择，一为绕行 3km 跨越五环路，二为在跨线桥机动车道上借道行驶，均存在巨大的安全风险。在本次改造工程中，相关部门以道路交通量为基础，通过压缩机动车道的方式，将跨线桥最外侧车道改为非机动车道，为附近居民提供了便利的出行条件和安全的道路环境，改造前附近居民绕行需要花费 10 分钟，现在仅需要 2 分钟。

2. 非机动车道不得与人行道共板设置

"人非共板"方式发源于日本，在"以车为本"的时代，为确保机动车的顺畅通行，自行车与行人的道路空间被压缩，为节约道路空间，自行车在人行道上行驶。对此，《设计规范》明确指出禁止"人非共板"，其主要依据和内容如下。

（1）"人非共板"方式违反相关法律规定

《中华人民共和国道路交通安全法》规定非机动车、行人应分道通行，北京市在实施《中华人民共和国道路交通安全法》后，同样规定自行车、电动自行车、三轮车不得在人行道和人行横道上行驶。

（2）"人非共板"方式更容易引发交通事故

根据城市交通工程学的基本要求，速度不同的交通方式不得并道行驶。虽然自行车 / 电动自行车行驶速度较慢，但也是行人速度的数倍。据统计，电动自行车引起的交通事故占事故总量的 20% ～ 50%。

随着电动自行车的增多，"人非共板"方式下行人面临更大的安全威胁。在行人与非机动车共行的情况下，非机动车行驶经常受到行人的干扰，特别是在交叉路口，混乱的秩序使机动车难以直行，必须绕行方可通过，极大降低了道路的通行效率。

（3）非机动车道宽度的规划

合理规划非机动车道的宽度，既能确保自行车顺畅通行，又能减少机动车违规占用情况。

非机动车道并非越宽越有利于非机动车行驶。确定非机动车道的宽度，要充分考虑相关路段的非机动车流量及机动车行车、停车的干扰因素，同时也应综合考虑道路自身的宽度条件。《设计规范》明确规定，对于城市道路两侧的非机动车道宽度，快速路辅路、主干路应为 3.5m，特殊情况应保障 3m；支路应为 2.5m。

在《设计规范》的指导下，近年来北京市拓宽非机动车道的工程陆续完工。2021 年，北京市开展非机动车道整治工作，重点整治对象为路幅宽度 12m 以上的道路，该类道路中非机动车道宽度不合格的，需要进行综合整治，以保障非机动车道通行宽度达到 2.5m 以上。2021 年，北京市共完成 97 个路段的整治工作，路段总长度约为 32km。2021 年年底，京藏高速北京段辅路慢行廊道综合治理提升工程完工，此次工程中，坚持"慢行优先"原则，通过缩减机动车行驶空间等方式，累计拓宽非机动车道宽度 14.1km，重点对德胜门至西三旗桥南的城市道路，以及西三旗桥以北至西关环岛的普通公路段进行整治，加宽相应路段非机动车道的宽度，截至工程完工，全线基本实现非机动车道不低于 2.5m。

5.6.3 《设计规范》重视道路生态景观建设

近年来，随着以人为本、尊重慢行，以及城市可持续发展等理念占据主导地位，道路的生态景观功能受到重视。骑行交通对周围环境的依赖性较强，除了平坦、宽阔的骑行道路，适宜的气候、良好的空气质量、怡人的风景对骑行者的骑行体验，均有较大影响。因此，《设计规范》明确规定应加强大乔木的种植力度，并强调道路绿化景观塑造功能与生态功能的结合。

2017 年以来，北京市东城区累计完成 165.4km 慢行系统整治工作，骑行空间大幅提升，骑行空间的景观设计为市民提供赏心悦目的骑行环境，激发市民绿色出行的热情。例如，东四南北大街绿化覆盖面积达到 18400m^2，绿化覆盖率上升至 49.8%，即使在天气渐冷的初冬，宽阔的道路与绿树、蓝天相映成趣，色彩鲜艳的菊花点缀其中，市民在骑行过程中，享受着道路畅通和绿化景观带来的愉悦。

北京市朝阳区北部绿道工程是道路设计与城市景观资源充分结合的典范。该项工程将奥林匹克森林公园、黄草湾郊野公园、北湖林地等多个公园和防护绿地连通起来，绿道沿线 62 个社区居民均可畅享绿色生机。

朝阳区拥有较为丰富的绿地资源，现有及规划公园近 2000 余个，同时拥有坝河、凉水河等多条河流，绿道项目的建设激活了以上资源，在绿道的连通作用下，各类绿地实现充分融合，扩大其服务范围，助力北京市东北部城区慢行系统的完善，在盘活已有绿地资源的基础上，绿道项目坚持以人为本的理念，充分考虑市民步行、骑行、慢跑的拉伸、运动前准备活动的需求，沿线规划 20 余个运动场地，场地内配备相应的健身器材。

另外，绿地项目不仅实现了区域范围内绿色资源的串联，也注重对沿途社区、商区、公共服务资源、交通枢纽等设施的充分串联，提升市民绿色出行的体验感。

道路绿化的作用主要如下。

第一，道路绿化可改善空气质量。大气污染对行人及骑行者的身体健康危害较大，大乔木净化空气能力强，能够有效吸收大气中的有害物质。

第二，道路绿化可提供树荫。大乔木树冠巨大，能够为骑行者提供树荫，尤其在夏季可有效降低地面温度，改善骑行环境。

第三，道路绿化可提供审美。道路绿化可为骑行者提供视觉审美体验，有利于其身心愉悦，提升骑行的体验。

5.7 《成都市关于鼓励共享单车发展的试行意见》

《成都市关于鼓励共享单车发展的试行意见》（以下简称《试行意见》）以鼓励、支持为基本原则，通过完善法规的方式来明确政府、企业、市民的责任与义务，引导企业主动完善线上线下服务能力，有效维护市民的各项权益，为城市慢行体系发展创造更为有序的环境，体现了成都市维护骑行市场秩序、加强骑行市场监管的决心。

5.7.1　《试行意见》的出台背景

成都市地形一马平川，是骑行者的理想之地。温润怡人的亚热带季风气候，酝酿出诗意美景，惊艳游人的骑行线路是成都市的一大旅游亮点。2016 年 11 月，共享单车首次在成都市投放，当地有利的地形与气候有效地助力这一新业态的发展，共享单车为市民短距离出行提供了便捷服务，与城市公共交通系统形成有效衔接，有效促进绿色出行、低碳环保社会风尚的形成，有利于城市的可持续发展。截至 2017 年 10 月底，共有 8 个共享单车品牌入驻成都市，单车投放总量约为 130 万辆，日均骑行距离约为 6200000km。

作为“互联网 +”的创新骑行业态，共享单车在探索发展的过程中，因缺乏相应的制度规范指引，加之资本的逐利混战，导致其弊端日益凸显，车辆乱停乱放、骑行空间不足等问题一直是市民的热议话题，盗窃、恶意破坏单车的违法行为引发全社会的关注和反思。为保障共享单车的健康持续发展，为市民提供更加完善的服务，经过面向全社会征求意见，2017 年 3 月 3 日，成都市交通运输委员会牵头起草的《试行意见》正式发布实施。

5.7.2　总体思路

在《试行意见》中，成都市政府充分肯定了共享单车作为共享经济新业态的创新意义及其对城市慢行体系的有益补充作用。尽管共享单车存在行车安全隐患、维护服务不完善、乱停乱放等问题，但《试行意见》仍认为瑕不掩瑜，其对城市可持续发展的意义不容小觑。

《试行意见》强调企业的市场主体地位和政府的责任主体地位，并要求各级政府从规范与服务的角度出发，解决诸多监管难题。

例如，《试行意见》在关于共享单车停放问题的管理规定中，践行属地管理的基本原则，明确城市管理行政主管部门负责共享单车停放秩序和环境卫生的监督管理，明确区（县）政府负责属地范围停车设施的维护和停车秩序的管理，为共享单车的发展提供良好的停车设施服务。另外，成都市还结合《试行意见》，创新“3+7+N”制度，即由交通运输、公安交管和城管 3 个部门，成都市所辖 7 个区（市）县，以及相关的共享单车企业，以定期或不定期会议的形式，就产生的问题进行沟通协商，该制度能够有效解决许多部门协商的难题。

5.7.3　加强停车秩序的管理

《试行意见》指出，共享单车的停放秩序需要政府、企业、用户三方共同维护，政府应树立服务意识，明确自身监管责任。

在《成都市中心城区公共区域非机动车停车区位技术导则》的指导下，成都市各级政府明确划定共享单车的停车区域，并负责该区域车辆停放秩序的监管工作。同时，企业践行管理职责，通过组建专业运行维护队伍的方式，做好车辆停放秩序的日常管理与维护，为用户制定停放守则，并通过建立奖惩制度及个人信用评价体系监督用户的用车行为，利用大数据、蓝牙嗅探、视频摄像机、电子围栏等技术创新手段加强对用户的监督力度。骑行者应自觉遵守相应的规章制度，做到规范停车，为骑行营造良好环境。

2021 年 12 月 15 日，2022 成都“共享单车——文明骑行规范停放”主题月活动正式启动，该活动由成都市城市管理委员会主办，发布倡导规范停放的倡议书，以此提高市民规范停放意识，建设健康骑行环境，另外，在主题月活动中，通过向市民赠送骑行卡的方式，在线下宣传倡导活动中与市民互动，激励市民规范停放。

为提高单车活跃度，减少因调度不及时造成的单车拥堵，及时整顿车辆乱停乱放现象，成都市利用信息技术，创新监管方式，在监测仪、电子围栏和大数据分析技术的基础上，构建互联网租赁自行车管理平台，实现智能监管，对各个区域的共享单车停放情况进行监控，通过控制区域单车总量，及时清运拥堵车辆，实现区域间的智能调度，达到各停车点位间的平衡。

5.7.4 规范共享单车企业的经营管理

《试行意见》对企业的服务能力、车辆性能与设计、用户信息及财产安全等方面做出规范。

1. 服务能力

《试行意见》强调共享单车企业应具备线上线下服务能力。共享单车的线上服务包括为用户提供便捷的注册、租赁、支付结算等服务，《试行意见》重点提出企业应建立用户投诉机制，构建便捷的投诉受理平台，线下服务主要包括线下各停车点的调度、清理工作及车辆维修、维护工作。

2021 年以来，成都市牛市口街道相关管理部门对共享单车企业线下运维能力进行了重点监督检查，督促企业运维人员加大对地铁口、重点街道停车点的管理力度，及时清理报废车辆，减少乱停乱放，及时转运超量停放的车辆，对屡次整改不到位的企业进行立案查处，通过对违规企业的行政处罚，有效规范了线下服务不积极、不到位、不合规的行为，客观上有助于企业提升自身运维能力。

2. 明确要求

《试行意见》明确车辆应确保无质量问题且设计美观，技术性能符合国家标准和行业标准是共享单车投入使用的基本要求，同时，要求车辆具备定位和精确查找功能，并鼓励装载卫星定位、智能通信控制模块智能锁车辆的投放使用。

2021 年 11 月 24 日，成都市新都区投放一批“智能中控 + 分体锁”型的共享单车，此类单车应用了北斗高精度定位芯片，可精确至厘米级，通过构建虚拟电子围栏，确保精准“入栏结算”，能够有效规范骑行者的停放行为，后期将陆续完成对全区范围内老式共享单车的回收工作，新都区将有 53000 辆新型单车投入使用。

3. 规定义务

规定企业应保护用户信息与财产安全。《试行意见》明确规定共享单车运营企业应注重保护用户隐私，不得擅自公开、泄露用户个人信息，同时强调支付结算服务应确保安全、保密。

2022 年 1 月 11 日，美团公布指纹解锁共享单车专利引发全网热议，该专利设计的初衷是提高用户用车过程中的解锁效率，但指纹作为用户重要的生物信息特征，在企业不具备完善的信息管理机制及良好信誉的前提下，该技术的应用存在巨大风险。企业通过技术创新提高服务质量固然重要，但在互联网时代，新技术投入使用之前应做好对用户个人信息的保护。

案例：北京市地方标准把更多路权给自行车、行人和公共交通

2021 年 5 月，《2021 年北京市城市慢行系统品质提升行动工作方案》（以下简称《方案》）正式实施，目的是优化慢行系统品质，保障慢行系统的畅通性。

《方案》强调合理优化道路空间，既要加强现有步道、非机动车道的优化升级，也要通过缩减机动车道宽度的方式，合理拓宽相关非机动车道及人行道路的宽度，另外，还应加强道路停车秩序管理，杜绝机动车违规占道行为。

《方案》指出应重点整治路幅宽度 12m 以上的道路，该类道路非机动车道不足 2.5m 的，需根据实际情况，通过压缩机动车道宽度等方式进行拓宽。

《方案》鼓励机动车在环岛、机动车与非机动车混行区域、慢行街区礼让行人和骑行者，在缺少公共交通设施的路段也应自觉礼让公交车。

⇨本章总结

面对日益严重的交通拥堵问题，国内众多城市纷纷开始调整交通结构。随着人们对绿色低碳、城市可持续发展理念的深入理解，骑行交通与慢行交通逐渐复兴。

在“互联网 +”背景下，共享单车为骑行系统的发展带来前所未有的机遇与挑战，人们认识到骑行交通与慢行交通对于城市交通的有效补充作用，但也开始反思“车本位”理念造成的弊端。北京、上海、深圳、成都等城市率先在实践中探索优化道路空间分配，保障非机动车路权的途径与方法，并在总结实践经验的基础上，完善法律法规。

本章重点从法律制度层面，梳理慢行交通发展过程中的立法保障与政策基础，反思当前法律保障制度存在的问题。通过本章，读者应认识到从理念转变到措施落实不是一蹴而就的，完善立法更是任重而道远，必须从立足实践切实保障慢行交通路权开始。

第6章 骑行系统与慢行系统的管理措施及环境治理

【本章内容概要】

本章主要介绍了我国骑行系统与慢行系统的现行管理措施，将其与其他国家的管理措施加以对比，明确其中的成功经验和不足之处。

通过本章，读者能进一步理解慢行系统与骑行系统管理措施的重要意义和改进方向，只有提高骑行系统与慢行系统管理措施的效率，才能达成环境治理的目标。

【本章学习重点与难点】

学习重点：全面认识我国骑行系统与慢行系统的管理现状，并能将其与其他国家的管理措施进行对比。

学习难点：深入认识骑行系统与慢行系统管理过程中产生的重难点问题，理解这些问题如何影响骑行系统与慢行系统的生存和发展环境，清楚骑行系统与慢行系统对交通科技的深入融合应用。

【案例导入】

2021年11月23日，“浙里办”App首页上发起了“单车随手扶”活动。该活动由温州市综合行政执法局主办，用以邀请当地热心市民，共同参与共享单车的有序治理。

在温州市，市民将倒地的单车扶起，或者规范停放到道路上画好的白色停车范围，随后，他们可以打开手机里的“浙里办”App，点击其中“单车亲清服务”微应用里的“我要扶单车”，上传扶车前后的对比照片。负责后台管理的共享单车企业，对这些信息加以审核，审核通过后，市民即可获得对应企业发放的奖励积分，用来兑换骑行券或者骑行周卡。其中，扶车一次并审核通过的，能获得10积分的奖励。市民可以在“我的积分”看到自己的奖励积分，且积分不会失效。

该活动上线一个月后，很快产生了2981条“随手扶”信息，通过“浙里办”App上报了平台，

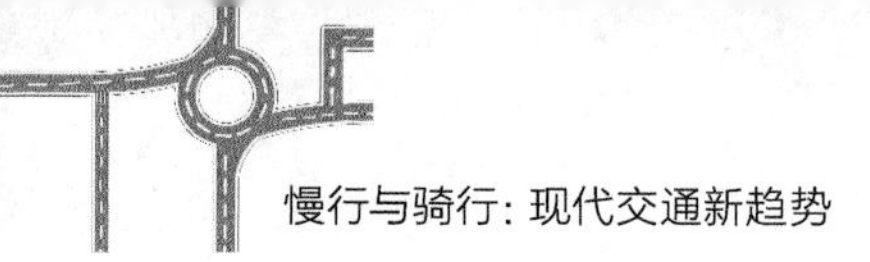

其中最积极的用户一个月主动扶起了155辆自行车。

温州市综合行政执法局推行该活动，其主要目的不仅在于宣传引导正确的骑行交通意识，更是对新型骑行治理方式的探索。我国骑行系统的管理措施的历史和现状如何，又是在怎样的借鉴对象和环境影响下，涌现出类似的新管理措施？这是本章要探讨的问题。

6.1 骑行系统的管理措施

从传统的“自行车王国”，到机动车大发展导致骑行的式微，再到骑行系统不知不觉回归，骑行系统的管理措施问题贯穿于我国交通系统建设发展的进程中。从过去到现在，对骑行系统管理措施的研究、尝试和改善也从未停止过。

6.1.1 管理措施的历史

从交通管理措施的历史沿革来看，骑行系统的管理自改革开放以来，大致经历了4个主要阶段。

第一阶段，弱化管理阶段。

随着《中华人民共和国城市规划法（草案）》推出，我国各地针对骑行系统的建设、管理做了专项研究。在此之前，市民以步行和骑行出行为主，而在此之后到20世纪90年代初，私家车数量增加，市民出行范围也不断扩大，城市交通管理的关注点集中在机动车交通的管理上。由此，压缩了骑行交通的生存和发展空间，并导致管理中强调机动车交通，忽视了骑行系统的重要性。

第二阶段，梳理管理阶段。

2007年10月28日，《中华人民共和国城乡规划法》在第十届全国人民代表大会常务委员会第三十次会议上通过，各地陆续开展骑行系统的规划管理，以此为标志，我国对骑行系统的管理布局进入梳理阶段。此时，上海、杭州等地开展了积极尝试。上海市中心城区的自行车交通规划中，率先提出了“慢行岛”和“慢行核”的概念，骑行管理规划也以“岛内畅达”“岛间连通”为原则进行管理。杭州市对骑行网络进行梳理，规划设置了能衔接公共交通的非机动车停车场，并促进了公共自行车、绿道等交通分支系统的诞生。

第三阶段，重视管理阶段。

2012年9月，住房和城乡建设部、国家发展改革委、财政部等联合发文，颁布了《关于加强城市步行和自行车交通系统建设的指导意见》（以下简称《意见》），对我国骑行交通系统建设管理提出了明确的发展目标。《意见》要求各地市级政府应“合理规划步行、自行车道及停车设施，并提出近期建设方案”。2013年，《国务院关于加强城市基础设施建设的意见》也提出要加强城市自行车交通系统建设。由此开始，骑行系统成为交通管理中的重要内容。

第四阶段，新型发展阶段。

随着经济水平的提高，市民交通需求呈现多样化特征。市民的交通需求不仅是指日常出行，还兼顾旅游、健身、社交、娱乐等需求。在这种背景下，城市交通资源分配不平衡的后果逐渐暴露出来。以往的城市交通规划，压缩了慢行交通的发展，导致慢行交通低排放、低污染、高效率的特点无法发挥，也限制了骑行出行的需求。进入新的阶段，许多城市提倡“公共交通＋慢行交通”的新型发展模式，该发展模式可以使城市公共资源的利用更加高效。

目前，骑行交通分担城市机动车压力的效果非常显著，公共交通与骑行交通之间的无缝衔接不仅可以带动城市慢行系统的发展，还有利于提高城市整体运行效率，为城市交通的发展带来新的活力。

6.1.2　管理措施的原则

从我国城市交通发展战略整体来看，未来一段时间内交通系统运转改善的重点在于调整结构。尤其在一二线城市，发展重点为在引导私家车合理使用的基础上，鼓励公共交通和骑行交通发展。对于三线及以下城市，同样应避免盲目效仿大城市的机动车交通，根据城市规模特点、市民出行特征，发展骑行交通，形成科学的出行结构。

因此，骑行系统管理措施的根本任务是满足市民骑行交通的需求，能确保人们安全、迅速并尽量舒适地通过骑行来到达目的地。

骑行系统应体现以下 3 个方面的功能：首先，能确保骑行人群出行耗时尽量短；其次，能确保骑行交通资源尽量配置公正，确保每个骑行参与者享有合法路权；最后，降低用于交通的能源，减少城市交通对环境资源的消耗。

围绕上述目标，骑行系统管理措施的制定应避免一段时间中以扩充机动车道为主的盲目性，如果能在制定措施时统一原则，形成共同标准，管理措施就会更加高效。

下面以北京市对骑行交通的管理措施为例加以分析。

2005 年，国务院批复的《北京城市总体规划（2004—2020 年）》在我国首次明确了骑行系统在城市交通体系中的地位，表明了骑行系统发展的政策和对骑行系统的提倡。其中包括：

① 自行车道与土地使用规划应紧密结合，应与商业、服务业等城市公共服务设施直接连接，方便出行者的生活；

② 应保证自行车道的合理宽度，保持路面平整；

③ 机动车道和自行车道之间应实行物理隔离，消除相互干扰，确保骑行者的安全；

④ 采取有效措施，消除在公交车进站、停站时对骑行者的妨碍和威胁；

⑤ 居住区、公共设施应为自行车等骑行方式提供足够的停车空间和服务设施；

⑥ 改变机动车停车对骑行道路资源占用的状况，保证道路资源分配的公平合理性；

⑦ 根据自行车旅游、休闲、建设的需求，在城郊、公园等处，铺设旅游自行车专用道；

⑧ 对原有自行车停车收费制度加以改革，提高骑行交通的吸引力。

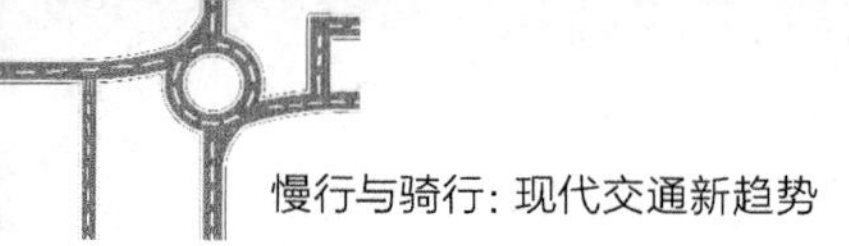

上述措施体现了以下 7 个管理原则。

1. 安全原则

骑行者与机动车驾驶者相比，属于交通弱势群体，其交通安全需要得到应有的保障。城市规划设计部门和交通管理部门，应提供安全设施和管理措施，确保每位骑行者只要遵守交通法规，就能安全出行。为此，在规划、建设、管理等不同环节上，政府不同部门需要承担更多的责任，通过采取必要的措施来降低交通安全的风险性。

2. 公正原则

骑行人群占据了我国城市非机动出行人口的主体部分，管理方需要为他们合理划分交通空间，营造良好秩序，体现对骑行交通的公正态度。

公正，是指城市交通管理措施不能单独向某一方倾斜，而忽视其他交通参与者的利益。有序，是指无论哪种管理措施，首先都应推动交通秩序的良性发展，其次才是保证交通效率。为实现公正有序，除了要求出行者遵守法律法规，还需要管理者能对执法手段和过程不断完善，使之更符合实际需要，避免存在含糊不清的内容导致普通出行者的无所适从。

例如，一段时间以来，部分城市交通规划和管理过于体现机动车交通参与者的利益，将非机动车道、人行道旁大量划为机动车停车位，这在某种程度上违背了公正原则。一些骑行者随意变道、故意违章的原因背后，也存在对这种不公正行为引发的不满情绪和心理冲突。

在骑行系统的管控措施中，必须融入足够的公正与有序理念，才会使骑行人群遵守交通法规、提高维护交通秩序的自觉性。

3. 高效和舒适原则

管理部门应确保通过一定的交通服务内容，使骑行参与者获得更高效和舒适的出行体验。对于骑行交通的效率而言，主要存在行车和停车两个方面。行车方面，管理部门应尽量使自行车道宽度适当、路面平整，没有非自然形成的起伏和坡道。停车方面，采用科学有效的管控措施使骑行者就近停车，拥有合法的停车空间并保证免费、安全。

4. 促进公交原则

骑行系统的改善，应对当地公交的发展起到促进作用。例如，缩短公交换乘距离并优化公交站点附近的骑行环境，在公交与骑行系统之间建立有序、顺畅的衔接，这能让骑行和公交出行者都从中受益。

5. 优化环境原则

骑行系统所处的交通空间，是城市交通整体空间的重要部分。改善骑行环境，也能同时改善城市道路景观。改善生态环境建设，能让城市景观更加美好。

6. 整体性原则

骑行系统的决策与管理应被视为整体系统，以全面完善骑行系统为目标，协调道路资源、骑行设备等关键元素与城市交通规划之间的关系，使骑行系统具有整体性。因此，城市在进行交通规划或管理时，要充分考虑骑行系统对整个城市交通系统的影响，权衡利弊，做出能满足大众慢行交通出行需求的决策。

7. 可持续发展原则

骑行系统的发展既要克服路权归属不明确的问题，使相应的慢行交通资源完全归属于市民，还要避免对城市生态环境产生不可逆的伤害，强化生态保护意识。

骑行系统的建设要充分考虑人与城市之间的和谐，实现城市交通环境、生态环境的可持续发展。

6.1.3 管理措施的执行现状

我国各大中心城市的慢行系统在客观环境变化的影响下，呈现复兴态势，对应的管理措施也相继出现。

1. 出台政策

为解决慢行系统现有问题，并为管理措施提供合法依据，我国先后出台多项与骑行系统相关的主要政策，分别从能源环境、绿色交通、新型城镇化方面要求建设高品质的骑行系统。

近年来慢行系统管理政策见表 6-1。

表6-1　近年来慢行系统管理政策

序号	政策文件名	相关内容
1	《中华人民共和国节约能源法》	第四十三条规定，县级以上地方各级人民政府应当鼓励使用非机动交通工具出行
2	《中华人民共和国大气污染防治法》	第五十条规定，城市人民政府应当加强并改善城市交通管理，优化道路设置，保障人行道和非机动车道的连续、畅通
3	《国务院关于印发大气污染防治行动计划的通知》	加强步行、自行车交通系统建设
4	《国务院关于印发“十三五”控制温室气体排放工作方案的通知》	倡导“135”绿色低碳出行方式（即1km以内步行，3km以内骑自行车，5km左右乘坐公共交通工具）
5	《国家新型城镇化规划（2014—2020年）》	改善步行、自行车出行条件，倡导绿色出行
6	《国务院关于深入推进新型城镇化建设的若干意见》	大城市应统筹公共汽车、轻轨、地铁等协同发展，推进城市轨道交通系统和自行车等慢行交通系统建设

续表

序号	政策文件名	相关内容
7	《中共中央 国务院关于进一步加强城市规划建设管理工作的若干意见》	加强自行车道和步行道系统建设，倡导绿色出行
8	《城市居住区规划设计标准（GB 50180-2018）》	居住区内的步行系统应连续、安全、符合无障碍要求，并应便捷连接公共交通站点；在适宜自行车骑行的地区，应构建连续的非机动车道
9	《交通强国建设纲要》	完善城市步行和非机动车交通系统，提升步行、自行车等出行品质，完善无障碍设施
10	《国务院关于加强城市基础设施建设的意见》	城市交通要树立行人优先的理念，改善居民出行环境，保障出行安全，倡导绿色出行
11	《城市综合交通体系规划标准》	在适合自行车骑行的城市和地区，除了城市快速路主路、步行专用路等不具备设置非机动车道条件，城市快速路辅路及其他各级城市道路均应设置连续的非机动车道
12	《交通运输部关于全面深入推进绿色交通发展的意见》	全面开展绿色出行行动。积极鼓励公众使用绿色出行方式，进一步加强自行车专用道和行人步道等城市慢行系统建设，改善自行车、步行出行条件
13	《住房城乡建设部 发展改革委 财政部关于加强城市步行和自行车交通系统建设的指导意见》	自行车是解决中短距离出行和接驳换乘的理想交通方式，是城市综合交通不可缺少的重要组成部分
14	《住房和城乡建设部关于开展人行道净化和自行车专用道建设工作的意见》	完善城市步行和非机动车交通系统，改善城市绿色出行环境

2. 代表性措施

为落实上述政策，实现慢行系统发展的远景与目标，在借鉴国内外先进城市经验并结合各地实际的基础上，我国不同城市推出代表性的骑行系统管理措施，主要包括以下内容。

（1）政策保障措施

出台完整的骑行交通管理法规、制订完善的自行车交通规划和计划。强化骑行安全教育和保险保障，加强执法，打造安全舒适的骑行环境。

（2）路权措施

以深圳市为代表的一线城市，致力于给予骑行和其他交通方式平等的路权保障，因地制宜地恢复骑行路权，逐步形成由“主廊道、连通道、休闲道”组成的骑行网络体系。

（3）基础设施建设措施

在骑行方面，主要包括提升自行车道的道路占比、设置骑行路权标识、设置骑行道的物理隔离设施、增加无障碍设施设置完善的道路节点（例如交叉路口、出入口、天桥）等，以及在轨道站点出入口及公交站 50m 范围内设置自行车停放点，在轨道站 1km 范围内设置骑行路权保障良好的道路等。此外，一些城市还致力于提升林荫自行车道长度占自行车道总长度的比例、平整骑行不颠簸的自行车道长度占自行车道总长度的比例。

在停放方面，主要举措包括增加自行车、电动自行车停放设施供给，构建由配建停车场、立体公共停车场、路侧停放点组成的骑行停放设施体系，满足骑行者停车入位的需求。

3. 存在的问题

我国的骑行系统发展相对较晚，近年来的改造升级使我国的骑行环境得到了显著的改善，但在城市交通管理与规划的过程中，仍存在以下问题。

（1）自行车道被压缩

《城市综合交通体系规划标准》对非机动车道的宽度做出了严格的规定，但大多数城市的非机动车道没有物理隔离，宽度也不符合标准。为了缓解交通拥堵，一些非机动车道甚至变成机动车辅道，机动车与自行车混行，存在很大的安全隐患。

（2）自行车停车场地不足

大部分城市倡导绿色骑行，但是与之相应的基础设施建设配套不足。最为显著的是自行车停车场地不足的问题。很多地方没有停车场地或停车场地较小，因此市民骑行到达目的地后，将自行车停放在人行道或非机动车道上，严重阻碍了交通畅通。

（3）骑行交通与公共交通衔接不畅

城市中，骑行交通的主要作用之一便是与公共交通接驳。骑自行车到达公交站或地铁站，再选择合适的交通工具，可以有效解决市民出行“最后一公里”的问题。但一些区域慢行系统不发达，市民“骑车不便”，另外，缺乏系统性的交通规划、城市的换乘设施设计不合理同样也会导致市民快慢交通接驳不便的问题。

6.2　骑行系统的管理难点

改革开放以来，国内对骑行系统的管理范围逐渐扩大，管理力度不断增强。随着实践的深入，出现了不同层面上的难点问题。这些问题主要表现在管理对象表现和管理原因两个方面。

6.2.1　管理对象表现

骑行系统的管理对象，主要包括骑行者和骑行设施两个方面，同样，这两个方面也存在问题。

1. 骑行者问题

我国的骑行者并不需要接受类似机动车驾驶人的道路交通安全理论培训，同时，骑行者接受的交通安全宣传欠佳，导致其骑行法律和道德意识淡薄，守法率低，违法现象较为突出。其主要表现如下。

① 骑行者不按交通信号灯、交通标志、交通标线指示行车。

② 在交叉路口通行时，骑行者不遵守交通规则，或不服从指挥随意乱行。

③ 骑行者逆向骑行，阻碍对向车辆或行人的正常通行。

④ 骑行者和机动车、行人混行，产生严重干扰。

⑤ 在没有骑行道的公路上，骑行者未按照法规靠右侧骑行。

⑥ 电动三轮车在城区内违法载客运营或加装动力装置等。

2. 骑行设施问题

骑行系统安全便捷、环境友好，但骑行交通设施的相关问题会直接影响每个骑行者。骑行交通设施的不连续、不完善、被挤占，很容易导致骑行者即使正常安全的通行，也无法得到安全的保障，引发骑行者自身“被迫”违法等问题。

骑行交通设施的主要问题如下。

① 在很多城市的旧城区，公共停车场和建筑物配套的骑行停车位不足。尤其是城市的大型商场、超市、写字楼附近，骑行停车场或车位设置不足，导致骑行工具只能停放在人行道和非机动车道，而人行道、非机动车道又可能被机动车停车占用，最终影响骑行交通出行的连续性、安全性、舒适性。

② 骑行道可能被流动商贩、摊点等违法占用，影响通行。

③ 骑行道未经过科学规划设计，导致骑行路权无法得到保障。

④ 骑行者过街安全设施不足。例如，在较大的交叉路口，未能设置过街安全岛，未能为骑行者提供安全等待的区域。

⑤ 未能设立实体隔离护栏，导致机动车和骑行工具混行。

⑥ 未合理设置机动车和骑行工具分道指示标志，导致机动车和骑行工具混行。

⑦ 骑行交通未能与其他交通方式有效衔接。在我国多数城市，骑行交通和公共交通的有效衔接有待优化，造成骑行系统使用不便，也阻碍了公共交通的发展。当骑行者的出发点和周边公交站点骑行系统连接不完善时，会浪费骑行者出行时间。另外，换乘设施不足也会造成骑行者和公共交通衔接不顺畅。

此外，在我国中小城市，交叉路口多为平面交叉形态。不同方向、不同类型、不同速度的交通工具在交叉路口汇流。交叉路口的交通设施管理不当，会导致经常有骑行者在交叉路口违反交通法规，影响其他车辆和行人正常通行，也有机动车和行人违法，导致骑行者安全无法得到保障。

例如，骑行者随意闯红灯。骑行者过街不走人行横道或黄色网状线。骑行者在路口内左转与正向直行车流冲突。骑行者违法将车停在交叉路口转角处，影响后续右转车辆通行等。

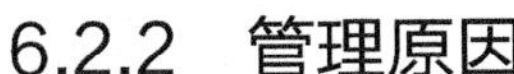

6.2.2 管理原因

任何管理问题，都有其潜在的原因。为提升骑行系统管理效率，必须重点探讨这些原因。

1. 管理体制不畅通

骑行系统并不只限于交通领域，而是集经济性、社会性、民生性于一体，其中包括规划布局、管理体制、投资建设、交通运营、需求分析、信息获得、数据分析等多方面内容，涉及法律、工程、技术、管理、环保、财政、教育、人文等诸多学科领域。因此，有效的骑行系统管理机制，需要在各个层面上融合不同的管理和服务资源。

骑行系统的管理，事实上与多个部门产生了密切关系，这些部门相互在职能和权责上，也都存在交叉联系。各部门虽然制定了自身权限范围的规章条例，但这些规章条例相互之间却缺乏约束性。不同部门之间针对骑行系统的法规、条例、文件甚至会相互冲突，缺乏统一和协调性。现实中，如果出现几个部门需要共同协调解决的问题，很容易产生互相推诿的现象。

2. 立法不统一

从 2012 年以来，我国各地方政府主要是通过制定法规，达到对骑行行为的有效调控。我国各地在骑行方面的政策上存在差异。

以电动自行车的管理措施为例，成都、杭州、长沙、珠海、海口等地先后颁布地方性法规，对电动自行车进行了统一管理。而北京、上海、广州、武汉、南昌等城市则利用政府规章的形式，对电动自行车进行统一管理。

立法和权责的不统一造成各地监管标准不同，加上骑行者违法率较高，更容易引发执行过程中的实际问题。城市骑行系统在资金、路权、用地、设计、监管等方面的资源缺乏，容易出现设施建设不足、道路用地被占用等现象，制约骑行系统的有序发展。

3. 缺乏系统规划

骑行系统是城市道路交通管理的重要内容，也是一个城市倡导绿色出行方式的重要体现。对骑行系统的科学全面规划能促进城市的可持续发展，是实现交通整体安全、有序、畅通的关键。然而，目前我国很多中小城市并未编制骑行系统发展专项规划，缺乏合理的骑行交通安全设计，科学的骑行系统管理也就很难实现。

4. 设计不当

中小城市平面交叉路口的交通混行现象突出，起因在于缺乏合理科学的交通设计。主要表现如下。

（1）信号灯问题

交叉路口交通信号灯的相位、时间设计不合理，导致骑行者在交叉路口通行时间不足

或等待时间过长。

（2）道路设计问题

无交通岛、导流线设计不合理，降低交叉路口的通行效率。

（3）交叉路口问题

交叉路口的骑行或机动车道的宽度、长度、数目设计不合理，导致道路资源被浪费，交叉路口最大通行能力无法得到充分发挥。

（4）交叉路口骑行路线设计不合理

例如，对骑行者采用与机动车相同的交通信号时间，导致两者通行时空分布严重雷同乃至冲突。

（5）交叉路口人行横道设计问题

人行横道设计不合理，行人过街问题会影响骑行者通行。

5. 理念问题

我国大多数城市长期采用以机动化为主的交通管理方式，导致公共交通管理者将管理眼光集中于机动车，着重纠正、教育和处罚机动车的违法行为，保障机动车通行秩序，最大化满足机动车的通行需求，乃至不同程度上弱化了对骑行车辆的管理。

6. 市民素质问题

共享单车满足了许多市民的出行需求。共享单车具有一定的公益性质，而很多人却没有这种观念，将共享单车乱停乱放、随意破坏、占为己有等现象频繁发生。城市骑行系统的发展，不仅需要城市管理部门的系统规划与管理，还需要采用合适的方法全面提升市民素质。

6.3　骑行系统的管理借鉴

他山之石，可以攻玉。骑行系统的发展和问题，并非只在我国才有。放眼世界，各个国家都面临骑行系统的管理压力，其中，不少国家和城市总结出适用于自己的一套行之有效的管理经验模板，非常值得我国借鉴、学习和探讨。

6.3.1　国外的骑行立法情况

纵观国外骑行系统发展情况能得出启示，即立法与规划是对骑行行为源头管理的有效途径，这也符合目前我国大多数城市对骑行行为管理的现实需要。

1. 欧洲的骑行立法情况

国外学者在面对全球骑行交通发展历史的研究中提出，在机动化压力下，有必要采取

措施来保护和鼓励骑行系统。从 20 世纪 50 年代到 70 年代中期，西欧多个国家，例如德国、丹麦、荷兰等，更关注机动车需求而忽视骑行需求，导致骑行比例大幅下降。但从 20 世纪 70 年代中期开始，由于各类压力，上述国家重新审视骑行系统的重要性，并加强规划和管理。

在此过程中，西方各个国家和组织陆续制定了大量法律法规、设计标准、指南手册、规划参考等，帮助不同城市发展骑行系统。德国、荷兰、丹麦等国家均制定了正式的国家级别骑行总体规划，设置提升每日骑行出行量并改善安全的目标，提出了一系列能实现这些目标的策略。同时，这些国家还通过国家和地方立法的结合，要求对骑行道路、交叉路口进行设计改善，提供更多更好的停车设施和安全宣传等。

荷兰为增强骑行在交通系统中的地位，在该国《第二次交通结构规划》中，明确提出未来城市交通发展方向是限制小汽车、发展公共交通，鼓励自行车交通，要求城市公共交通将自行车作为终端接驳工具。

哥本哈根被誉为“全球自行车最友好城市”和“自行车之都”，在这个市民人数仅有 60 万人的城市，自行车保有量却可达到 75 万辆。哥本哈根市政府通过规划，要求将骑行交通视为同机动车交通、步行交通平行的独立交通系统，并推出在所有主干道上都要同样设置自行车道的政策，这保证该城市骑行出行比例不断增长。哥本哈根的自行车网络非常连贯，市民拥有安全，独立的骑行空间。哥本哈根先进的慢行系统可以根据交通情况随时调整红绿灯，并保证大多数骑行者处于“绿波带”。

哥本哈根的骑行系统发展较早，其先进的骑行政策和管理经验被许多国家借鉴。1997 年，哥本哈根市政府出台了《交通与环境规划》，其目的是抑制机动车的发展，将更多的道路资源向公共交通和骑行交通倾斜。为了全面指导骑行交通的发展，2000 年，哥本哈根市政府出台了《城市交通改善计划》，其内容同样是确定自行车在城市交通中的主体地位，同年，还针对骑行道路的使用出台了《自行车道优先计划》和《自行车绿道计划》，全面确认非机动车道的路权归属。当骑行交通发展到一定阶段，哥本哈根市政府意识到自行车的大量增长存在诸多安全隐患，于是在 2001 年的《哥本哈根交通安全规划》中提出，要在 12 年内集中力量全面提升自行车骑行的安全性。由此可见，自 1974 年哥本哈根开始规划自行车网络，自行车的发展贯穿整个城市的发展，渗透进哥本哈根城市管理的各个方面。

近年来，西方各个国家在交通领域立法和规划过程中对骑行系统十分重视。以英国为例，该国于 2020 年推出了为期 5 年共 20 亿英镑的积极出行计划，这一计划目标是在 2030 年，让步行或骑行方式能达到所有出行方式的一半以上。2021 年 7 月，英国政府再次宣称，将增加 3.3 亿多英镑的预算投入，投资修建高质量自行车道等。2021 年秋季，英国政府又修改了《公路法规》，保障骑行者和行人的安全，例如，更新机动车辆限速标准，将其时速限制从 30 英里下降到 20 英里（1 英里约等于 1.6km），并规定车辆应礼让骑行和行人等。由于一系列投入，在 2020 年，英国自行车骑行里程增长量超过之前 20 年的综和，自行车骑行里程达到 50 亿英里，同比增长 45.7%。

除了英国，西欧各国也在不同程度地重视努力发展骑行系统。2021 年 5 月，56 个欧洲国

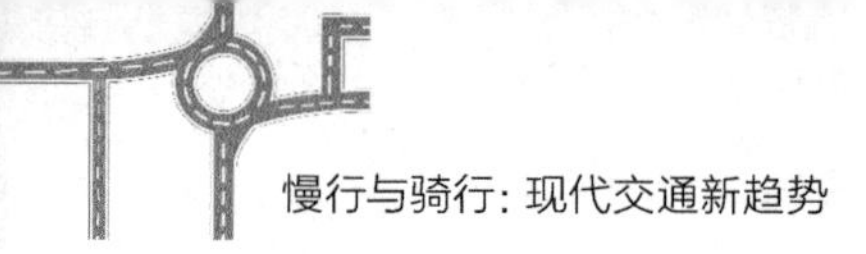

家的部长和代表通过了《泛欧自行车出行总体规划》，该规划同样力图推动骑行交通的成熟运转。

2. 国外的电动自行车立法情况

实际上，除了对骑行系统进行整体立法和规划，国外针对电动自行车单独立法的国家也很多。例如，日本、美国、加拿大、澳大利亚、德国、英国、瑞士、法国等，这些国家的公共交通系统已非常完备，交通换乘功能相对成熟，出行者大多选择通过公共交通系统出行，而电动自行车则属于后起之秀。

大部分发达国家围绕电动自行车产业采取的立法措施目的在于鼓励积极使用，并进行有效管理。因此，很多国家并没有要求办理电动自行车牌照登记和驾驶执照，对其路权也基本不做限制。类似于巴黎、东京这些城市，甚至还根据实际情况，划定了专供电动自行车通行的专用道。

（1）日本

日本电动自行车有关立法更领先，对应的管理政策更适应现实需求。

例如，日本《道路交通法施行规则》规定，电动自行车生产和运行必须按照规定要求进行，最大额定功率为250W，仅靠电助力时车速只能小于15km/h。同时，电动自行车驾驶人的年龄需在15周岁以上。

（2）美国

美国《联邦电动自行车法》明确规定，电动自行车功率不大于750W，最高时速不得超过32km。各州结合自身特点，对此做出进一步规定和限制，例如，是否能上路行驶、是否需要满足怎样的技术条件、何种类型的电动自行车允许上路、上路前是否需要办理必要的合法手续、驾驶员条件限制等。

（3）加拿大

加拿大政府将电动自行车单独列为一种车型，既不属于自行车，也不属于机动车。只有部分省份允许电动自行车上路行驶，并对电动自动自行车有严格规定，要求其输出功率不得大于500W，最高时速不得超过32km。

加拿大交通法规要求电动自行车自行车驾驶人必须佩戴头盔，对于完全不需要人力的全电动自行车，则要求驾驶者必须考取驾照，并达到各省规定的年龄要求。

（4）澳大利亚

澳大利亚政府出于保护环境的目的，倡导市民使用电动自行车出行，并且只限定最高输出功率不得超过200W，对其他速度和技术要素没有提出相关要求。另外，即使电动自行车出现违章情况，管理部门也只将其作为普通自行车违章进行处罚。

尽管澳大利亚的法律规定较为宽松，但其在电动自行车实际行驶过程方面却提出了严格要求。例如，当电动自行车进入人群密集道路或自行车道时，必须关闭电动助力。电动自行车的车灯有法定的颜色，前灯为白色、后灯为白色，且可见度不低于200m。如果电动自行车的辅助动力功率超过200W，则其在法律上会被视为小型摩托车，并按照摩托车进行管理。

（5）德国

德国的电动自行车体系渊源较早，相关法律法规较为成熟。德国对电动自行车管理较为严格，驾驶者需要达到 15 周岁、经过至少两天的驾驶技术培训考试合格后才能取得驾驶证。

德国的电动自行车驾驶证考试包括多项内容，例如，对严重交通违法行为的处罚条例、夜间驾驶车辆时的开灯方法方式、驾驶人在时速超过 20km 时必须佩戴头盔、驾车与前车保持安全车距的法律课程等。在实际管理中，监管者也有权对电动自行车加以从严管理，对驾驶人的违法行为可以做出最高限度的处罚。这些立法内容从驾驶人源头提升了电动自行自行车行驶的规范性，改善了骑行交通的整体安全环境。

（6）英国

英国的电动自行车在上路前不需要登记注册、申领牌照，驾驶人也不需要经过考试和佩戴头盔，但有关立法管理执行依然严格。英国道路交通相关法律规定，电动自行车驾驶人必须年满 14 周岁，电动自行车总重不得超过 40kg，最大功率不得高于 250W，最高时速超过 25km 时辅助电力必须随之降低。

总体而言，国外发达国家对电动自行车的立法管理比传统自行车完善，无论具体条款要求有何不同，都做到了管理上有法可依，执法上相对规范。其中，重点是对电动自行车的车辆技术参数加以严格定义分类，使其与机动车和自行车严格区分，进行针对性管理。另外则是对驾驶人进行清晰明确的界定，例如，限制年龄、管理措施等，这些都可以作为我国针对电动自行车进行全面立法的参考。

6.3.2　国外的骑行系统规划情况

基于低碳交通、绿色出行、休闲健身等理念，欧洲一些发达国家对骑行系统规划较早，形成了良好的可借鉴经验。

（1）德国的骑行系统规划

德国是欧洲最大的自行车消费国，该国有 80% 的家庭拥有自行车，30% 的家庭拥有 3 辆以上自行车。为了进一步促进骑行系统发展，德国政府采取了许多措施。例如，德国进行了全国性骑行交通规划，在此规划框架中，不同级别的政府可以提供额外资金，对骑行交通项目予以促进。又如，铁路推出了自行车搭乘列车项目，将自行车和轨道交通系统连接，以方便人们携带自行车出行。此外，德国还在城市和乡村铺设骑行道。

德国的骑行道比机动车道稍高，稍低于人行道，其宽度为 1m 左右。路面选择鲜艳颜色，例如，鲜红、青绿或者墨黑等。目前，该国骑行道已经包括“点”“线”“面”3 个要素。其中，“点”是充足的自行车停车位，并配备有遮蔽和附属设施的自行车停车场；“线”是专门的自行车线路设计规划，包括著名的德国自行车高速公路系统；“面”则是自行车高速公路网络。

（2）荷兰的骑行系统规划

荷兰的骑行不仅是一种交通出行方式，也代表了该国独有的生活方式。荷兰人均拥有 2

辆自行车，全国 50% 的上班族采用骑行通勤。在长期规划建设下，荷兰的骑行交通网络是全世界最密集的，全长为 22000km。

荷兰的骑行系统规划主要具有以下特点。

全国性规划。1992 年，荷兰政府就开始了国家自行车交通总规划项目，此项规划要求将短距离的机动车交通全部以骑行交通方式取代，并增加骑行和公交枢纽站点的连接，以方便骑行。

自行车专用道。荷兰各主要道路设有高品质自行车道。根据荷兰交通部制定的专用道修建的统一标准，单向车道路面应至少宽 1.75m，建议宽度为 2.5m。双向车道宽度至少为 2.75m，建议宽度为 3.5m。

荷兰的自行车专用道只允许骑行者使用，不允许机动车和行人进入。这些专用道被涂成红色，并配备了特殊的自行车标识，使用特殊的自行车道路隔离设施。

自行车高速公路网络。荷兰将 30 多条自行车线路连接成为完整的交通网络，其中，最短的线路只有 30km，最长的线路“环荷兰线”大约 1300km。根据线路性质不同，使用不同的标识牌，主要包括参观线路标识牌、通勤线路标识牌和旅游线路标识牌 3 种。

（3）丹麦的骑行系统规划

丹麦人热爱骑行，并积极遵守骑行的交通法规。从 20 世纪 70 年代至今，该国政府不断推行促进骑行系统复兴的政策和项目。骑行系统的主要规划内容如下。

积极的骑行交通管理措施。例如，增设骑行道、开通骑行绿色路线、设计并推广多元化的自行车，例如亲子自行车、三轮自行车等。

点线结合。丹麦的自行车停车位有很多，商场、社区甚至政府机构门前都设有自行车停放设施。在线路上，丹麦有统一的国家自行车道标准，主要有两种，一种是独立设置的蓝色塑胶路面道路，不设置红绿灯、不与机动车同行；另一种是与机动车伴行，但车道高度不同，与机动车道、人行道分开，确保互不干扰。

路网规划。丹麦交通规划将自行车和机动车归于同等地位。丹麦政府从总体上规划设计自行车道路网络，将自行车与公共交通道路连接，形成高效的整体交通网络。

各国政府也针对骑行管理多方面提出了对应的政策与措施，其中包括对骑行者自身要求、骑行工具要求和道路设计要求等。这些政策措施同整体规划一起，推动了骑行系统的发展。

6.4　骑行系统的环境治理

良好的慢行环境是从规划设计层面着手提高骑行出行品质的重要因素。因此，我们必须先厘清慢行环境构成，针对其中不同因素，确定治理的方针。

6.4.1　慢行环境构成

慢行环境构成主要是指与慢行道路直接相关并能为出行者提供基本出行服务的设施。在此基础上，对出行体验有直接影响的环境因素，还包括标识系统、照明系统等。

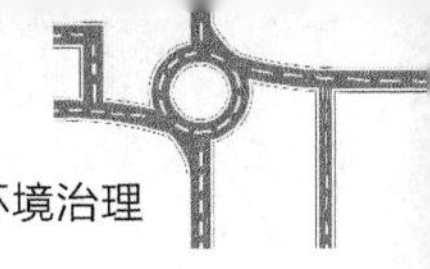

1. 路面设施

慢行路面设施，即慢行道路的路面本身，其主要的环境影响因素包括以下 4 个方面。

一是路面平整度。具体包括路面是否平整、是否存在缺失损坏、是否有严重痕迹。

二是防水性。具体包括路面材料是否有良好的透水性，是否会在多雨雪或潮湿气候下产生积水、凹凸等问题。

三是防滑性。雨雪天气，道路是否能保证基本的防滑性能，确保骑行者安全。

四是辨识度。慢行道路是否与机动车道、人行道有颜色、材质的区分，是否能在骑行关键节点路面有明确的质地、颜色变化区分。

2. 标识系统

慢行系统中的标识系统是指出行者在慢行环境中所能接触到的所有环境标识，包括指示牌、路标图、互动屏等，其目的在于确定出行者交通空间需求，并为其提供交通信息的必要补充。

清晰准确的标识系统，能确保出行者清楚明确目标地点，并对慢行路线加以科学规划，以选择正确的慢行路径。反之，如果标识系统信息出现差错，则会导致出行者判断失误，选择错误，影响骑行体验。

标识系统是规划者和出行者的交流媒介，其核心价值在于表达信息清晰准确并容易被接受理解。分析标识系统价值高低的标准，包括道路指引能力是否合格，系统设计是否规范、视觉效果是否多样、外形效果是否美观、图文效果是否生动等。

3. 照明系统

道路照明设施是夜晚出行的重要支持要素，良好的照明系统能减少骑行的交通事故率，提高安全性。

慢行道路照明设施有多种类型，既包括传统路灯，也包括景观灯、装饰灯、泛光灯等。照明系统整体水平取决于光源质量、反射类型、设置高度、支撑空间等。一般情况下，照明系统均以照明单位作为对骑行道路照明质量的评判标准。

4. 服务设施

慢行环境中的服务设施是指位于慢行道路空间内为出行者提供公共服务的设施。这些设施能对出行者产生直接或间接的影响，例如，遮蔽设施、垃圾桶、公厕、维修站等，具体可分为以下几种。

（1）遮蔽设施

遮蔽设施是指为出行者提供遮挡阳光、雨水功能的设施，包括慢行道树荫或人工雨棚、屋檐、廊道、凉亭、骑楼等。遮蔽设施如果能够做到连续、美观和有效，则可以提升慢行过程的舒适性。

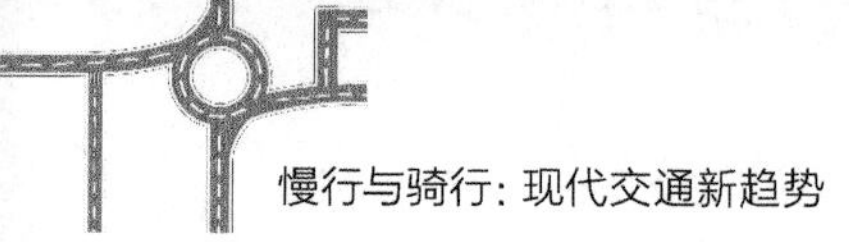

（2）保洁设施

保洁设施主要是指垃圾桶等服务设施，以确保慢行环境的清洁卫生。在考虑慢行空间的温度、湿度、光照度等自然条件影响后，应重点考虑垃圾桶的材料和外观是否具有密闭性、透气性、防风雨性和景观协调性等要素。

（3）支持设施

支持设施有公厕、便利店、维修站等，都是慢行环境内的重要元素，它们既是便民服务设施，也是部分出行者出行的中间站甚至目的地，其分布密度和功能设计，对慢行整体环境都有影响。

（4）绿化设施

绿化设施既与慢行环境有关，也与城市绿化系统有关，通常采用乔木、灌木、地被植物等组合形式，除了设施带、分隔带的相关绿植，也包括街边绿地、广场绿地等。

针对慢行环境内的绿化效果，一般使用绿地率、绿化率等指标进行定量评价，此外，绿地面积、植被覆盖率、植被种类、植被密度等也会影响慢行环境整体效果。

服务设施对慢行系统的影响主要包括整体布局和具体设计。针对整体布局，应侧重分析其不同设施的分布密度，是否能满足慢行者使用需求。具体设计上，应分析这些设施是否足够人性化、是否方便使用。

如果服务设施分布齐全、功能完备、维护完善、间距合理，能很好地提升慢行环境质量，为慢行出行者提供充分服务，提升骑行体验，提高慢行出行率。

5. 整体环境

整体环境主要包括慢行环境的稳定度、清洁度、噪声影响等。其中，稳定度是指设法降低机动车对慢行环境质量的负效应，在设施资源共享的基础上对交通环境加以改进，使之同样偏向于慢行功能的程度。清洁度是指整体慢行环境例如地面、墙面、街道、设施等要素的清洁程度。

噪声影响主要是指骑行环境内所能感知的噪声程度。机动化交通日益发达，机动车的鸣笛声、店铺的扩音喇叭等，都破坏慢行体验。过度的噪声甚至可能影响慢行环境中的出行者注意力。

6.4.2 骑行环境治理

骑行环境是慢行环境的重要组成部分，其治理主要包括以下内容。

1. 路面设施

骑行道的路面设施与人行道接近。在骑行道的重要节点，包括起止点、转折点或者交叉路口路段等处，可采用更换路面颜色方式提示骑行者。采用不同颜色方案，可以有效隔离骑行道、机动车道和人行道，既能减少不必要的隔离设施，节约道路空间，也能比传统划线方式更加清晰、节约成本。

2. 标识设施

骑行环境的标识设施重点作用是传递公共信息，包括路名指示标识、路径规划标识、环境指示标识、门牌号标识等，可采用固定、悬挂、独立、附属等形式加以安装。

从功能上划分，骑行环境的标识系统可以分为指示、引导和确认 3 种类型。

其中，指示标识宜设置在交叉路口、交通换乘地等位置。引导标识宜设置在道路行进方向产生改变的位置。确认标识宜针对骑行者识别目的地的需求加以设置。

无论何种标识，都应充分发挥其引导作用，提示最佳骑行路径方向。各类标识所使用的名称、图形、颜色、尺寸、设置地点等，均应遵循《道路交通标志和标线》标准，确保完整、清晰、整洁，避免遮挡，具有良好的可见性。

骑行环境的标识应采用清晰明了的设计，确保其能对骑行者发挥引导作用。各类标识为满足使用者的视野要求，其高度应不低于 1.5m，文字和图形的内容含义清晰，并能根据需要设置照明设施，或采用发光或反光功能，帮助骑行者观摩和理解。

在复杂地段，例如，交叉路口、公共交通接驳处等地，应设置更为清楚醒目的标识，确保骑行者能够及时了解路况，选择正确道路。在有交通安全风险的地段，应明确突出标识，以起到对骑行者充分的警示作用。

在人流密集地段例如交通枢纽等，还应将语音、显示屏等手段运用于标识系统，以帮助骑行者更准确地进行换乘。

此外，骑行道本身也能发挥标识作用。在进出骑行道的地段，应有明确标识提示，骑行道如果采用标线方式，则应符合《道路交通标志和标线》的相关规定。对交叉路口要采用特殊标线等方式，也可以对骑行道使用特殊颜色加以区别，以确保骑行者和他人的安全。

3. 照明设施

骑行环境使用的照明设施应首先满足《城市道路照明设计标准》（CJJ45-2015）的要求。根据不同具体环境的亮度要求，应采用对应的照明灯具。灯具应具有无眩光控制能力，以形成良好的指引性能。

骑行环境的照明设施，可以与机动车道、人行道进行协同规划，利用多杆合一等建设方式，避免重复设置导致资源的浪费，同时提升骑行用路的空间品质。在机动车道交叉路口，或骑行道需要专门设置照明设施的情况下，也应考虑设置单独照明设施。照明设施的选择，应和周围景观协调一致，确保灯杆、灯具的色彩和造型能符合街道景观基调。

在交叉路口、广场、停车场、路段转弯处、曲线路段等地的照明设施应比平直路段具有更亮，以确保骑行者能顺利通行。在容易出现机动车、行人和骑行车辆冲突的地点，也应设置类似的照明设施。在自行车停车场、维修站等地，则应根据场地大小、铺装材料、绿化环境等因素，采用双侧、周边或高杆形式的照明装置设计。

4. 服务设施

骑行系统的各类服务设施，其设置密度、位置等都应与所在道路功能相适应。规划者应根据预测和实际使用人数、频次、方式、服务半径等，确定服务设施的合理间距。在骑行流量密度较大的城市区域，例如，繁华的商业区、交通枢纽、景区景点、大型文体设施等附近，相关的骑行服务设施数量可以适当增加。

（1）遮蔽设施

针对不同地区和城市的气候特征，可考虑为骑行者提供必要的遮蔽设施，可以采用绿化或人工形式设置，同时也应注意城市道路交通的高度限制要求。

（2）保洁设施

保洁设施包括垃圾箱、公厕在内的保洁设施，应按照《城市环境卫生设施规划规范》（GB50377-2003）要求设置。

5. 整体环境

在骑行整体环境改进过程中，首先，应通过提升交通稳定度的措施有效改善骑行用路品质，鼓励出行者以骑行来替代机动车出行。

提升交通稳定度的措施主要分为流量管制和速度管制两个方面。

（1）流量管制

流量管制措施可以积极影响机动车流向、流量。在应用该措施之前，管理方必须进行详细的调查规划，确保不会影响正常的城市交通秩序。

骑行环境稳定度改进措施见表 6-2。

表6-2 骑行环境稳定度改进措施

名称	内涵	优势	劣势	环境特点
全封闭街道	在道路设置栅栏、立柱、绿化岛等设施，阻止机动车辆横穿	能保证骑行流量的通畅，显著减少机动车流	本地机动车辆需要绕道，在一定程度影响交通，并需要通过法律或行政程序进行约束	适用于周边机动车路网发达且易于绕行的地区
半封闭街道	双向通行的街道局部位置，设置单向障碍物，例如绿化带、隔离护栏等	能确保骑行双向通过，减少单向机动车流量	本地机动车辆需绕道，一定程度影响经济，并需通过法律或行政程序进行约束	适用于机动车和骑行车辆冲突较大，且其他控制措施缺乏成效的地区
对角分流	利用隔离护栏、绿化带等设施，在交叉路口的对角线上阻断执行机动车流，引导机动车流迂回行驶	仅需改变现有道路方向，不需要封闭街道，能确保骑行通行	增加了部分机动车绕行距离，有可能导致机动车与阻碍物的碰撞事故，需重新改造拐角处路缘	适用于内部交通量不存在矛盾的社区街道交叉路口
中央隔离	在交叉路口处沿主路中线延伸的交通岛，长度应大于支路进口宽度，阻断来自支路的直行车流	提升了支路和主路的交通安全，减少支路直行机动车流量	主路应有足够宽度，限制转弯措施导致附近街道车辆行驶不便	适用于支路直行机动车流或主路左转车流引起骑行车流不安全的交叉路口

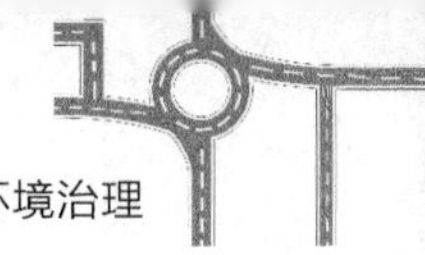

（2）速度管制

速度管制是指利用不同措施，降低与骑行道相关的机动车道车流速度，从而提升骑行环境的稳定性。

速度管制措施主要包括以下几种。

水平式，即利用改变直线行驶的方式降低机动车流速度。例如，设置交通花坛、交通环岛、变形交叉路口等。

垂直式，即利用纹理路面、减速道、凸起交叉路口等方式，对道路某一段加以抬高从而降低车速。

缩宽式，即利用缩短车道的宽度，降低机动车流的速度。

除了上述措施，优化骑行整体环境，离不开相应的立法执法和公众支持。管理方应充分听取当地居民、咨询机构、专家学者的意见与建议，才能系统改善骑行整体环境。

需要注意的是，任何服务设施的增加都不应占用骑行或人行、机动车道路空间，也不应妨碍交通视线等。除了必要的照明设施、引导标识等，其他各类服务设施都应进行加以协调规划，减少占用公共空间资源。

案例：三方携手，共创骑行新环境

随着越来越多的共享单车入驻各城市，自行车以其便携环保、低成本的优点，成为市民解决“最后一公里”交通需求的高效交通工具，又重新回到大众的视野中。

北京曾是我国最拥堵的城市之一。为了缓解城市交通压力，实现低碳生活。北京市政府广泛收集意见，了解市民骑行时遇到的问题，针对绿色骑行制定了相应的解决策略，将骑行系统的建设列为城市治理的重要内容。

2021 年，北京市政府将北京第一条自行车道从上地延长至西直门，这充分展示了北京市倡导市民低碳出行的决心，此举将带动更多的人参与低碳出行，为缓解城市拥堵和减少环境污染出力。

2021 年新华社发布的《新华绿色出行指数调查报告》显示，城市居民最喜爱的绿色出行方式是骑行。自行车和电动自行车逐年增长的销量也充分说明了这一点。但是随着越来越多的人加入骑行大军，自行车视为上班通勤、上学接送、买菜购物等出行情境的主要工具，骑行产生的交通问题也日渐凸显。

为了确保绿色骑行可持续发展，需要从政府、企业、市民 3 个层面分析和解决问题。

（1）政府层面

市民骑行时最关心的问题是路权归属以及自行车的停放。政府应充分发挥主导作用，落实自行车的路权，保障骑行安全。

首先，从 20 世纪八九十年代开始，大部分城市的道路规划以机动车为主，忽视了自行车的发展，在当下的城市规划和建设过程中应避免重蹈覆辙。

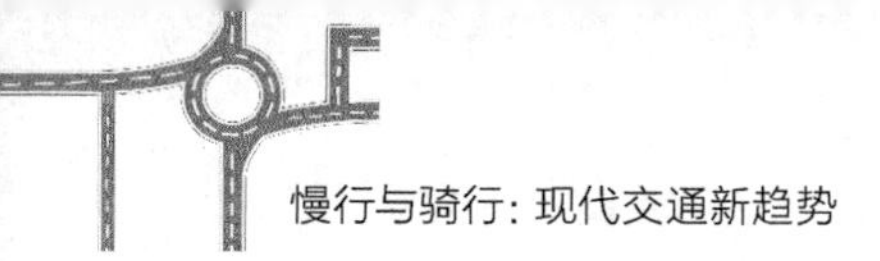

其次，我国大部分城市的骑行配套措施建设发展滞后，最为显著的问题便是自行车停放点少，各城市应学习发达国家在骑行系统环境建设方面的管理经验，例如，在一些重要的地铁始发站、换乘站、接驳点设立自行车地下停车场或规划更大的停车场地。

在骑行辅助设施上面，可以在自行车道旁设立栏杆，供骑行者踩踏休息。在一些坡度较大的道路或楼梯，设置助力机器，方便骑行者上坡。同时，为了提供更周全的配套服务，可以在固定位置放置打气桩及简单的维修工具。

在为骑行者营造便捷环境的同时，政府还需要出台相应的政策进行监管，对违规行为加以处罚。

（2）企业层面

共享单车企业应加强管理，对禁止停车的范围设置红线，超过此范围的自行车无法上锁。同时，企业还要不断提高对共享单车的管理水平，通过物联网系统，实时跟踪共享单车的状态，及时回收和修理有故障的共享单车，淘汰老、破、旧的共享单车。

企业应认识到共享单车的投放并不是一劳永逸的，必须不断提高服务质量，加强维护和检修频率，才能确保市民骑行能更舒适、更安全。

（3）市民层面

作为骑行系统的主体，提高市民素质是重中之重，不仅要规范驾驶行为，在使用共享单车时，也要尊重其共享属性，爱护自行车、保护自行车，不损毁、不占为己有。骑行者还应呼吁并影响身边更多的人加入骑行队伍，共同为低碳城市、绿色出行的目标出力。

6.5 骑行系统的管理趋势

骑行系统的管理重点在于围绕“创新、协调、绿色、开放、共享”的理念，围绕低碳社区建设要求，构建安全、便捷、舒适和自由的骑行系统。在精准的管理策略下，打造连续快捷的骑行网络，维护骑行的路权，优化骑行道路功能，建设适合骑行的城市，满足市民日益增长且多元化的出行需求。

因此，骑行系统的管理是整个城市综合交通系统的重要管理内容，通过不断明确骑行系统管理的趋势，能够直接支持城市各大产业发展，提升城市的整体魅力。

6.5.1 管理的原则

政府对骑行系统的管理应注重以下原则。

1. 明确政府管理职责

各地政府是城市骑行系统建设、规划、改善等管理举措的实施主体，政府应积极强化自身责任，采取综合措施，加大投入、监督和调控，以引导城市骑行系统健康发展，确保满足市民的出行需求。在政府协调下，不同部门应结合自身职责，进行有效分工，将骑行系统的规划、建设、运营等环节充分统筹，协调一致、加强配合，发挥政策功效，形成良好的管理环境。

2. 明确自身特色

不同城市骑行系统的发展条件不同，呈现不同功能和需求。因此，在管理骑行系统过程中，应科学确定骑行系统发展目标和实施策略，合理选择建设方案，建立科学运营机制，给予准确政策支持保障。在骑行系统管理进程中，应注重与城市自身规划、城市交通整体规划的衔接。对骑行系统的规划建设并非独立，而是要与城市不同系统整体协调，将和自然景观、公共空间、道路系统、市政系统等的建设加以密切配合。

3. 确保可达性

城市骑行系统的管理应致力于提升可达性，包括提供无障碍的连续骑行道、过街设施、公共自行车系统、商业共享单车系统、骑行工具停放场地和设施等。通过对这些因素的有效管理，最终使城市内的居住区、工作区、社交场所、公共活动场所、公共交通枢纽等不同区域形成直接连通的状态。因此，骑行系统管理应放眼整体和未来，按科学合理、适度提前的原则，进行骑行系统规划。

4. 确保民生性质

骑行系统管理的性质是改善民生、惠及群众。在管理中，应将人民群众利益放在首位，突出服务意识，提升服务水平。在相关管理措施的研究、制定和执行过程中，应努力解决人民群众关注度最高的骑行问题，为人民群众提供更好的骑行交通服务和环境。

5. 利用财税政策

政府为了促进慢行交通的发展，还可以通过财税补贴的方式倡导市民骑行出行。例如，阿姆斯特丹会为购买自行车出行的公司职工提供“自行车补贴”，同时，在纳税时给予一定减免。目前，我国在财税补助慢行交通领域仍处于起步阶段，因此，政府可以充分结合城市发展水平，借鉴发达国家的管理方式，推动慢行交通向更快的方向发展。

6.5.2 管理的具体目标

不同城市的骑行系统管理体系具有符合各自特征的实际目标，但也有长远性的共性要求。

1. 规划目标

骑行系统的良好管理始于准确的规划设计。如果规划设计得法，则骑行系统运转效率高，问题疏漏就少，反之，如果规划设计不着眼未来，就会面临层出不穷的问题。

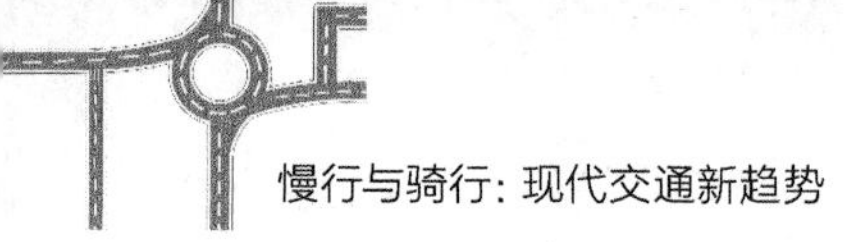

（1）观念转变

城市交通系统规划的观念应从以机动车为主导的理念，转向以人为本的理念，对骑行交通和机动化交通予以同等重视。大部分城市应逐渐将骑行交通发展作为城市交通战略的重要目标。

（2）规划衔接

城市交通系统的管理方案不能与城市现实相脱节应考虑城市规模、地理特征、经济发展、产业结构、人口结构等特征，在明确城市骑行交通发展定位之后，对城市骑行系统进行规划设计，确保和城市发展目标相协调。

（3）缜密推进

进行骑行系统规划时，应形成完善的政策保障，合理布局骑行设施，制订细致的实施计划。

2. 具体目标

骑行系统的管理目标不能只停留在整体阶段，同时也要反映在具体设施的对应分解管理内容上。

（1）道路要求

道路是骑行系统的重要组成部分，能为出行提供载体，并对城市的机动车和骑行系统进行分离。如果城市骑行道路路网密度过低，则不利于城市骑行交通发展。因此，城市应建设完善的主干道系统，注意提升支道的运营能力。在此基础上，还应进一步建设骑行专用道，并合理设置步行道。

（2）过街设施

科学设置骑行过街设施，保障出行者的过街安全。对路幅宽、车流多，或者绿灯时间较短而无法一次穿行的道路，应通过安全岛等设施，保证骑行者安全通过。在交叉路口等路段，设置人行横道，保障骑行者的过街安全。

在此基础上，管理部门应按有关标准规范要求，设置过街天桥、地道等，方便骑行者通过。

（3）隔离设施

在城市道路交通条件允许情况下，应利用隔离设施，将机动车道和骑行道分隔，以保障骑行安全。

（4）停车设施

根据相关标准要求，在居住区、商业区、公共建筑群、广场、风景点等地，规划和建设足够的骑行停车空间和设施。

（5）服务设施

为确保骑行系统的便利性、安全性，应建设包括照明系统、保洁系统在内的多种服务设施。

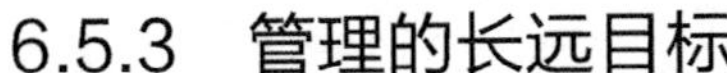

6.5.3 管理的长远目标

骑行系统是城市综合交通系统的重要组成部分，也是市民生活系统的重要部分。慢行交通能实现不同社区的居民之间的交流，更能促进社区居民创造力和消费力的发挥。因此，各地政府更应重视骑行系统管理的长远目标。

作为慢行交通的主要组成部分，骑行系统管理应达成的长远目标应包括以下 6 个方面。

（1）有路骑行

这一目标要求骑行道应具有连续价值，即骑行者能按照规划的路径出行，并安全穿过各区域，最终顺利到达目的地。

（2）安全骑行

与机动车出行相比，骑行处于明显的弱势地位，骑行者在和其他交通出行者发生冲突时，容易受到伤害。骑行系统管理的长远目标应包括确保骑行的安全性，并在此基础上构建城市整体交通的安全保障系统。

（3）便捷骑行

骑行系统管理应结合规划建设、环境整治、更新改造等过程，应充分考虑骑行系统设施的布局，并积极连通周边的大型社区、市场、公园、景区的内部路网，完善骑行系统。

（4）舒适骑行

在骑行系统的管理过程中，除了满足交通的基本要求，还应进一步确保骑行的环境品质，结合不同社区特点、周围环境、建筑物等，通过各类配套设施的规划、建设和调整，提高骑行系统的舒适度，以提升整体环境的品质。

（5）智慧骑行

随着智慧城市的建设、智慧生活的发展，骑行系统的管理也应通过政府管理部门和科研机构，在确保出行者个人隐私和信息安全的前提下，通过挖掘骑行出行的数据，围绕交通和城市规划等课题展开研究。

（6）愉悦骑行

愉悦骑行要求管理方能根据城市的不同布局，结合景色空间和功能差异，形成骑行道路交通网络，保证骑行的连续、自由和通畅。在此基础上，骑行的理想目标是满足骑行者实现自我价值的需要，通过良好的文化氛围，促进人与人、社区与社区的交往，最终通过骑行帮助个人获得归属感。

总体而言，骑行系统管理的目的是让更多人践行低碳出行的交通理念。随着我国城镇化进程加快，城市边界正在不断外扩，市民的出行距离随之增加。提高骑行系统管理水平，能带动慢行交通体系增强竞争力，引导慢行交通充分地发挥节能、环保、快捷的特点。因此，各地政府管理部门必须在保证骑行交通井然有序的基础上，逐步提高骑行的整体服务水平，从而让城市的“双碳”目标早日实现。

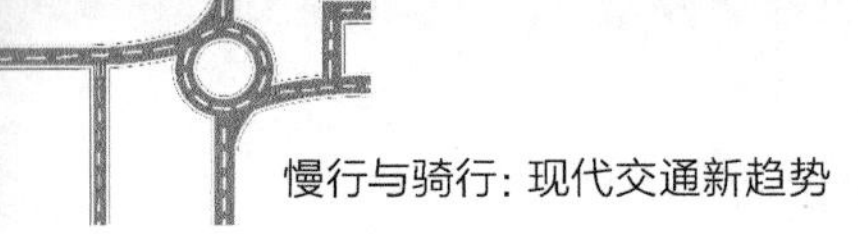

案例：北京市骑行系统管理发展回顾

北京市的自行车发展史具有其自身特色。在20世纪八九十年代，北京市民使用自行车出行的比例达到60%以上，居全国之首。但进入21世纪，自行车一度被评为最不安全、最不舒适、最不方便的交通出行工具。

自行车的发展之所以会有如此大的转变，很大一部分原因是城市交通规划重机动车，忽视骑行系统的发展，导致自行车丧失路权，但发展配套设施之后，市民的骑行满意度和幸福度也因此提高。

尽管在21世纪初，大部分人不看好骑行系统的建设，但仍有部分研究人员敏锐地察觉到骑行系统对城市交通环境与生态文明建设的积极作用，尤其是步行和自行车对解决城市交通拥堵和提高市民身心健康具有重要的价值。

经过大量调查和研究，北京市城市规划设计研究院将自行车交通列入城市发展的总体规划中，并明确提出要为自行车交通提供方便舒适的环境条件。2016年，北京市城市规划设计研究院编制了国内首个关于自行车交通的专项规划文件《北京市自行车和步行交通规划》。

这份文件为北京市建设“自行车友好城市”提供了有力的指导。以这份文件为基础，北京市先后出台了关于道路设计规范、交通环境设计标准、城市更新治理规划等基础性文件，为骑行系统的发展起到了决定性作用。北京的自行车交通环境从“点”“线”“面”3个方面都得到质的提高。

北京市在建设“自行车友好城市”的过程中，有许多成功的经验，值得各个城市学习。首先，北京市清晰明确地规定了自行车的路权，在“十三五”期间便完成了3200km慢行系统的建设，在此期间，数十万的市民开始感受到骑行的便捷与快乐。其次，为提高骑行的安全性，北京市在配套设施上下功夫，通过清晰的彩铺地面与精细的标识系统，为市民的骑行提供了足够的保障。最后，北京市还集中力量改造自行车交通环境，对人车混行、非机动车杂乱占用等不规范行为坚决取缔，坚持以人为本，以让市民“走得安全、走得通畅、走得舒适”为目标，不断提高自行车骑行环境的质量。

如今，北京市的骑行环境受到全国人民的喜爱。不仅越来越多的市民群众选择骑自行车出行，还有许多外地游客也纷纷加入骑行大军，并且称赞北京舒适、安全的骑行环境与配套措施。

6.6 骑行系统与互联网、大数据

在移动互联网的不断发展下，各行业互联网化的脚步不断加快，大数据时代也随之到来。骑行尽管属于“古老”的出行方式，但在骑行系统的管理和运营中，互联网和大数据的大规模应用成为必然选择。互联网和大数据技术的应用，将有效缓解骑行系统管理的困境，充分融合政府和企业等各方力量的合作，实现对骑行系统的高效治理。

6.6.1　大数据技术的特点

数据信息爆发式增长，大数据在各行业的管理体系中占据重要地位。大数据技术具有的核心特征，即海量数据、类型多样、处理速度快、价值巨大而密度低。大数据的“大”，并不只是其字面上数据量巨大的意思，更表现在其维度多、处理速度快、价值内涵丰富层面。

大数据的具体特征见表 6-3。

表6-3　大数据的具体特征

特征	具体描述
体积大	普通大型数据库的规模为TB级别，而大数据规模能达到PB级别乃至EB级别
速度快	大数据不需要消耗硬件，其数据挖掘技术不同于传统挖掘技术，具备很快的处理速度
种类多	大数据具有多种类型，并非采用传统结构化形式，更多采用非结构化、分布式和单调模式
实时性强	大数据容量庞大，但用户提交数据需求后能做到自动及时响应

大数据是 21 世纪移动互联网时代诞生的新事物，正应用于社会发展的不同层面，同样也应用于国家和城市智能交通管理系统中。在美国，许多州已采用大数据进行智能交通指挥，例如，应用大数据技术实时监控分析道路信息，掌握路面情况，从而减少城市交通拥堵、处理恶劣天气的道路状况。应用大数据技术，可以对道路提出改善策略并评估状况，对交通信息进行分析处理，及时解决问题等。

6.6.2　互联网与大数据技术的优势

在骑行系统管理中应用互联网与大数据技术能产生显著管理优势，具体内容如下。

1. 有利于科学管理

互联网和大数据技术能对海量信息进行搜集、分析和处理，与传统手段相比，它们能进一步提高数据的有效性，为政府监管部门和有关企业对骑行系统运转提供更为有科学价值的参考。

例如，城市公共自行车管理部门可以通过对公共自行车安装定位系统，对每辆公共自行车运行的耗时、地点、距离等数据加以搜集，形成整座城市的公共自行车骑行数据库。之后，再通过大数据分析技术，对这些数据进行深入挖掘分析，得出公共自行车需求的特征，包括借车、出行和换车的高峰时段、高峰时间与地区。政府和第三方企业能依据这些数据进行更精准的管理。

2. 有利于科学研究

传统学术界对骑行系统进行研究时，大多以起止点或问卷调查方式来获得研究数据，其研究过程受到调查对象主观意愿的影响更大。在采用移动互联网和大数据技术后，研究者能捕捉大量骑行个体的轨迹数据。

骑行轨迹数据并不涉及个人的行为或健康特征，也不体现个人社会经济水平，避免个人因素对骑行选择行为所造成的影响。因此，骑行轨迹数据是基于个体的自发的行为，能以更为理性的数据真实反映骑行者如何选择道路、如何感知城市环境，降低了研究过程中因人为而引起的误差，能更客观地对骑行环境进行综合反映和评价。

3. 有利于提升效率

政府对骑行环境的改善、企业对骑行项目的投入，都需要在具体决策出台和执行前，收集大量信息进行分析讨论，最终制定出符合目标的决策。在传统体系下，这样的过程需要投入大量的时间和人力，通过移动互联网技术，可以在短时间内收集充足的数据，并挖掘其中有效信息，以提高决策效率。

以共享单车为例，大数据技术能对现有共享单车的运行和停放数据加以统计。企业能利用这些信息与数据合理规划停放位置和区域，从而提高企业的决策效率，减少社会整体的资源浪费，促进企业高效发展。

4. 有利于监管规范

传统骑行时代，除了骑行者自身违反交通规则问题，更严重的问题在于私人骑行工具被偷窃、破坏，共享骑行工具被丢弃、藏匿等，其重要原因在于监管能力不足。由于骑行工具随用随停的特性，所以传统监管手段效果远不及对机动车辆的安全监管。

互联网和大数据技术能有效缓解监管手段不足的问题。首先，互联网和大数据技术能与安装在骑行工具上的定位装置相结合，对骑行工具的运行进行实时监控，以监测其违章、遇窃、乱停放等违法行为。例如，相关政府部门和企业可以与交通管理、征信或金融机构合作，将骑行者的信用评价与其骑行行为相关联。

5. 有利于各方合作

骑行系统的治理属于全社会问题，不能只依靠政府某个部门或某家企业单方进行管理。不断出现的骑行问题，需要社会多方参与，共同付出努力。移动互联网和大数据技术的发展，为社会各方参与这一议题，提供了便利的条件。

在传统骑行系统治理体系中，社会各界虽有参与的意愿，但限于渠道和信息不够畅通，产生合力的机会较少。而在互联网时代，政府或企业可以将获得的骑行大数据进行有选择的公开，为研究者和建议者提供有效的信息来源，以降低社会各界参与骑行治理的门槛。同时，利用移动互联网搭建的信息交流平台，政府和企业可以增强与社会相关对象的交流互动，共同提升骑行系统的管理效果。

6.6.3 互联网与大数据的应用现状

目前，互联网与大数据在骑行系统中的应用主要集中于商业性的共享单车领域。

2015 年，共享单车在骑行市场中诞生，影响了大量普通的出行者，互联网与大数据技术也用于共享单车。共享单车产品安装了基于移动定位的追踪装置，当用户使用手机获得授权开锁时，运营企业就会获取使用手机定位的权限，并显示用户所在的地理位置、周边车辆情况和具体的使用轨迹等。共享单车有数量庞大的受群众体，其所在位置、出行时间和地点信息都能上传到企业的后台，形成海量的数据库，并帮助其他用户在最短的时间内找到可以使用的共享单车，或提前预约距离自己最近的共享单车。同时，运营企业也能通过互联网和大数据技术，对骑行起始位置和路线密度进行综合分析，得出应加大或减少共享单车投放力度的结论。运营企业还能通过移动互联网基于地理位置定位的体系，对每辆共享单车损耗情况加以更新，以便随时收回存在问题或无法使用的共享单车，避免造成用户不佳的骑行体验。

积极运用大数据技术的不仅有共享单车，也有共享助力车。在银川市，大数据技术明显改善了共享助力车的充电情况。

2020 年，银川市市政管理局开始引入大数据，对共享助力车活跃数据进行监测和分析，实时督促相关运营企业注意共享助力车的充电情况。银川市共享助力车的充电地点统一在永宁地区，运营企业曾经用三轮车零散装货运送充电，效率相对低下。利用大数据监控后，运营企业改进运送手段，采用了大型货车集中拉运方式，提高了电池更换的效率。另外，银川市还结合大数据实时监控车辆缺点情况，及时更换缺电车辆的电池，确保市民使用共享助力车的方便性，确保车辆电力充足，减少市民的骑行障碍。

在不同共享单车企业积极运用互联网和大数据技术时，越来越多的研究机构和政府部门也参与其中，从更高层次构建技术应用平台。

2018 年 1 月，中国信息通信研究院打造的“共享单车监管平台”正式发布，并面向全国各个政府部门和企业开放。该平台是全国首个共享单车大数据管理平台。该平台采用开放式接口，即接口文档随平台同时发布，与各共享单车企业统一对接。共享单车企业通过接口接入平台并上传数据。政府管理部门通过平台能准确查看精细到街道的共享单车数量，以实时了解使用和未使用的共享单车位置。此外，该平台还能用图谱方式，展示各家单车企业的车辆数量、健康状况、活跃数量和周转率等统计指标，确保管理部门能够实时了解共享车辆的运营状况，便于政府进行总量控制，帮助企业提升服务质量。

通过这一平台，政府也能划定电子围栏，例如，设置推荐停车区和禁止停车区等，促使单车能有序停放，以维护交通通畅和市容整洁。一线市容执法人员也能通过在手机上安装的管理 App，对路面上的车辆进行高效有序检查。

大数据技术能有效实现海量信息的互联互通等。政府通过类似的大数据精准监管，能让城市内的共享单车数量始终保持在动态平衡，从而最大限度地减少共享单车对骑行系统带来的负面影响。

骑行交通具有一定的公益性质，对市民的素质要求较高。这几年，共享单车也给城市管理者新的启示：城市交通管理不仅是管理部门、道路资源、交通设施之间的协调与合作，还对广大市民提出一定的要求——加强市民道德教育。通过大数据与物联网的结合，更先进的技术治理模式使市民的骑行行为更加规范。例如，交通管理后台中心可以通过大数据对市民骑行行为进行评级，物联网技术与共享单车使用也能充分结合，对随意破坏共享单车或不遵守交通规则的行为及时制止。

大数据技术与骑行的结合将会引领骑行系统的发展，建设更规范的交通体系，从而让城市的交通管理更加智能高效。

6.6.4 互联网与大数据的应用趋势

想要解决骑行系统的现有问题，涉及的工作量较大，而大数据的诸多功能有利于解决这些问题。尤其是在互联网与大数据技术结合的过程中，有效数据获得的越多，所耗费的计算资源则越少。在对骑行系统的管理中，管理资源的消耗也会随着大数据聚合而减少，这些决定了互联网与大数据的应用将成为必然趋势。

发挥互联网与大数据的作用，主要表现在以下几个方面。

1. 加强骑行数据采集和共享

大数据的采集需要利用不同数据库来接收客户端的数据。同时，用户也能通过这些数据库来进行查询和处理。在现有的骑行工具中，其中很大一部分（以共享单车为代表）已拥有全球定位系统（Global Positioning System，GPS），能有效获取用户的骑行记录。政府和企业可以进行更多协调，对骑行工具进行信息采集，获取更多的数据。

在采集骑行系统的大数据基础上，企业和政府也应在不泄露用户个人隐私的前提下，向社会进行合理的开放，并鼓励号召社会组织和公众共同参与骑行系统的治理。

2. 运用大数据管理骑行系统

政府监管部门和企业可以运用大数据技术对骑行者的骑行记录进行数据分析，预示可能出现的问题并进行解决。例如，通过数据得知某地区骑行工具停放已接近饱和状态，即可推送消息至其他骑行者的手机 App，提醒他们减少停放行为，或引导他们将骑行车辆驶向指定位置等。

互联网和大数据技术也能用于监管偷窃、破坏骑行工具的犯罪行为。通过运用先进技术，企业或监管部门能追查最后的使用者，并结合先进的通信技术，进行消息推送，提醒使用者注意骑行工具安全、完善等。

在骑行系统的环境改善和设施规划上，互联网和大数据技术也能帮助政府管理部门取得宏观设计的主动权。根据积累且不断更新的骑行数据，对骑行道路、停车设施、服务设施的布局进行优化，以改善普通人的骑行体验。例如，政府与企业通过大数据共享，不仅能帮助政府划定停车区域，还能帮助政府根据精确定位数据，针对共享单车使用流量大的区域和时间段，及时增加执法人员，以便疏导交通、维护秩序。

6.6.5　互联网和大数据应用的注意问题

在利用互联网和大数据治理骑行系统时，需要注意以下问题。

1. 大数据技术的开发和运用

将大数据技术充分运用于骑行系统治理，前提在于必须开发出更具有针对性、更为成熟的数据处理和分析技术。政府、企业、社会组织应加大对骑行系统大数据技术的研发投入，同时，政府和企业还应大力培养相关技术人才，可以与高校积极合作，促进其积极培养人才。

2. 信息保护问题

任何领域的大数据开发和利用，都存在利弊。大数据利用得好，能有效分析和预测问题，促进其高效决策；但如果大数据利用出现问题，也可能导致泄露用户个人隐私，造成不利的影响。因此，在骑行系统治理领域，政府、企业、社会组织等既应积极利用大数据应用，也应加强大数据安全防范功能的开发和应用，加强对骑行用户数据安全的保护。

6.7　中小城市骑行系统的管理

步行与骑行是目前我国大多数中小城市常见的出行方式，但中小城市的骑行系统成熟度仍远低于大城市，骑行者安全保障与便利性不足，中小城市骑行出行面临出行基数大、问题多、规划不足、服务不足的难题。因此，研究骑行系统的建设发展必须将其与中小城市交通的优化管理相结合。

6.7.1　中小城市骑行系统管理的问题

根据 2014 年国务院颁发《关于调整城市规模划分标准的通知》，小城市的城区常住人口数为 50 万以下，中等城市的城区常住人口数在 50 万～ 100 万。全国地级市中，中小城市占一半以上数量，其人口占全国城市人口的 75% 左右。

目前，中小城市的骑行系统管理主要存在以下问题。

1. 骑行路网密度问题

骑行系统对道路路网密度有较高的依赖性，中小城市骑行道路路网的密度却低于大型城市。即便在很多中小城市的核心区域，将其全部城市道路都纳入骑行系统进行规划，其路网密度仍无法达到骑行系统的标准要求。

从城市路网密度的性质来看，中小城市路网密度主要体现为干道路网，而忽略了城市支路的承载作用，导致缺乏支路。干道则表现出道路宽、长度短、路网稀等问题。因此，在中小城市进行骑行道路规划，只能利用城市主干道，这反而进一步导致骑行系统缺乏活

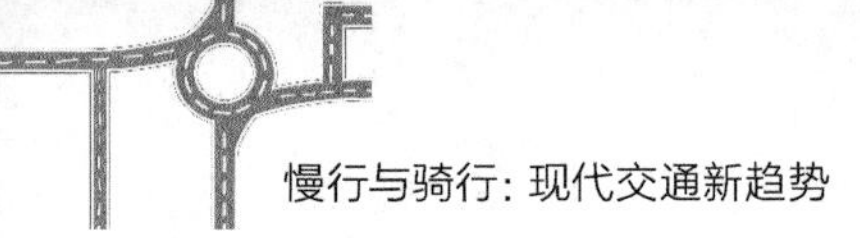

力和效率。

2. 骑行出行环境差

从理论上看，中小城市发展骑行系统具有天然优势，而这些城市的骑行出行方式、习惯和基础设施都具备与大城市不同的特点。一段时间内城市建设强调道路扩张，导致人行道、自行车道被占用。另外，骑行基础设施资金建设投资量相对不足，骑行者仍是出行群体中的弱势者。

3. 骑行系统规划与评价缺乏

目前，国内相关研究缺乏针对中小城市骑行空间系统规划和评价的内容。大多数中小城市骑行交通规划仍处于理论研究阶段，而其实际构建缺乏可操作性和科学性，尤其容易在规划中产生骑行分区、路网分区等争议问题，导致规划与管理脱节。

6.7.2 中小城市骑行系统的改善

中小城市骑行系统的建设方向与大城市有所不同，骑行系统的发展更是如此。

以上海市为例，该市地域面积大，呈现多中心式发展。因此，上海市的骑行系统有较多的重点建设区域，其目标是借助发展骑行系统，打造城市的多核慢行交通网。相比之下，中小城市城区地域面积较小，也不存在大城市的多中心状况。绝大多数中小城市的发展中心混同一处，商业中心、居民住宅等均位于一定范围内的同一地块。类似现实情况，决定其骑行系统改善的途径与上海市这样的大城市存在显著不同。

1. 城区中心骑行设计

中小城市应从城区中心出发，进行完善的骑行交通设计。骑行系统的内核应根据不同城市的具体情况，细分为商业区、居住区、教科研区域等。中小城市内部区域面积不大、距离不远，可以通过骑行走廊带或骑行环线方式，连接各小区域，保证区域之间的可达性。在有条件的地区，应考虑建设骑行绿道，配合良好的停车、服务设施，用于市民的日常休闲或锻炼骑行，以打造城市的人文骑行氛围。

2. 骑行道路区分

根据中小城市道路功能，可以将骑行道路分为生活性、景观性、商业性和交通性道路等。

（1）生活性道路

生活性道路上的行人较多，通常是以慢行交通外出为主。生活性道路的规划，应确保慢行主体的路权，尤其注意避免骑行者路权被侵犯。如果具备对应条件，则可以在主干道上通过设置实体分隔设施，实现机动车和非机动车的分离。在支路上允许机动车和非机动车混行，但应根据实际状况，设置路边非机动车停车位。

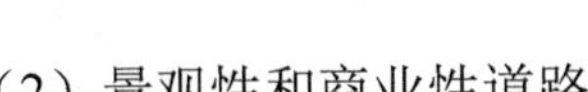

（2）景观性和商业性道路

在中小城市，景观性道路通常作为城市形象的代表，具有重要的位置，景观性道路重点在于展示沿线景观，体现城市特色文化。商业性道路则主要集中在商圈周边，其道路经过地区商业比较发达。

对以休闲娱乐、展示功能为主的道路，可以考虑建设封闭式的骑行天桥，也可以考虑建设骑行加公交的道路设施。类似道路设施能确保骑行环境、行人安全和交通畅通。骑行道路的规划也应结合实际情况，与周边绿化、景观、河道等因素进行融合。骑行道的设置应与人行道尽量相连，通过路面设施、隔离护栏等方式，与机动车道有效隔离。

（3）交通性道路

交通性道路应确保人流、骑行车流和机动车流之间有足够的距离，从而发挥交通性道路的作用。实践中，很多中小城市会通过压缩骑行道来拓宽机动车道，但在骑行系统改善的过程中，应更注重保障骑行主体路权，引导骑行交通，缓解交通拥堵问题。另外，该类道路的机动车停车设施也不应设置于路侧停放，避免占用骑行空间。

对于流量较少的交通性道路，可以采取限时、限方向通行的方法，从而缓解交通压力，确保骑行安全。在骑行道路区域设计规划中，还应考虑特殊人群的各种特殊需求，增加必要的公共设施，更好地提供服务。

3. 基础设施建设的改善

骑行系统的基础设施改善重点包括增加交叉路口自行车过街设施、自行车标识及停车设施等。

（1）交叉路口过街设施

交叉路口是自行车、行人的汇集点，通过醒目的标识来区分过街带、等待区、停止线等区域，可以提高慢行的安全性。同时，交叉路口可以设置慢行专用的红绿灯，并根据自行车或人流的速度调整“绿波带”，使出行者感到更快捷和舒适。

（2）自行车或行人标识

自行车或行人标识可以起到指向性的作用。首先，整齐统一的交通标识不仅可以提高骑行者的通过效率，彰显管理部门对慢行交通的鼓励和支持。其次，通过自行车或行人标识，还可以让市民或游客更加了解里程信息和景点特色。

（3）停车设施

自行车的增多会导致骑行者面临和机动车驾驶者类似的“停车难”问题，而停车是否方便，影响着人们骑行意愿。管理部门可以根据不同区域特点，采取差异化的改造策略。在住宅区，可以将少部分机动车位改造成自行车停车位。在商业区，可以在不影响道路通行效率的前提下，利用部分非机动车道修建自行车停车架，方便骑行者停车。

6.7.3　中小城市骑行系统建设类型

骑行系统能解决交通效率问题，并在减少碳排放量上起到显著的效果。中小城市的骑

行系统建设应根据城市地形地貌、社会特点、居民出行距离等分为不同的模式。各地政府可以根据所选模式的不同发展侧重点，在骑行系统建设规划和投入上有所取舍。

中小城市骑行系统的建设类型主要包括以下两种。

1. 步行和骑行的组合

在规模中等偏小的平原城市交通规划和建设中，应充分鼓励步行和骑行的组合模式。城市应规划和建设完善的骑行路网，并与支路、巷道充分结合，以保证路网的完整性和连续性。同时，应按照骑行工具流量，对骑行道加以优先设计，并在设施建设上充分考虑步行和骑行需求。

2. 骑行和公交的组合

在中等规模城市或丘陵城市里，应将骑行和公共交通作为整体考虑。这种类型的骑行系统建设模式，能有效减少骑行者的疲劳感，同时也有利于通过公交系统来解决地形不利或出行距离长的问题。

中小城市市区面积不大，交通出行距离短，但拥堵现象显著。在中小城市骑行系统的规划设计中，不仅要有完善的骑行交通设施，还要通过不同方式引导交通流，对整个城市交通系统进行改变。管理者可以将现有的常规公交系统，作为城区内中长距离的交通网络基础主体，以维系城市居民中长距离出行需求。在此基础上，配合骑行系统的建设发展，颁布相关规章政策，整体改善城市交通系统。

6.7.4 慢行系统的规划分区

目前，我国中小城市尚未形成统一明确的慢行系统分区方法。国内大多数研究者认为，慢行系统的分区应充分考虑城市空间布局、道路交通设施分布、公共服务设施分布、用地性质、功能分区、出行强度等要素。此外，中小城市慢行系统规划分区实践，还应注意本地城市与大城市的差异性，并将骑行分区、不行分区和城市整体规划方案实施相结合。

中小城市可以重点应用以下慢行系统规划分区方法。

1. 自然因素分区法

其中，根据自然因素的不同标准，中小城市可以分为两类区域：慢行的重点区域和慢行的一般区域。

慢行的重点区域应覆盖交通需求量大的市中心、核心商业区、大型社区、学校和医院周边地区。在重点区域，应加强慢行交通网络的建设密度。慢行的一般区域，即重点区域之外的中小城市区域，应保有慢行交通网络的基本密度。

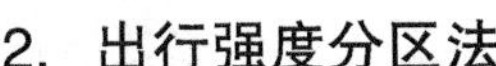

2. 出行强度分区法

与第一种分区法相比，该规则更强调区域的功能性，注重预测慢行需求。

重点区域包括慢行密度高的城市区域，包括城市中心区、重要公共设施、主要交通枢纽、核心商务区和政务区、公园、游乐场、文化展馆等。在这类区域，骑行、人性道路网络设置密度高、设施最为完善。

侧重区应兼顾步行、骑行和机动车出行，骑行道路网络密度适当并配置普通骑行设施，主要包括城市的一般商业区、大型社区等。

中小城市的其他地区是对慢行提供基本保障的区域，属于普通区。

3. 重点工程分区法

中小城市的慢行系统规划管理，还可以根据重点工程性质类别进行分区，主要包括以下类型。

（1）城中村慢行规划

城中村属于封闭社区形式，有较多数量的小街小巷，分布区域较广。中小城市可以结合城中村特点，将其纳入慢行规划管理研究范围。

城中村慢行规划管理，应根据街巷宽度，设置差异化的管理方式。例如，将 5m 以下的街巷划定为慢行街巷，仅供骑行或步行通行，禁止机动车通行。将 5 ～ 9m 的街巷作为骑行优先街巷，机动车仅供单向通行。街巷宽度达到 9m 以上，作为骑行优先街巷，机动车可双向通行。

（2）社区与市场慢行规划

中小型城市存在典型的社区与市场包含城市支路的现象。例如，大型居住区会将城市支路“私有化”，“马路市场”也会产生同样的问题。这种现象导致城市支路同时存在各种交通方式混行的情况，从而影响交通效率。

中小型城市针对这一问题，可以根据社区或市场具体的类型，设计骑行路权道路。例如，交通流密度较高的社区或市场，应将支路设置为仅供骑行和步行通行，只有在非高峰时期或早晚期间允许机动车通行。交通流密度一般的社区或市场，应将支路设置为单向机动车交通，但应与慢行区域有明确的界限。交通流密度较少的社区或市场，可设置为正常的交通通行方式。

6.8　绿道慢行系统的管理

绿道慢行，即主要依托绿道完成的慢行活动。作为健康、舒适、低碳的休闲方式，绿道慢行既与交通有关，又与文化、旅游、体育、休闲等不同领域有机结合，能为城市居民在同一环境下提供多重体验。随着我国经济不断发展、人民群众健康意识不断增强，绿道

慢行越来越受到欢迎，绿道慢行系统的管理也被提上城市慢行系统规划管理的重要日程。

6.8.1 绿道慢行系统的现状

绿道是指连接主要公共娱乐场所、风景名胜、城乡居民居住区的线性绿色道路空间。随着城市规模的扩大、慢行需求的增加，为市民创造良好的慢行空间，显得尤为重要。

国内主要的绿道分布在城市内的大型公园、滨水沿线或城郊自然区域内。而在交通密度大的城市中心区，由于涉及建设问题，社区内的绿道大多仅位于城市道路两旁，能提供的娱乐、休闲、生态功能也比较弱，但却是城市绿道中使用频率最高的类型。

目前，针对城市绿道骑行系统的规划实践，主要集中在绿道规划层面，例如，绿道选线、绿道网络、绿道可达性、绿道连续性等，也包括绿道使用效果的评估。

6.8.2 绿道骑行空间的优化

相关研究表明，不同地域、不同类型的慢行人群，对绿道使用效率差异较大。即便是使用率较高的双向独立绿道、人行道划线绿道等，也存在不同的问题，需要通过优化手段加以解决。

由于绿道上的交通主体往往既有行人，也有骑行者，既有顺行方向，也有逆行方向，因此如何确保慢行行为的连续性、安全性，是绿道交通空间亟须解决的问题，例如，逆行的自行车、电动自行车等带来的风险。又如，在步行绿道和骑行绿道之间“摆动”的步行人群，往往是出于避让逆行的步行或骑行人群，但却经常未能注意到对同向人群的影响，导致剩余的绿道空间不足。

为此，绿道规划和管理方应着手采用以下方法，对问题加以解决。

针对逆行、“摆动”等行为，一些城市将骑行绿道规划为双向行驶。同时，骑行道的总宽度不小于 2m，绿道一侧的步行空间宽度不小于 2.25m，从而确保减少逆行者的干扰，同时提升步行者的交通空间，尽可能减少其对骑行绿道的占用。

针对绿植干扰，部分城市积极利用绿化带建设社区绿道，并将慢行道设置在绿化带的边缘，确保慢行道与人行道毗邻。一些城市还在其连接空间中种植乔木，既能完成分离，也能为慢行提供绿荫。

除了上述规划，也有绿道系统将慢行道设置为双向行驶，并将宽度设定为不小于 2m，确保慢行者能获得良好的骑行体验。

总之，由于城市中心缺乏可充分利用的绿道空间，规划者可积极运用措施，利用现有人行道、绿化带和城市绿地，对慢行绿道加以建设。

6.8.3 绿道慢行系统的发展策略

针对绿道慢行发展现状中存在的问题，应开展针对性原因分析，并积极提出改进措施，形成发展策略，从根源上解决问题，推动绿道慢行系统的发展。

1. 建立专属慢行绿道路网

在绿道规划和建设中，应根据车辆性质，对慢行者进行有效划分，建立专属的慢行绿道路网。例如，2017 年 3 月，成都市规划局推出的《成都市慢行交通系统规划》中就明确提出，将在天府新区成都直管区、中心城区等地构建 798km 的自行车专属慢行绿道，并将其作为成都市城市慢行交通系统的重要部分。

在专属慢行绿道路网中，尤其应注重慢行连续性的保证，划分区域、城市和社区 3 级绿道，保证均能和骑行道、步行专用道对接，形成相对系统完善的骑行道路系统。

建立专属的慢行绿道路网，还应加强人行道与骑行绿道之间的管理，其中包括管理好交通标识、禁止行人随意行走等，从而保证环境的安全性。

2. 完善绿道慢行服务设施

良好运行的绿道慢行服务设施，能体现整体空间的综合价值。例如，植被是绿道骑行的观赏景观，能为骑行者带去休闲体验，同时也能提供功能遮阴的环保功能。因此，管理方应成立专业植被养护团队。又如，围绕绿道内的监控、照明、护栏等设施，能保障步行者的安全，记录可能发生的小型交通事故，对这些设施也应形成周密的监督检查机制，确保维护设施设备的良好状态。

3. 禁止绿道占用现象

目前，在各大城市的慢行绿道空间内，存在由于摊位摆放、机动车停放而造成的占用现象。因此，城市相关管理方应通过法规明确侵占绿道的不正当性，应规定摊贩、机动车无权进入绿道随意停放，对违反规定者应加以教育惩处。这既需要采用立法的方式加以明确，也需要执法部门能加大监管力度，承担相应责任。同时，还需要通过社区、物业共同努力，进行自我监督检查，最大限度地避免违法违规使用绿道，以确保城市绿道骑行空间的整体和谐。

案例：北京市西城区——骑行要文明规范管理共担当

随着骑行理念的深入推广，自行车骑行作为环保、健康、快捷的交通出行方式，再度引起社会各界重视。北京市在推动骑行方式文明规范的同时，也促进了管理手段的科学多样发展。

近年来，北京市慢行出行比例从 39.3% 上升到 46.7%。其背后原因在于北京市持续推动骑行交通出行品质的改善，城市骑行环境日渐友好，更多人选择骑自行车。

管理质量的提升首先来自硬件条件的改善。以北京市西城区为例，为了营造安全舒适的骑行环境，2021 年 4 月开始，北京二环辅路西城段慢行系统优化改造工程开始启动，整

个工程分为3段，包括西直门桥到鼓楼桥内环方向、月坛南桥到天宁寺桥内外环双方向、天宁寺桥到鸭子桥南街外环方向。该项目从西南二环向北二环推进，最终在2021年7月完工。这次工程的主要内容包括水铣标线并施划、慢行彩铺段水铣并摊铺、增加非机动车宽度等。

在此之前，二环辅路西城段慢行系统的优化改造已于2020年年底完成了对6.2km骑行道路的加铺和彩铺工程。通过改造，二环辅路西城段骑行条件获得了较大的改善，骑行的安全性、连续性、舒适性等体验焕然一新，并充分保障了骑行的路权。

⇨本章总结

骑行系统与慢行系统的管理措施和环境治理是本书重点章节。本章首先围绕骑行系统与慢行系统管理措施的内容、难点，将现有的管理方法和国外先进城市骑行系统与慢行系统的管理案例加以对比借鉴，明确骑行系统与慢行系统未来的管理趋势。

骑行系统的管理对象不仅包括骑行者、骑行工具和骑行设施本身，还包括骑行系统、慢行系统与城市整体之间的环境联系治理。读者应侧重了解环境治理的概念，如何引入互联网和大数据技术进行环境治理，并结合中小城市环境、绿道慢行环境，具体了解骑行系统与慢行系统环境治理的现状和分析未来发展趋势。

第7章 共享骑行的企业发展及资本参与

【本章内容概要】

本章主要介绍了共享骑行的发展过程与现状，了解共享骑行作为当下主流的骑行方式在慢行系统中的作用、共享单车企业的发展途径及资本对慢行业态（主要是共享骑行）的塑造途径，了解政府在共享骑行行业发展中的管理职责。

【本章学习重点与难点】

学习重点：掌握共享单车企业的不同发展途径，认识资本对共享骑行发展的推动作用，了解资本无序发展导致的共享单车企业不正当竞争的后果。

学习难点：深入理解共享骑行的政府管理职责、管理权限、管理途径。

【案例导入】

无桩单车共享模式在很大限度上解决了城市通行“最后一公里”的难题。2017 年，ofo 公司已经连接了超过 1000 万辆共享单车，累计向全球 20 个国家超 250 座城市的 2 亿用户提供了超过 40 亿次的出行服务。然而，扩张政策激进、内部资金流混乱、管理不善等因素导致 ofo 公司资金链断裂。

共享骑行模式是如何在中国市场迅速崛起的？共享单车企业又是如何借助资本迅速发展的？资本在共享单车企业的发展中充当了什么样的角色？政府如何在共享单车企业的发展中做好工作？

7.1 共享单车的兴起

共享单车（自行车，也可以是电动自行车等）通常被投放在校园、交通站点、商业圈等

城市固定场所，由使用者通过手机等智能设备在相应的平台上自助租车并付费使用。

实质上，共享单车属于分时租赁交通工具的经营模式。2017 年 8 月，交通运输部等部门联合发布了《关于鼓励和规范互联网租赁自行车发展的指导意见》，将“互联网自行车租赁”（即大众熟知的共享单车）界定为“移动互联网 + 自行车租赁”融合发展的新型共享经济服务模式。

7.1.1 共享单车的发展脉络

科技的进步、环保的要求和新型共享经济的发展等因素促进了共享单车迅速发展。在不同历史阶段和科技发展水平的背景下，共享单车的发展也经历了不同的阶段。

不同于传统的小汽车租赁业务通常按天计费的方式，自行车的使用时间一般较短，因此，共享单车的计费是以小时甚至分钟来作为标准的。准确界定用户的使用时长是共享单车的重要技术核心，也是共享单车真正为市场所接受的关键因素。

从共享单车在不同历史时期的计费方式进行分析，可以将共享单车的发展划分为以下 3 个阶段。

1. 第一代共享单车的免费使用阶段

1965 年，荷兰阿姆斯特丹的城市交通受到拥堵、污染等问题的困扰，荷兰的一个非政府组织决定为市民免费提供自行车，由于这些自行车被统一喷涂成白色，所以这项计划又被称为“白色自行车计划”。由于没有有效的防盗措施，也缺乏有效的手段区分是谁取用了自行车，这些自行车很快遭到用户私自挪用和弃置，该计划最后不了了之。尽管如此，这项计划以其创造性的想法，开创了共享单车的先河。其中许多措施，例如，将共享单车喷涂成统一的颜色等，被后来的共享单车项目沿用。

2. 第二代共享单车的缴纳押金阶段

在汲取了“白色自行车计划”失败的教训后，丹麦哥本哈根施行了一项名为“Bycyklen”的公共自行车计划。该项计划中的自行车采取区别于普通自行车的特制样式，希望能以其醒目的样式起到一定的防盗作用。自行车的租 / 还必须在城市各个地方的固定停车桩才能实现。该计划中自行车的使用仍是免费的，但公众需要支付押金。但因为自行车租赁的押金较少，而且无法准确约定租车的具体时间，所以很多租赁者在支付少量的押金后，依然选择不归还自行车。另外，该模式也没有有效解决自行车被偷盗和损毁的问题。因此，该计划最终失败。

3. 第三代共享单车的即时结算阶段

技术的不断发展为共享单车产业带来了蓬勃发展的机会。20 世纪 90 年代，信息处理技术、遥感技术、通信技术等的快速发展，在为共享单车使用者带来极大便利的同时，也使精确的计费成为可能，让共享单车的商业化发展成为可能。卫星定位、智能化锁具等技术极大地减少了偷盗和损坏概率，提高了共享单车计划的可行性。

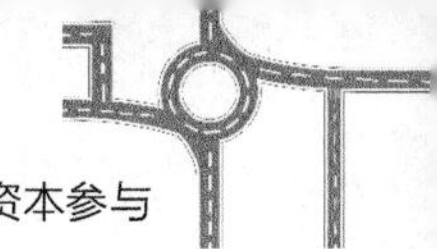

例如，1998 年，法国雷恩的“自行车地图”项目采用了智能交通卡的模式，要求使用者在租借前提交申请表并缴纳押金，在每次租借和归还时都要刷交通卡，以便记录详细的租借信息。

随着数字技术的发展，智能手机被广泛运用，人们通过 App 便可完成租借服务，共享单车系统的便捷性、安全性等更是得到了大众的认可，移动支付技术也让共享单车租借能够即时结算费用。随着技术的创新和发展，2009 年左右，共享单车在我国逐渐兴起。

7.1.2　我国共享单车的发展历程

共享单车尽管属于近年我国交通产业的“舶来品”，但随着共享单车在我国市场取得巨大的成功，其运营模式又开始向海外输出。从“引进”到“输出”，共享单车在我国经历了以下 4 个发展阶段。

1. 政府引进阶段

自 2005 年开始，广州、上海、武汉、杭州等城市相继开展公共自行车的试点，陆续在城市建立公共自行车租赁系统。北京为了办好 2008 年奥运会、杭州为解决城市交通“最后一公里”难题，在公共自行车的建设上取得了较好的成绩，其他城市纷纷效仿。到 2009 年年中，杭州已在主城区投放了 17000 多辆公共自行车，拥有 800 多个服务点，日均租用量突破 10 万辆（次）。

这一阶段推出的公共自行车项目，大多学习外国的经验，以政府为主导，以有桩单车为主要模式，多为“点到点”的固定运行路线，市民租车需要凭借身份证并缴纳押金后办理充值交通卡，通过计算“点到点”之间的借还时间差进行计费。

2. 企业参与阶段

自 2010 年开始，陆续有企业开始参与城市公共自行车的运营，比较知名的企业有永安行公司。该公司通过政府规划、招标，企业商业化运营的模式，承接了苏州、上海等地的系统的建设和运营，累积了一定的公共自行车运营经验。

该阶段的公共自行车仍以有桩单车为主，投资和运营的成本较大，经济效益和社会效果不显著，市场亟须新的共享单车运营模式。

3. 市场主导阶段

2015 年被称为中国智能共享单车发展的元年。共享单车企业将卫星遥感定位技术，与移动支付融合，创造了“移动互联网 + 自行车租赁”的新模式。用户凭借一部智能手机即可实现共享单车的租赁，扫码即用、随用随停、即时结算，极大地提高了出行效率，引发了公众的使用热情。

共享单车呈现巨大的市场潜力，各大企业采取加大车辆投放力度、补贴用户消费等手段抢占市场，一时间，城市的各个角落都有五颜六色的共享单车。2017 年，有数十家共享单车企业运营着近 2000 万辆单车，用户人数超 2 亿。

共享骑行市场的自由竞争，为市场带来了新的活力，为公众提供了更经济便捷的共享单车服务。但资本的无序扩张，导致共享单车过度投放、违规停放等问题突出，占用了有限的城市公共资源，并且在用户的信息安全保障、押金的合规管理等方面产生了巨大的隐患。单靠市场已经无法解决这些问题。

4. 有序管理阶段

2017 年以后，共享单车在发展过程中产生的问题引起了公众的广泛关注和热议，如何有效规范共享单车的运营也考验着城市管理者的治理水平。

2017 年 4 月，深圳市交通运输委员会等发布《关于鼓励规范互联网自行车的若干意见》，明确要求车辆投放规模要与区域承载能力相匹配，鼓励企业为用户购买相关保险，建立用户行为规范的信用评价制度等。2017 年 7 月，南京市交通运输局等部门联合发布《关于引导和规范互联网租赁自行车发展的意见（试行）》，要求用户实名使用共享单车，对乱停乱放、故意破坏共享单车的行为纳入个人信用记录，12 岁以下的儿童不得使用共享单车等。天津、广州等地也出台了类似的规定，通过设定投放上限、限定停放的“电子围栏”区域、建立用户信用评价系统等措施，规范共享单车的有序发展。

2017 年 8 月，交通运输部等 10 部门联合发布《关于鼓励和规范互联网租赁自行车发展的指导意见》，这被认为是共享单车从野蛮生长到规范运营的“拐点”，从此，共享单车在全国范围内被纳入全面依法管理。

7.1.3 共享单车兴起的原因分析

任何事物的产生与发展都是内外因共同作用的结果。其中，内因是事物发展的根本原因，外因是事物发展的先决条件。共享单车的兴起有其深刻的内部原因和有利的外部条件。

1. 需求旺盛是共享单车兴起的内在动力

在城市的快速发展过程中，规划和建设中存在不科学、不系统的问题，导致部分空间架构出现相对不合理的情况。在部分城市，新建社区功能单一，老旧社区配套不齐全等“空间错位”的现象比比皆是。另外，公共交通虽然能够解决人们的大部分出行需求，但公共交通的站点设置并不能覆盖所有的人群，从而产生了大量的接驳需求。例如，公交车等公共交通的准时性较差，不能满足人们的精准化出行需求。私家车出行又面临拥堵、停车难、出行成本高等问题。相比之下，共享单车具有出行便利、使用成本低等优势，市场很快出现了大量的需求，从而带动了共享单车的兴起。

2. 科技创新是共享单车兴起的技术保障

智能手机、移动支付技术的发展和成熟，使共享单车能实现即时结算的功能，进而使共享单车的商业化成为可能。共享单车发展和兴起的关键是集无线定位与通信功能为一体的智能车锁出现，智能车锁能使用户在使用和停放共享单车时实时按照 App 的指令实现开锁、关锁。这项技术看似普通，却在很大程度上解决了单车定位、无线通信方面的问题，不但为共享单车“无桩化”模式提供了坚实的技术保障，而且该项技术在防盗上的表现也让企业在投放共享单车时没有了后顾之忧。

3. 注重环保是共享单车兴起的文化氛围

传统的机动车出行方式产生了大量的二氧化碳等温室气体和其他有害气体，并产生噪声污染、灯光污染等环境问题，所以除了革新能源结构等措施，人们也在寻求更加健康低碳的出行方式。

在这样的社会共识下，骑行成为更多人短途出行的首选方式，共享单车以较低的能量消耗、较少的污染物排放，以及较低水平的道路资源占用，成为“节能减排、低碳环保”背景下，人们优先选择的交通工具之一。

4. 政策支持是共享单车兴起的外部环境

单纯由政府出资和主导的公共自行车项目，在建设和运营方面存在较高的成本。相比之下，共享单车以市场化的方式进行运营，由企业自担成本、自负盈亏，减少了政府在相关交通设施方面的投入，也获得了政策的充分支持。《交通强国建设纲要》《国家综合立体交通网规划纲要》中均将自行车出行作为国家立体综合交通网络的重要内容进行布局。各地市也出台了相应的规定，引导共享单车有序发展和共享单车企业的合规经营。

7.2　共享骑行的现状与趋势

共享骑行经过一段时间的发展，已深入人们的日常生活，选择共享单车出行成为许多人的日常习惯，共享骑行随之在我国进入稳定发展阶段，其市场规模、用户群体相对稳定，并呈稳步增长态势。

7.2.1　我国共享骑行的现状

我国共享骑行行业在经历了充分竞争和有力监管之后，已从重“量”的野蛮生长转型为重“质”的规范运营。共享单车企业更多地借助科技创新和提高服务质量来扩大市场的占有率。

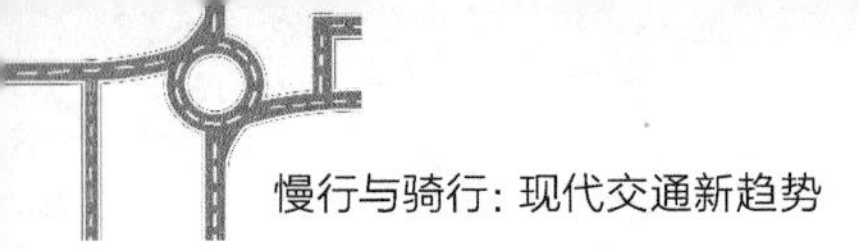

整体而言，我国共享骑行的市场规模大且增长稳定。2017 年，我国共享骑行的市场规模约为 62 亿元，2020 年已突破 200 亿元。

从用户规模来看，共享骑行市场在 2016 年拥有大约 2800 万用户，2017 年用户规模增长到 2 亿人。之后，用户规模稳中有升，到 2020 年达到 2.87 亿人。

从共享单车投放数量来看，共享单车在一些城市特别是大城市的投放规模已经饱和，开始向二三线城市进行投放，2017—2020 年，共享单车的年投放规模在 1600 万～ 1900 万辆。

在竞争市场方面，ofo 公司首创的无桩共享单车模式为后续共享骑行市场的爆发式发展奠定了基础。但随着其他资本的入场，市场竞争加剧，加之 ofo 公司盲目扩张和管理不善等原因，导致公司资金链断裂，退出共享骑行市场。

在我国竞争激烈的共享骑行市场，资本的介入成为左右共享骑行市场占有率的重要因素。摩拜单车（现称美团单车）、青桔单车和哈啰单车成为我国共享骑行行业“三足鼎立”的头部企业。永安行、小蓝单车等企业在一些特定地区的市场中，同样具有一定的占有率。

目前，我国共享骑行用户规模庞大，用车文化良好。我国有庞大的人口基数，城市化发展速度快，为共享单车提供了良好的发展环境。共享单车从被投放到一线大城市到二三线城市，甚至被投放到县城和大城镇，也不过短短数年时间。2020 年，共享单车的用户数量已经达到 2.87 亿，用户群仍在持续增长。这些新增的用户群体中，年轻人占了很大比重，其中，大多数是切实具有用车需要的理性消费者。调查数据显示，用车频率在每周 3 ～ 5 次的用户占了大部分。

共享骑行在发展过程中暴露了许多监管问题，更说明共享骑行的持续发展离不开有力的监管。政府对共享单车企业的监管也越来越完善，包括出台规定、制定惩戒措施、采取税收优惠政策等措施。

深圳相关管理部门科学统计区域内的单车需求和承载量，通过配额方式引导企业合理投放。深圳还出台规定，对违规的共享单车企业设置“失信名单”，禁止在深圳市范围内投放单车，禁止被列入“失信名单”的个人使用共享单车并将失信记录纳入征信系统。

2022 年，由北京市自行车电动车行业协会牵头，会同美团单车、哈啰单车、青桔单车 3 家共享单车企业，共同签署了《北京区域互联网租赁自行车行业规范用户停放行为联合限制性公约（试行）》，通过实行联合限用等惩戒措施规范用户的停放车行为，多管齐下的监管措施，一方面规范了企业的合规运营，另一方面规范了用户的骑行行为，共同促进共享骑行的发展。

至此，共享单车企业在经历最初的无序扩张之后，也已形成相对平衡的市场结构，运营过程中已不再通过盲目打价格战等方式抢用户、抢市场。

7.2.2 共享骑行的未来发展趋势

共享骑行可以满足人们出行、娱乐等方面的新需求，在发展过程中也暴露了一些问题，但只有直面问题才能解决问题，共享骑行必须以更先进的智能化水平、更精细的服务水平和更完

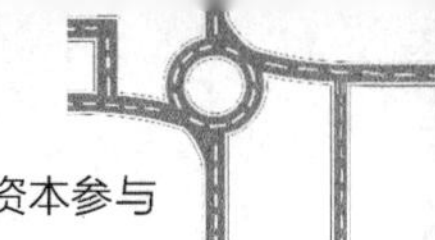

善的监管体系赢得未来。

1. 更现代的科技水平

卫星定位、移动支付、智能车锁等技术的飞速发展和应用，为共享骑行的蓬勃发展带来了可能和助力。人工智能、物联网等将为共享骑行的未来创造更大的空间。例如，将人脸识别技术应用在共享单车系统，会为用户带来更方便快捷的租借和支付体验，也为智能防盗提供更多的途径；大数据技术的运用，让共享单车系统在不同用车时段的调配更合理；物联网、定位、人工智能等技术的运用，可以让共享单车系统提供导航服务。

2. 更精细的服务水平

共享骑行发展的初期，各企业粗放式运营模式备受争议，“跑马圈地”抢占市场资源，忽略了用户的体验感受。在共享骑行的发展中，要将提升用户体验摆在首位，以精细化的服务留住用户，培养用户的忠诚度，从而赢得市场。在竞争激烈的共享骑行市场，企业只有不断致力于提升服务水平和用户体验，才能赢得用户、赢得市场。

3. 更完善的监管体系

在未来，市场“无形的手”与政府“有形的手”相结合，多管齐下，以完善的监管体系引导共享骑行市场有序发展。政府要结合共享骑行发展的需求，科学地制定各层次的监管法律法规。共享经济并不意味无序竞争。在市场准入机制方面，共享骑行要与城市的发展规划、城市的基础承载能力等相匹配。在市场的运营管理方面，共享骑行要遵从监管要求，主动合规经营。

4. 更健全的信用体系

共享骑行离不开用户的参与，用户的市场意识、契约精神、公共意识对共享骑行的长远发展具有重要意义。培养用户的分享精神、公共意识不能仅靠用户的自觉，建立合理的制度才是行稳致远的良策。

在共享骑行的相关制度中，信用惩戒制度建设尤为重要。诚信是现代市场经济和分享经济的基石，通过合理的信用评价机制，对用户的文明用车行为进行奖励，对不文明用车行为采取“限骑”的惩戒措施等，才能促进共享骑行的稳步发展。

7.3　共享骑行的企业发展途径

企业是重要的市场主体，是共享骑行业态建设的主力军。现代经济中，赚取利润是企业参与市场活动最直接的动力，共享骑行的庞大市场吸引了众多企业参与。不同经营和发展模式的企业经过市场竞争，优胜劣汰，剩下的才是最适应市场的参与者。因此，企业在

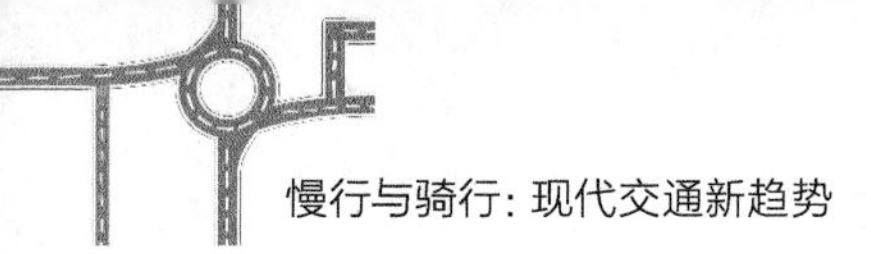

市场经济的浪潮中，必须找到适应市场需要的发展途径，才能立于不败之地。

7.3.1 共享骑行的用户群定位

企业发展经营，必须先找准自身服务的用户群体，再根据用户群体的消费习惯、消费需求等因素确定企业的发展定位和策略。共享骑行的用户群体庞大，对不同用户群体加以准确定位，有利于企业找到市场先机。下面以共享单车企业为例进行分析。

1. 共享单车的用户类型分析

从用户的性别来看，统计数据显示，共享单车男性用户占比约为55%，比女性用户占比要略多。

从用户的年龄情况来看，25～39岁的用户占比约为70%，他们是共享单车的主要用户群体，这个年龄段的群体出行需求较多，对共享骑行的使用需求大，对新事物的接受程度高。

从用户的职业情况来看，城市工薪阶层和大学生群体是主要的用户群体，城市工薪阶层主要使用共享单车与地铁、公交等城市公共交通接驳，大学生主要在校园内骑行。

2. 共享单车的使用场景分析

从使用地点来看，公交站点、地铁、轻轨站点、商业圈附近都是共享单车的主要使用地点，其中，公交站点和地铁站点是使用场景最多的区域。

从骑行时间来看，超半数以上的用户每次使用共享单车的时间在10～30分钟，换算为距离的话，平均在3km左右。

从共享单车的使用时间来看，在工作日，使用时间集中于上午7点～10点和下午5点～8点，周末和节假日则集中在上午9点～11点和下午5点～7点。

7.3.2 共享单车企业发展途径探讨

企业运营的目标在于持续营利，唯有营利，企业才能获得更大的发展动力。共享单车企业想要成长，必须找准发展图景，以更好的产品和服务留住用户，在“开源”和“节流”上下功夫。

1. “开源”

在租金的收取标准上，共享单车企业有必要通过数据分析，建立科学的预测模型，在用户使用意愿最大化和企业实现利润最大化之间找到利益平衡点。共享单车企业还可以丰富租金收取模式，例如，推出周卡、月卡、年卡等，或者在用户骑满一定时间或距离后，以打折优惠的方式收取租金等。

共享单车企业在大数据分析的基础上，提高广告投放、商业推送的力度和精准度，能实现更多的广告收入。在合规的前提下，更有效地利用好押金资金池，做到既保障用户的押金安全，又为企业带来更多的收益。

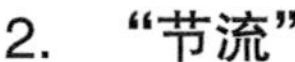

2. “节流”

共享单车企业的单车制造成本、后期损耗、运营维护等构成企业的基本开支。在单车制造成本难以下降的前提下，企业可以通过合理配置单车的投放数量等方式来控制成本和降低损耗。通过智能车锁的科技研发、信用惩戒系统的建设、卫星定位技术的运用等手段，减少单车的偷盗和损毁风险。在企业内部，还应积极建立现代企业运营制度和体系，降低企业的运营费用。

企业的发展途径本身是一个宏大的命题。经过市场检验的发展途径，才是最适合企业的。企业在面对事实检验的过程中，需要不断通过科技创新和技术创新，降低试错成本和开支，提高核心竞争力和营收能力，在“一降一增”中实现可持续发展。

7.4　共享骑行中的科技创新

科学技术是第一生产力。纵观人类历史的发展，每次生产力的大飞跃，都离不开科技创新的支持。从蒸汽机到发电机再到互联网时代，科技创新始终是引领人类社会发展和进步的主导力量。

7.4.1　共享骑行中的科技创新因素

自 2014 年开始，无桩共享骑行系统在我国取得巨大成功，随之风靡全球。这其中固然有环保理念的兴起、管理政策的支持等多种因素，但卫星定位技术、智能车锁和移动支付，是在共享骑行兴起过程中功不可没的“三驾马车”。

1. 卫星定位技术

卫星定位技术，是利用人造地球卫星进行点位测量的技术。卫星定位技术的基本原理在于人造卫星的位置是固定和精确可知的，由此可以得出人造卫星到地面接收机的距离，再利用三维坐标中的距离公式，通过 3 颗卫星的定位，组成 3 个方程式，从而得出观测点的位置。现实中，接收机在同一时间在地球上的任何地方都可以锁定 4 颗以上的卫星，以此来提高算法的精度。

在卫星定位技术没有被广泛运用之前，企业无法对共享单车实现准确定位，从而无法对共享单车精准化管理，大规模偷盗、藏匿、破坏的现象也就无法避免。但在共享单车中安装卫星定位芯片后，不仅使企业能够及时准确地掌握共享单车的位置信息，也能使用户快速搜索到附近可用的共享单车，提高共享单车的利用效率。此外，卫星定位技术还能采集用户的相关使用数据，再通过大数据分析用户行为，为共享单车的精准投放和维护提供参考。因此，卫星定位技术的运用，为共享骑行的兴起奠定了基础。

2. 智能车锁

智能车锁的基本原理是，智能车锁上的中心控制单元，通过无线移动通信模块与后台管理系统模块进行连接，将从卫星定位系统模块获取的位置信息发送给后台管理系统，后台系统识别后再通过通信模块将开锁、关锁的指令发送给中心控制单元，并通过智能锁向后台发送的信息来确定共享单车位置和计费时间。

智能车锁性能稳定，不仅能发挥防盗的基本功能，而且将卫星定位、无线通信等功能集于一体，方便用户的使用和企业对共享单车的掌握与管理。

3. 移动支付技术

移动支付是指客户利用智能手机等电子产品完成货币支付的技术。不同于传统的现金支付方式，移动支付完全是无现金的电子化支付。移动支付技术通过微信、支付宝等第三方支付平台，实现了共享单车使用即时计费、即时结算，让共享单车无桩停放和随用随停、随停随付成为可能，极大地方便了用户的使用，也降低了企业的运营成本。

此外，共享单车还积极运用了其他科技成果，例如云平台技术。云平台主要应用的是数据存储功能，通过无线数据传输，将共享单车车辆性能状况数据、车辆的停放分布数据和用户的需求数据等传回后台系统进行保管。又如，人工智能技术，对获得的海量数据使用人工智能进行分析和反馈，精准预测共享单车用户在峰谷时段的需求，以及天气等多种因素对共享单车需求的影响，从而为运营调度提供更好的决策支持。

7.4.2 共享骑行的未来发展趋势——以科技创新作为驱动力

短短几年时间，我国的共享单车的运营模式迅速赢得市场认可并开始走向国外市场，与共享骑行相关的科技创新领域也走到世界前沿，共享骑行“野蛮生长”的阶段已经结束。在这一阶段，共享骑行的发展固然有科技创新的助力，但主要还是靠市场的规模红利，而当共享骑行进入可持续发展的阶段时，科技创新应当成为其主要的驱动力。

1. 以科技创新提高骑行的舒适体验

目前，共享骑行不仅仅是满足短途接驳出行的需要，也是很多人健身锻炼、旅游休闲的重要方式。即便是拥有私家车的用户，在很多情境下也更倾向于选择更舒适的共享单车作为出行工具。面对这些新兴的需求，共享单车企业必须提高共享单车的智能化制造水平，在车辆的设计、车身材料、座椅、变速性能、传动轴等方面，凸显人体力学要求，实现人性化，而不是一味追求以低成本产品来降低企业运营的成本。例如，有些企业已经开始根据不同国家、不同地区用户的身体数据和骑行习惯，进行“定制化”的单车制造。除此之外，语音识别、人脸识别、指纹识别等人工智能技术将会为共享骑行带来更为新奇的功能，智能导航系统也将为用户的出行带来便捷。科技创新是无限的，科技创新在未来会为共享骑行的舒适体验带来无限可能。

2. 以科技创新提高企业的服务水平

卫星定位技术的进一步发展和应用，给共享单车带来更加准确的定位，为企业提供服务依据；大数据技术的深度挖掘在给共享单车企业带来更多商机的同时，也让共享单车企业的服务更加精细化。通过科技创新，识别分析更多的对用户骑行产生影响的因素，能更加精准地判断用户的需求，为企业的共享单车投放、调配提供决策依据。企业也可以通过大数据技术，了解用户更多的需求，精准地推送其他衍生服务。

3. 以科技创新提高市场的良性发展

共享骑行发展初期，出现了不少“伪创新”企业。一些企业模仿获得先期成功的共享单车企业，其单车产品的功能、支付方式、智能车锁，甚至连计费方式都一模一样，唯一区别可能就是单车的颜色不一样。

缺乏科技创新的企业，自然缺乏核心竞争力，在市场竞争中会面临失败。这种失败固然有创业者自身的因素，但也造成了资源的浪费和市场的无序竞争。共享单车企业面对未来发展趋势，必须通过科技创新保持市场竞争力，提高自身的识别度，让市场竞争成为科技创新力的竞争，共同推动共享骑行市场的有序发展。

案例：氢能自行车令人期待

当下，人们讨论慢行时，更多强调自行车等工具在短程出行领域的独特优势。这是由于自行车的速度相对较慢，且需要人力作为动力来源，所以其无法作为长途出行的最佳工具。但是，当自行车的动力模式有了重大突破，能在兼顾低碳环保的同时，又可以提升续航能力，那么慢行方式势必迎来重大变革。

2021 年 9 月 28 日，北京未来科学城温榆河公园正式开园运行。公园展示了许多高科技的低碳设备，其中引人瞩目的设备之一是永安行公司研发的氢能自行车。

氢能自行车概念刚一问世就受到业界的广泛关注，许多关注者都在期待氢能自行车能带来出行革命。作为我国自行车领域的“黑科技”代表，永安行对该款氢能自行车的研发投入了巨大的精力，其最终的成果也很显著。

永安行开发的这款氢能自行车，采用了国际上领先的低压储氢和换氢技术，具有质量轻、续航时间长、充电效率高、安全性能高等突出的优势。永安行氢能自行车续航总里程能够达到 70km，最高车速能够达到每小时 23km。与传统的锂电池电动自行车相比，氢能自行车最主要的优势在于其换氢只需要 1 分钟就能完成，而传统锂电池在同样的条件下则需要慢充至少 3 小时。氢能自行车的续航里程也远超普通的纯电动自行车，因此，氢能自行车能够满足人们的中长途出行需求，打破现有电动自行车的续航瓶颈。氢能燃料动力足，且不受寒冷天气的影响，在我国的北方地区有极大的应用空间。

与传统能源相比，氢能具有能量密度高、用途范围广等优势，更难能可贵的是，氢能

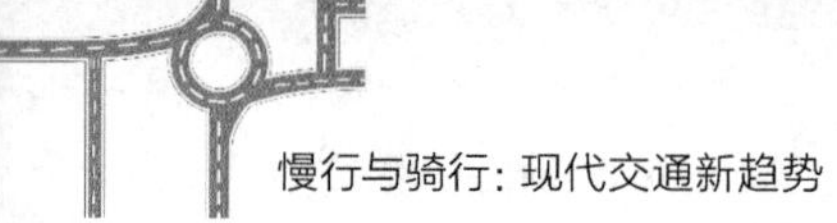

的来源广泛且低碳环保，是名副其实的清洁能源，也被世界各国的研发机构和产业界看成能带来能源产业革命的“终极能源”。在慢行系统的发展中，氢能的应用也将创造出更大的想象空间。

从传统自行车到锂电池电动自行车再到氢能自行车，科技创新正在成为共享骑行的最大驱动力，推动了交通出行领域新能源对传统能源的替代，以人们看得见的方式一步步改变共享骑行的业态和模式。

⇨本章总结

本章通过共享单车发展的历程及共享骑行产业在我国的发展现状等，揭示了以共享骑行为代表的慢行系统未来的发展趋势。读者通过阅读本章，可以从探索共享单车企业发展途径的角度，初步认识共享单车企业在激烈的市场竞争中，如何由最初的无序竞争到现阶段的逐步规范管理，也能了解到资本在共享骑行兴起和发展过程中既发挥了巨大作用，也带来了资源浪费等弊端。

共享单车企业在发展的过程中，会面临诸如政策风险、运营风险、法律风险等各种风险。管理方应正确认识这些风险对企业发展的“双刃剑”作用，预知风险后，才能在后期运营中及时规避风险。

政府作为共享骑行产业竞争中的重要管理角色，当市场调节失灵的时候，要及时承担起监督市场、引导市场的职责，通过立法、税收、财政、舆论等方式，规制共享骑行产业参与者的正确经营和有序竞争，为共享骑行的健康可持续发展保驾护航。

科技创新对共享骑行的发展具有不可磨灭的贡献，了解共享骑行中的高科技，有助于我们理解共享骑行何以兴起。而共享单车企业在经历了粗放式的发展之后，亟须通过提高自身的科技含量和服务水平来赢得未来市场。要想实现这些目标，科技创新是必经之路。

第8章

骑行系统与慢行系统的社会价值与公众价值

【本章内容概要】

骑行系统智慧化技术的广泛运用，以及由此带来的理念和管理方式的变革，使其在智慧城市建设、智慧交通、公共交通建设方面有着很大的应用空间。而慢行系统也是重要的民生系统工程，在保障低收入群体、残障人士等的出行权利，平等享受经济发展红利等方面，有着重要的社会意义。

【本章学习重点与难点】

学习重点："智慧"的内涵和特征，以及其对城市建设、城市居民生活的重要影响。

学习难点：骑行系统与慢行系统如何实现智慧赋能及在智慧生活、智慧城市中应用；骑行系统与慢行系统如何体现社会价值与公众价值。

【案例导入】

自2020年8月21日起，河北沧州市民在主城区可以呼叫到自动驾驶出租车，这是我国首个真正实现此项技术的城市。

沧州市民在自动驾驶点打开"百度地图"App，点击"自动驾驶"，按照操作提示完成车辆预约，不一会儿自动驾驶出租车就会停在预约者面前。全市18～65周岁市民可以乘坐自动驾驶出租车出行，通过手机可以查询附近是否有自动驾驶出租车站点。

自动驾驶出租车的车辆操作台和椅背上均安装了显示屏，可以实时呈现车辆的行驶状况。对堵车、占道行驶等突发情况，自动驾驶出租车可以做出预判并自动判断避让，科学规划路线。在红绿灯路口遇到红灯时，车辆会提前缓慢刹车，车内显示屏上显示红灯剩余时长。

除此之外，我国北方首条L4级自动驾驶公交体验线也在沧州试运行。沧州试运行的L4级自动驾驶公交车搭载有摄像头、激光雷达、传感器、智能控制系统等辅助设备，能实

时感知周边复杂的车况、路况并及时按照安全、优化的方案处理。车辆行驶路线、里程、周边车况及剩余用时等主要信息通过车内的两个显示屏实时向乘客展示。自动驾驶公交车能够实现全程不需要任何人工操作。沧州已完成4条线路测试，并且正在向其他区域拓展。

随着L4级自动驾驶出租车、自动驾驶公交车等多种智能出行工具在沧州的陆续落地，沧州市民享受到越来越多的智慧交通带来的便利，以及智慧城市带来的福利。沧州在2021年7月被国家技术标准创新基地（汽车）认定为国内首个“自动驾驶标准验证及全域测试示范基地”，沧州的智慧交通和智慧城市建设向纵深发展。

沧州市的智慧交通试验正在推进，机动车的智能化已不可阻挡。相比之下，骑行系统与慢行系统如何通过智慧化等一系列手段，实现更大的社会价值与公众价值呢？本章将为大家详细介绍。

8.1 骑行系统与智慧城市发展

信息化技术日新月异的发展，让全球成为互联互通的“信息地球村”，这对城市的发展提出了新要求。目前，城市居民对美好生活的向往更侧重于生活质量的提升，世界主要发达国家围绕这一诉求积极进行智慧城市的实践和探索。在此过程中，与智慧城市理念有着共同之处的慢行系统，逐渐走进人们的生活，为各国所重视，成为智慧城市发展的着力点。

8.1.1 智慧城市的特征

智慧城市是以物联网为基础、以互联网为媒介，通过互联网优化整合物联网的资源，满足人类生产生活更高要求的城市形态。智慧城市以数字化的表现形态推动资源，推动事物全面物联化，促进人与物的交互感知，使城市的协同管理更有效、服务质量更佳。

1. 资源的数字化

数字化是指将海量的复杂多变的信息转化为可以为计算机所度量的数据，再以数据为基础建立适当的数字化模型并进行系统分析。智慧城市是数字化城市，通过新一代信息技术，收集、存储、分析、共享城市的各项资源，为自身的建设提供数据支撑。

2. 事物的物联化

物联网技术基于信息技术的发展，通过射频识别、红外传感、激光扫描等技术，实时采集物体的光、声、热、化学、物理等各类信息，再与互联网进行连接，从而实现物与物之间、物与人之间的广泛连接。物联网将城市的各种资源连接成互联互通的网络，实现资源间的优化整合和人对资源的有效利用。

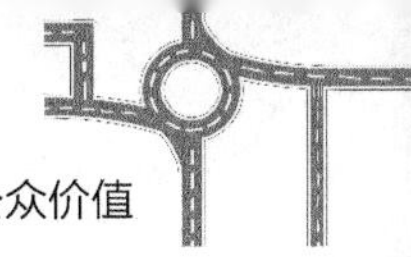

3. 万物的交互化

智慧城市通过传感装置、识别装置，实时感知城市基础设施等资源的运行状态及人对资源的需求，实现人对物的感知与物对人的感知之间的交互，这些信息为智慧城市的运营提供支持，促进资源集约化利用，提高人们的生活水平。

4. 管理的协同化

智慧城市中的各类资源，通过互联网相互连接、相互感知的“神经系统”。这种信息的交互、共享，让城市管理部门能在城市管理的各个环节实现更高质量的协同合作，使智慧城市达到最佳运行状态。资源的有效利用、管理的有效协同、理念的有效更新，让智慧城市的发展能够在绿色、可持续的正轨上运行，让城市的发展效益最大化，人民的生活更加舒适便捷。

8.1.2 骑行系统的智慧城市目标追求

以共享单车为代表的骑行系统，是共享经济发展的市场内在需求，承担着提供公共产品和公共服务的功能。同样，更广义的慢行系统，在实现城市低碳、绿色、便捷出行等目标上，发挥着不可替代的作用。在智慧城市建设的背景下，慢行系统自身的发展目标与理念，与智慧城市本身的发展规划不谋而合。

1. 以数字化追求生活水平的提高

卫星定位、无线通信等技术的广泛运用，让共享单车的使用更加便捷。用户通过智能手机上的 App 即可找到离自己最近的可用共享单车，避免了盲目寻找带来的时间浪费；扫码即可用车、“一键”落锁停车、实时完成支付，让骑行变得简单方便。共享单车 App 还可以通过大数据完成符合用户需求的智能推荐，满足用户的各种生活需求。

数字技术在骑行系统中的运用，给用户带来了美好的体验，与智慧城市满足人们美好生活追求的目标是一致的。

2. 以智能化追求城市环境的提升

城市交通拥堵、环境污染严重等问题，使骑行系统在城市生活中复兴，但其在发展中也产生了相应的资源浪费、违规停放等问题。解决骑行系统存在的这一问题，必须依靠智能化手段，即将骑行系统融入智慧城市中的智能交通管理服务系统。例如，城市管理部门应对骑行系统运行的数据进行实时的监测与分析，对共享单车投放进行控制与调度，对共享单车违规停放的问题进行规制，实现人、车、路的密切配合，有效改善城市的环境污染与交通拥堵，营造良好有序、整洁舒适的城市环境等。

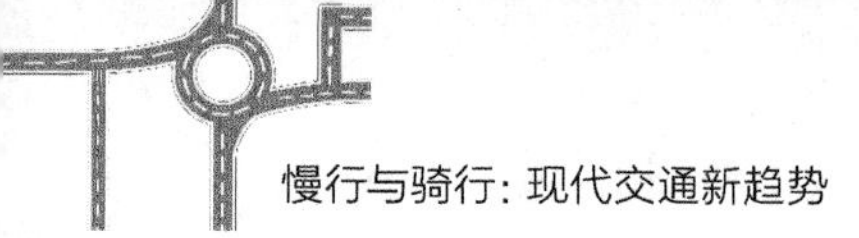

3. 以信息化追求公共服务的提效

数据成为智慧城市发展的基础。骑行系统是巨大的数据来源，再加之与其他系统交互运行，使城市的公共管理与服务者在智慧城市信息化技术的运用下获得更多的数据，从而降低了管理成本，提高了办事效率。借助大数据分析，管理者还可以提高决策效率、危机应对能力和公共服务水平。

8.1.3 智慧城市视角下的骑行系统治理

在智慧城市的建设过程中，“智慧”技术是关键。同样，对骑行系统进行治理，离不开智慧化思维、智慧化手段和智慧化管理。

1. 形成智慧化思维

大数据技术带来的不仅是骑行技术上的变革，还是骑行观念上的转变。因此，政府要革新公共管理和服务的方法，从全局出发，加快智慧城市和骑行系统的顶层设计，带动企业与公众的智慧思维变革，提升政府公共服务能力，加快骑行系统的治理进程。企业要加强自主研发能力，加大骑行系统的智慧化技术运用力度，利用科技的力量提升企业发展的“含金量”。公众要形成智慧城市场景下的诚信意识，意识到智慧城市是惠及每个人的重大民生工程，自觉维护智慧城市场景下骑行系统的运行。

2. 运用智慧化手段

普及物联网技术手段，可以加强对共享单车的全方位监测，实时获得共享单车的运行信息，对骑行过程中出现的违规停放等问题实时预警，并根据“实名制”和监控设备，让违规者付出应有的代价，在社会上形成有效震慑。企业应借助传感设备和互联网，实现各个资源、各个系统之间的信息交互，结合人工智能、大数据分析，使骑行系统的各个环节更加高效和集约，进而实现骑行系统在更大范围的智慧化治理目标。

3. 加强智慧化管理

加强骑行系统的智慧化管理，应由政府和企业共同建设共享单车信息化平台，提升共享单车信息的存储、分析、分享能力。在此基础上，政府还应联合科研机构，不断应用骑行系统数据系统化分析结果，服务城市建设和管理制度的设计，服务骑行产业的市场化决策，满足骑行主体的个性化需求。

在智慧化管理的过程中，各方应打破信息壁垒，通过精准分析各类骑行数据，找准相应出行人群的真实需求，有针对性地提供骑行服务和其他衍生服务，提升政府和企业在骑行系统中的精细化、精准化、智慧化管理能力和水平。

8.2　骑行系统与智慧交通

出行，是生活在社会中的人开展社会生活的必要条件。随着科技的发展，人类的出行距离更远、出行方式也更加便捷，出行加入了更多的“智慧”元素，构成了交通出行的新形态，即“智慧交通”。

8.2.1　智慧交通的概念与应用

“智慧”这一概念最早见于 IBM 公司提出的“智慧地球”理念，其核心是运用信息通信技术将传感设备嵌入人类生产生活的各个基础设施，使物联网与互联网连接，再通过云计算将所有的物联网集成。智慧交通是基于新一代信息技术的充分运用，通过构建城市交通的综合信息接收和处理中心，为城市交通提供数据实时感知、系统协调运作、资源优化整合，形成智能有效的管理和服务体系。

数据是智慧交通的命脉，智慧交通建立在海量交通数据有效收集和分析的基础上。随着大数据、人工智能等技术的快速发展和全方位的应用，智慧交通在提高城市交通系统的运行效率、向车辆和出行者提供更全面的交通服务信息、向交通管理部门和相关企业提供更加准确和充分的信息等方面发挥着重要的作用。

智慧交通主要解决城市交通的多项应用需求，其中包括交通信息的实时收集、交通状况的实时监控、交通出行信息的全面服务、交通通行的辅助控制等。

8.2.2　智慧交通系统的组成

智慧交通系统由以下 4 个子系统组成。

1. 交通数据的信息采集系统

交通数据的信息采集是智慧交通的基础，在汽车产业技术日渐完善的今天，射频识别采集设备、电感线圈传感器、红外传感设备等先进设备的应用越来越广泛，能实时收集车辆通行信息、车流量信息、停车位信息等综合信息，车载 GPS 也可以高效地向系统发送信息。这些交通信息构成了智慧交通系统的数据基础，为后续的系统调度提供信息支撑。

2. 交通管理和服务系统

交通管理和服务系统负责向交管中心提供路况和车流量信息，交管中心再根据相应的数据制定合理的交通控制策略，实现交通的效率化运行。该系统还可以为公共交通管理提供决策参考，通过对不同时段公交车需求变化的研究，来调整公交车的班次。此外，长途客运的运行信息采集、机动车自动驾驶与安全状态信息采集、货运的管理、收费站的智能化电子收费等，都属于该系统可提供的功能。

3．交通信息服务系统

交通信息服务系统负责为出行者提供全面的出行路况、公交车班次、到站信息等必要的出行信息，例如，车辆导航系统为驾驶员推荐最佳的行驶路线，也可以为骑行者和步行者提供同样的服务。除此之外，交通信息服务系统还可以为出行者提供与出行相关的餐饮、住宿、天气状况等更为详尽的信息，辅助其做好出行决策。

4．交通信息综合控制系统

交通信息量大且庞杂，需要存储系统对其进行分析。交通信息是城市生活中最主要的社会数据之一，关系城市发展和居民生活的方方面面。管理部门通过对交通信息的深入发掘分析，能够为城市的发展提供可靠的决策。

交通信息综合控制系统可以实现交通信号灯的智能管控，可以为交通出行提供全面的信息指引。在此基础上，该综合控制系统还可以和其他系统进行对接，例如，接入紧急救援系统，为保障公众生命财产安全提供快速的服务；接入安全部门系统，为公安机关及时提供嫌疑人信息等。

8.2.3 骑行系统在智慧交通中的构建

智慧交通是交通系统的全方位、全流程的智慧化运行。骑行系统作为交通系统的必要构成，也应利用这个机会，实现智慧化改造，全面融入智慧交通体系。

1．共享骑行与智慧交通

智慧交通系统通过对交通信息的收集和统筹分析，为交通的智慧化管理和服务提供依据。如今有很大一部分出行者选择共享骑行模式出行，其同样获得了智慧化管理和服务的支持。

目前，共享单车装入了卫星定位系统和无线通信系统，能够实时收集和交互骑行数据。企业在相关政府部门的支持引导下，将骑行系统数据并入智慧交通系统信息收集范围，通过互联网与其他交通系统进行连接，再辅以大数据和云计算，加强骑行与其他交通方式的统筹协调，根据需要在不同的地点投放共享单车并及时调度，实现不同交通方式之间的无缝衔接。此外，企业还可以通过分析公众对骑行的需要，在商业区、风景区等地点增加共享单车的租赁点、停放点，提高智慧交通带给人们的出行体验舒适度。

2．整合智慧街道的资源

通过整合智慧街道的资源，引导街道与骑行系统相互配合，建设一体化的智慧交通体系。政府应对街道设施功能进行合并和集约化使用，实现街道的辅助出行、保障治安、方便生活等功能。实际上，智慧街道设施整合的核心仍是对街道使用数据的收集与处理，通过安装硬件收集数据，再运用新技术对这些数据加以分析，管理部门可以了解骑行系统中与街道相关的基础数据，了解街道周边居民对骑行的需求，基于此需求形成骑行系统与路面、街道的规划设计及智慧化设施的布局。

3. 对骑行系统的智慧保护

构建骑行系统还涉及路权的分配和平等保护。分析综合交通信息数据可以掌握不同路段、不同交通方式的需求，动态、精细化地布置不同路段的交通设施。通过自行车专用道、自行车与公交混合道、自行车专用交通信号灯的建设与布局，将骑行系统与智慧交通融为一体。

案例："懂事"的骑行指示灯

日常生活经验告诉我们，在十字路口，如果骑自行车到马路的斜对面（左转），需要等两次红灯、拐一个直角才可以到达。在北京市西二环月坛北桥路口，运用最新的交通显示视频技术，让骑行者实现等待一个红灯就能到达马路斜对面的目的。

该路口除了设置常见的交通信号灯，还有一组特别的骑行指示灯，在屏幕上显示有非机动车的图标及相应的左转、直行箭头。当自行车等红灯时，指示灯屏幕显示红色箭头，在机动车左转的时候，相应的非机动车指示灯则会变为绿灯，这意味着非机动车也可以直接左转，大大方便了骑行者。

假设有一位骑行者想要由南向西过马路，通常情况下，他需要自东北角等绿灯行驶至东北角，再在东北角等绿灯过马路行至西北角，费时费力不说，还会有与行人和通行的机动车抢行的风险。而今，"懂事"的骑行指示灯带来了直接左转的新选择，不仅节省了等红绿灯的时间，而且减少骑车者与行人的交集，做到了专道专用，免去了骑行者左转时"左顾右盼"的烦恼。

据统计，月坛北桥路口实行这种新的非机动车指示灯后，等待红绿灯的时间平均节省了 15%，相应的通行量也增加了 15%。

这节省下来的几分钟，对于普通骑行者来说也许算不了什么，但对于部分行业从业者则弥足珍贵。城市就餐高峰期，外卖员能否准点送达直接影响到外卖员的收益多少，至少在这个路口，外卖员能够免去等两个红灯的烦恼，省下来的几分钟也能够让他们从容地去配送。

这种新的变化是北京运用智慧技术、智慧思维去打造城市慢行系统的举措之一。类似这样的指示灯，在北京其他地区也正在逐渐普及。除了加装指示灯，北京还对其他智能交通装备进行升级，包括将信号机由 16 相位升级为 24 相位。

除了技术装备上的升级改造，北京还将"绿色慢行优先"的理念深入交通出行的其他环节，例如，为了保障行人能够安全过马路，对红绿灯的配时也进行了相应的优化，在机动车右转晚 15 秒后再闪黄灯，这样可以有效避免右转的车辆与过马路的行人发生冲突。

智慧化的技术手段在智慧城市、智慧慢行理念的指导下，发挥着越来越重要的作用，与人们对生活的追求相得益彰。

8.3 骑行系统与公共交通

随着城市规模的不断扩大，城市交通拥堵和环境污染问题逐渐成为城市可持续发展和城市居民幸福感提升的不利因素。公共交通能有效地利用城市道路资源，是现代城市交通系统中不可或缺的部分。

骑行系统在承担居民出行功能的同时，也因其环境友好的特点，在城市交通系统中扮演着越来越重要的角色。骑行系统与公共交通的融合，成为未来城市交通系统发展的趋势。

8.3.1 公共交通的组成及特点

公共交通，顾名思义是面向不特定的公众（一般不包括货物运输）提供交通出行服务。大多数情况下，公共交通的收费不高，不少城市还对特殊的人群（例如满 60 周岁的老人）免费服务。随着经济的发展，很多国家开始对特定的公共交通实现全部免费服务，卢森堡在 2019 年开始推行该国境内公共交通全免费。

一般来说，公共交通由公共交通基础设施和公共交通运行管理系统组成。

1. 公共交通基础设施

公共交通基础设施主要包括公共交通工具、线路及站点。公共交通工具按运输距离的远近及运输速度的快慢来划分，可以分为常规公交、轨道交通、快速公交及城际公交。其中，常规公交包括公交车、有轨电车等；轨道交通包括很多城市兴建的在固定轨道上快速通行的公共交通（例如地铁、轻轨等）；快速公交是一种新型的公共交通系统，通过开辟专用的快速公交车道和建设新式的公交车站，其运输效率要高于常规公交，运营效果接近轨道交通，但其投资要比轨道交通少得多；城际公交是通过高速铁路、轻轨等为市区与城郊、城市与相邻城市之间提供密集、快速、廉价的运输服务。

线路和站点都属于公共交通基础设施的一部分，通常是事先规划并建设好的，是用以支撑公共交通工具通行的基础。

2. 公共交通运行管理系统

正常的公共交通运行包括售票、调度、维护等环节。公共交通的管理者需要实时掌握公共交通运行的情况，适时进行调整，在出行突发情况时做好预案和处置，这些功能和系统称为公共交通运行管理系统。

现代的公共交通运行管理系统已经充分运用卫星定位技术、遥感技术、无线通信技术、大数据分析技术、人工智能技术等新一代信息技术，充分实现运营管理的精细化、智能化和智慧化。

8.3.2　公共交通的特点及不足

公共交通受到越来越多的重视，一方面是城市规模扩张的需要，另一方面受到环保理念盛行的推动。公共交通能缓解城市拥堵等“大城市病”，电车、新能源车等使用清洁能源的公共交通工具经过大范围推广，加快推动了低碳、节能、减排等目标的实现。与传统私家车出行相比，公共交通在运输的效率、能力、环保性等方面具有无可比拟的优势。

1. 高容性

无论是常规的公交车，还是地铁、轻轨等公共交通工具，其容量要远远大于私家车，运送乘客的能力较强。

2. 快速性

公共交通系统的快速性主要体现在轨道交通、快速公交及城际公交的运输方式上，绝大多数轨道交通、城际公交采取有轨运行的方式，基本上不受天气、拥堵等突发情况的影响；快速公交采用的专用公交车道运行模式，也使其免受或少受城市交通拥堵的影响，从而实现快速运送乘客的目的。

3. 舒适性

轨道交通、快速公交采用相对封闭的站点和到站上下乘客的方式，为乘客提供了安全的上下车环境和良好的上下车秩序；其运行速度平稳，保证乘客免受车辆反复加减速和停车的不适；干净整洁的车厢能够为乘客带来舒适的乘车体验；及时发布的车辆到站等运营服务信息和极高的准时率，使乘客合理安排自己的出行，减少等车和车辆拥堵造成的焦虑感。

4. 环保性

从建设的投资成本上来看，轨道交通尽管初期建设成本高、投资大，但运输效率高。从长远来看，公共交通运输一个乘客的单位成本远低于私家车等非公共交通方式。此外，公共交通的普及能够减少私家车的出行规模，公共交通广泛采取的电力等新能源动力模式，有助于改善能源结构、减少温室气体的排放。

公共交通具有很多其他非公共交通所不具备的优势，但其自身也有发展的局限性。首先，公共交通的投资大、周期长，在车辆的制造、购买及通行线路和运营系统的建设方面，初期需要投入以亿元计的巨量资金，并且建设周期长，因此公共交通建设多是以政府投资为主。其次，常规公交的舒适度差，常规公交在城市公共交通系统中占很大一部分，此类公交出行具有明显的“潮汐”现象，在上下班的乘车高峰期，乘车需求多，等待公交车时间长，乘车的舒适度差。最后，公共交通的通达性差，公共交通是“点到点”的交通运输方

式，把乘客从一个站点运送到另一个站点。站点的设置很难覆盖和满足所有居民的出行需求，又衍生出城市居民出行的“最后一公里”难题。

公共交通系统存在上述不足，但又不可或缺。因此，骑行系统与公共交通的有机融合的必要性更加凸显。

8.3.3 骑行系统与公共交通的融合优势

骑行系统与公共交通在功能和理念上都有相同之处，两种交通出行方式的根本目的都是满足人们的出行需求。不仅如此，在缓解城市拥堵、减少环境污染、提高乘客舒适体验上，两大系统都有异曲同工之妙。此外，公共自行车、共享单车等骑行工具，从某种意义上来说，也具有公共交通的部分典型特征。因此，骑行系统与公共交通的融合发展，成为双方共同的发展趋势。

骑行系统与公共交通的融合优势主要包括以下 3 点。

1. 有助于实现功能互补

公共交通在出行中面临短途出行不方便、通达性差等难题，而骑行系统的优点是工具取用方便、经济快捷，是解决城市出行“最后一公里”难题的有效应对措施。在实现公共交通之间、公共交通与其他非公共交通之间的接驳换乘上有着得天独厚的优势。

2. 有助于城市交通系统完善

城市交通系统是一个完整的体系，骑行系统与公共交通系统都是该体系中的重要组成部分。各个组成部分协调统一的运作，能促使整个城市交通效率的提升，使整个城市的交通系统更加完善。

3. 有助于提升出行舒适体验

骑行系统作为公共交通的接驳换乘和公众短途出行的最佳交通方式之一，使用方便，且能够强身健体，很好地满足了公众出行的舒适性需求。

8.3.4 骑行系统与公共交通的融合途径：公交车与自行车出行一体化

在人口密度较大的城市，公共交通换乘难的主要原因在于接驳能力缺乏，而骑行系统则能有效地弥补公共交通的这个缺失。

在骑行系统与公共交通的融合过程中，骑行主体换乘时，会更多考虑自行车取用和停放的便利程度、安全性、停车费用及从停车点到公共交通设施的步行距离等问题。为此，城市建设者和城市交通管理者可以通过建设公共交通与骑行一体化干道路网，改进公共交通换乘的综合设施，加强公共交通与骑行的融合。

1. 公共交通与骑行一体化干道路网建设

制约骑行系统发展的一个原因是专用自行车道建设不完善，机动车借用、抢占自行车道的事情常有发生，机动车与自行车混行，导致骑行的安全大打折扣，降低了公众骑行的意愿。

公共交通与骑行一体化干道路网建设，即将自行车道和公交车道规划到一条道路上，通过隔离栏或者绿化带的方式，与机动车道形成物理空间上的隔离，以解决自行车道与除公共交通以外的机动车道混用的问题。

目前，城市的主干道路网主要分为机动车道、公共交通与骑行专用道及人行道等其他道路。将公共交通与骑行专用道临街设置，或者通过过街天桥设施与临街的商业点、居民区、办公区等功能区相连通，把公众出行的出发点和公众出行目的地（例如，购物商业区、办公写字楼）设置在公共交通与骑行专用道沿边，就能减少机动车与公交车争道的现象，实现人与车、人与物的分流，提高出行效率和土地的集约化利用率。

在公共交通与骑行专用道两旁的合适地点，可以设置自行车的租赁和停放地点，减少骑行主体在停车后的步行时间，在公共交通与骑行专用道内实现与公共交通的接驳换乘，在保障换乘安全系数的同时，也提高了出行的便捷度和舒适性。

这种公共交通与骑行专用道的设置，适合新城区的棋盘式道路网或对有条件的老城区进行改造，对一些不具备设置公共交通与骑行专用道条件的城区，也可以通过改进公共交通换乘的综合设施来实现公共交通与骑行的一体化出行。

2. 公共交通换乘的综合设施改进

通过对公共交通行驶的特点进行有效归类，公共交通的站点可以分为首末站和途经站，骑行系统在首末站和途经站进行换乘规划与建设，也会提升公共交通与骑行一体化的效果。

（1）骑行系统在公共交通首末站的规划设置

从城市公共交通设置的一般情况来看，公共交通首末站除了有停靠的功能，还兼有营运调度、车辆维护、中转休息等功能，车站的占地范围比较大，换乘设施的可建设性空间大。为此，在首末站附近地域可划定专门的自行车停车区域，同时，该区域应配备相应的遮阳挡雨功能，并派专人管理，确保自行车停放的安全性。自行车停放区域的出入点离公交站台不宜过远，避免乘客停放自行车后还需要长距离步行。

（2）骑行系统在公共交通途经站的规划设置

公共交通的途经站点多，与城市机动车利益冲突大，合理配置公共交通途经站点的自行车换乘设施，能提高公共交通与骑行一体化出行的效率。

常规的公交车通常沿着道路两边设置站点，自行车停放系统则可以在站点附近的空地进行分散式布置，避免对公交车站点附近的交通秩序造成新的影响。快速公交一般在道路中央设置专门的上下车站点，站点通过地下走廊、过街天桥与街面连通。此外，由于轨道

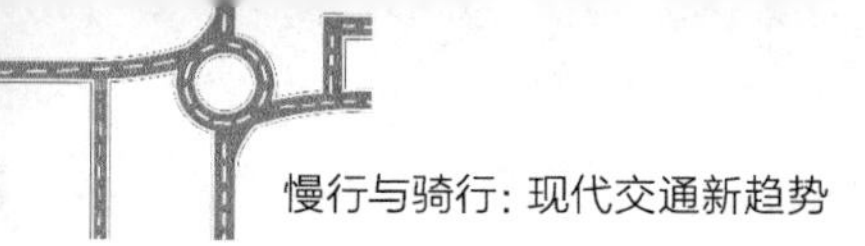

交通的人流量较大，用地资源较为紧张，可以在站点出入口相应位置设置自行车停放点，乘客不必长途步行，自行车停放设施也不会挤占公共交通的空间资源。

8.4 慢行系统与民生经济

民生经济，即始终把保障和改善民生作为发展主要目的的一种经济形态。民生经济要求在生产、分配和消费的全过程中，注重中低收入群体的生存和发展需求，通过资源的合理分配来提高社会运行的效率，从而提升整个社会的经济发展和福利水平。民生经济以民生作为经济发展的根本目的，以经济发展作为保障和发展民生的根本手段，促进民生和经济的协调发展。在民众关心的民生问题中，“衣食住行”占很大比例，慢行系统作为“行”的一环，在保障民生、发展经济方面发挥独特的作用。

8.4.1 慢行系统对民生保障和改善的意义

汽车保有量的迅速增加为人们的生活带来了便利，一方面，它反映了我国经济飞速发展的成就。另一方面，大量的私家车也给城市带来了交通拥堵、环境污染等问题，增加了社会经济运转的成本。

人、车、路之间的矛盾与冲突，折射的不仅是城市交通问题，背后反映的更是民生问题。以骑行系统为代表的慢行系统，在城市交通系统中的积极作用加大了对民生的保障力度。其中，共享单车等骑行新模式，更推动了共享经济这一新的经济形态的发展，成为稳增长、保民生的新引擎。

1. 保障弱势群体出行权利

从交通弱势群体自身因素及社会环境因素来看，交通弱势群体可以分为两类：生理性弱势群体和社会性弱势群体。生理性弱势群体是指生理因素导致出行不便的群体。社会性弱势群体主要是指经济收入低导致的对交通出行成本承担能力低，可选择的交通方式少的群体。慢行系统的成本低，能为普通大众所承受，是一种经济有效的交通出行方式。

2. 保障交通参与者路权平等

所有的交通参与者都有平等上路、参与交通的权利，但由于能力和机会的不同，每个交通参与者选择的交通方式不尽相同。从有效利用资源的角度来说，不可能让所有的交通参与者都享有“同等”的路权。但慢行系统以自行车等非机动交通工具，为交通参与者提供了尽可能平等参与交通体系的权利，使交通参与者的路权获得了平等的保护。

3. 保障社会资源分配公平

慢行系统建设在交通系统的广泛参与和落地，有助于缓解交通拥堵等社会难题，促使城市道路、空间等资源的合理分配，维护了社会的公平正义，保障了全民共享。

案例：慢行系统建设给通州区绿色慢行带来的新变化

2021 年 9 月，北京市编制了《北京市慢行系统规划（2020—2035 年）》（以下简称《规划》）并向社会进行了公示，郑重承诺到 2035 年，北京市将城市发展与慢行系统的建设深度融合，形成以“公共交通 + 慢行出行”为主的绿色出行模式，基本建成包括步行、骑行在内的慢行友好城市。

慢行交通，或者说是绿色出行交通的发展水平，可以反映城市的综合治理能力和绿色发展潜力。着力打造的绿色慢行系统能够有效实现节能减排、资源共享，是城市探索综合治理能力提升的有益尝试。

通州区作为北京市的“副中心”，城市水系发达，通惠河、大运河等河道穿行其间，通州区根据自己的区位特点，重点在推动水、路、绿三网融合上下功夫，打造成慢行优先、绿色优先的慢行示范区。

根据《规划》，到 2025 年，通州区将建成超 1500km 的步道和自行车道，在出行时，公众将可以享受到越来越多的沿途绿道景观和沿河亲水空间。如果是骑行爱好者，除了选择传统的公路开展骑行活动，还可以在通州区有更多的路线选择，那些四通八达、连接水系和森林的绿道体系将为骑行者带来更多的舒适体验。通州区多河富水，在大运河、潮白河等水系两岸，原本功能单一的河堤路已变为林水相映的绿色公共空间，是公众休憩、健身、骑行的绝佳去处。

在推进慢行城市建设的过程中，共享骑行发挥着突出的作用。通州区的有关部门采取多种措施扩展道路的骑行空间和提升公众的骑行体验，例如，增加共享单车的投放数量、优化共享单车的布局点位等，增加了上千处由社会力量运营的共享单车点位。

通州区还在多个路口试点电动自行车待行区。电动自行车的普及率越来越高，但在行驶中经常发生与机动车、自行车和行人“抢路”的情况，引发了较大的安全隐患。为此，通州区的交通管理部门对全区慢行系统开展示范建设，优化整治现有的机动车道、骑行道和步行道，加强停车的标准化管理，从实质上解决慢行出行品质提升难的问题。为电动自行车设置待行区，让其有了“专属通道”，让出右转车道，既能提高电动自行车的通行效率，也能有效规避电动自行车与其他交通工具争抢通行权的问题。

“还路于人、还路于行”成为公众和城市建设管理者的共识，慢行也成为越来越多人的自发选择，慢行系统也在经历着从无到有、从有到优的蜕变。

8.4.2　共享单车对共享经济发展的意义

共享经济是指以获得一定的报酬为目的，将自有的闲置资源的使用权暂时让渡给不特定的其他人，他人通过付费获得闲置资源的使用价值的一种新经济模式。共享经济也指社

会公众公平地享有社会资源，通过有偿的方式享受社会资源的经济红利。

最初的共享经济模式是二手物品之间的物物交换。互联网出现后，共享经济转移到网络平台，网络平台不直接占有资源，只提供资源交易的信息并抽取一定的费用。

骑行系统之所以能在近年来得以快速发展，离不开共享单车在共享经济领域的积极应用。当资本大量介入之后，共享单车运营商采取自制或自购单车投向市场供公众付费使用，这又是对共享经济的一种新探索。这种商业模式的变化，实际上是共享经济在消费模式上的演变，可以看作共享经济的新的表现形式。

8.4.3 慢行系统与民生经济的关系

慢行系统的发展，实际上来自民生经济发展内在需求的驱动。公众有权选择适合自己的出行方式，这体现了公众对美好生活的向往，也是市场经济发展的内在需求。

案例：让慢行与城市发展同行

打造现代宜居城市，绿色生态是应有之义。交通出行是碳排放和空气污染的主要来源之一（交通领域的碳排放总量在我国位居第四，约占全国碳排放总量的10%），实现交通领域的减排目标已刻不容缓。

实现交通减排，一方面，改造和替代传统的化石能源，让电动车取代传统的汽油车，从根本上改变机动车的能源结构；另一方面，鼓励城市交通出行采取慢行方式，提高慢行在城市交通出行中的比例，凸显慢行低碳甚至零碳排放的优势。

根据最新的科研成果，一辆正常使用的共享单车，一年折合的减碳量在50kg左右，相当于多种了两棵树。如果公众采用慢行出行的频率越高，那么也意味着减排的效果越突出。很多大城市基于此出台了建设慢行交通系统的规划，以期降低交通出行的碳排放量。

我国各级政府也将慢行交通的发展作为重要工作来抓，如果慢行出行成为全民的自觉选择，则不仅可以缓解城市交通拥堵、尾气污染等“城市病”，也能达到让大众强身健体的效果。

根据固有观点，规模较小的城市适宜慢行交通的发展，但这并不意味着大城市就不需要慢行交通。事实上，大城市更要注重城市发展的质量和人民生活水平的提升，推动城市交通由追求速度、规模向注重质量、效益转变，慢行出行可以为大城市“治堵”开出良方，让城市交通呈现绿色、低碳、多元的良好形态。

北京市作为大城市的代表，其慢行系统建设已走在前列。《北京市“十四五”时期交通发展建设规划》（以下简称《规划》）提出的“慢行优先、公交优先、绿色优先”3个“优先”的交通发展理念，将“慢行”列在首位，可见北京市对慢行系统的重视，以及发展慢行系统的决心。该《规划》还提出要通过构建安全的慢行网络、改善慢行的空间品质、引导慢行生活方式、升级慢行设施与服务等措施，将北京市打造成“步行和自行车友好城市”。

8.5　慢行系统与价值观

慢行系统的兴起为公众的生活带来了巨大的便利，也为共享经济的发展提供了新的契机。全社会有必要通过树立正确的价值观，从价值观的层面理解慢行系统未来发展的可能。

8.5.1　慢行系统价值关系分析

慢行系统的主要交通工具是自行车，出行者对自行车的合法使用主要是通过租赁或自行购买实现的。对私有财产，绝大多数人会尽到谨慎看管的义务，侵犯私人合法财产将会承担相应责任的观点也早已深入人心。

相比之下，在现代共享经济基础构建的骑行系统中，共享骑行（有桩的公共自行车、无桩的共享单车）已是主流模式，这种模式的租赁关系与传统的“一对一”的直接占有租赁关系不同，它创造出面向社会不特定的公众的租赁模式，具有很明确的“不确定”特征。

共享单车是面向社会不特定公众让渡使用权的私有财产。从本质上来说，共享单车是属于企业的财产。即便是政府投资建设的有桩模式的公共自行车，也属于政府代为管理的“财产”。然而，正是共享单车的服务对象是不特定的公众，使用频次高，使用者具有很大的不确定性，导致了使用者对特定财产权的侵犯。在实践中，即便使用单车之前需要缴纳一定的押金，但这种押金也不指向特定的某辆单车。这种开放的管理模式，使单车的所有者无法做到对单车的全程监管。

共享单车通过解决城市交通“最后一公里”难题，获得了公众的认可和资本的青睐，也创造了巨大的社会效益和资本收益，从某种程度上来说，共享单车承担了特定的社会公共服务职能。这种社会公共服务职能必然要求共享单车融入现有的社会服务体制，共同维护社会秩序的良性运转。但共享单车面对的是不特定的使用者，且与使用者之间不产生直接的产权关系，传统的罚没等监管方式无法对共享单车使用者的利益产生直接影响，这种“脱管”导致共享单车无序停放问题突出，给城市的有序管理带来了一系列的难题。

8.5.2　慢行系统的价值观塑造

自骑行系统出现以来，其对社会的积极作用占主要部分。在慢行系统中，塑造和宣扬正确的骑行价值观，除了通过制度、技术手段来弥补其中的短板，培育社会公共意识是治标治本之策。

社会性是人的本质属性，是人区别于其他动物的特殊本质，人的活动要在社会中开展。人活动的范围形成了公共区域，从而形成公共意识，这种公共意识被社会中的绝大部分人接受，形成核心价值观。当人处于一种良性的社会公共意识的氛围中时，其行为就会不自觉地受到约束。

共享骑行作为新兴的商业模式，以“共享”作为其价值核心，对传统的价值观体系提

出了新的要求，在共享经济时代下，“信用”具有流通价值，公共意识要求人在公共活动中认同不同社会活动主体的身份平等，个体活动要符合整体的核心价值观，个体的行为不能妨碍他人活动自由。共享骑行只有真正实现了公共意识的培育和塑造，“内化于心、外化于行”，才能将公共意识深化为每个人的行为准则。

⇨本章总结

骑行系统与慢行系统的建设方兴未艾，对其未来加以规划，应将其与智慧城市、智慧出行紧密关联。读者通过本章能够认识到骑行系统与慢行系统的智慧化发展空间，并把握其中的重要关联点。

通过学习本章，读者还能进一步意识到骑行系统与慢行系统并非独立存在的交通系统，而是与公共交通、民生经济和价值观建设等社会议题紧密相连。这些社会议题不仅向骑行系统与慢行系统提出了更高层面的要求，也是骑行系统与慢行系统自我完善的动因和要素。

第9章

慢行系统的文化意义

【本章内容概要】

本章主要讨论慢行系统的文化意义，即慢行系统的“软实力”。慢行系统在智慧生活塑造和城市形象的提升方面具有重要作用，其中，骑行本身已经成为一种文化现象并发展为体育运动。而慢行系统对路权平等的促进和路权文明的保障，也处处体现慢行系统的人文关怀。

【本章学习重点与难点】

学习重点：慢行系统与智慧生活形态的契合点，慢行系统能够融入智慧生活形态的内在原因，慢行系统提升城市文明形象的途径及保障路权文明的具体措施。

学习难点：路权文明中平等路权的概念，不同路权分配中的公正原则，以及慢行系统在维护路权文明中的具体贡献。

【案例导入】

从2002年开始举办的环青海湖国际公路自行车赛（以下简称环湖赛），是世界上海拔最高的公路自行车赛，也是亚洲规模最大的公路自行车赛，每年吸引了世界众多的选手参赛。环湖赛以青海湖为中心，向周边的甘肃河西走廊、宁夏黄金海岸延伸，途经农业区、牧野区、荒漠区、高寒草甸草原区等不同区域，沿途风光壮美神秘。

“国际奥委会主席杯全国百城市自行车赛”是国际奥委会原主席萨马兰奇于1995年来我国访问时倡议举办的，现已成为我国自行车业余赛事中规格最高、举办年份最长的赛事。每年有100多个城市的代表队参赛，从3～12月要举办近百场赛事。湖南长沙、安徽合肥、江苏泰州和苏州、福建永安等城市都先后承办过总决赛赛事。

此外，我国比较知名的自行车赛还有环海南岛国际公路自行车赛、环中国国际公路自行车赛、环太湖国际公路自行车赛、中国山地自行车公开赛等。除了这些知名赛事，我国

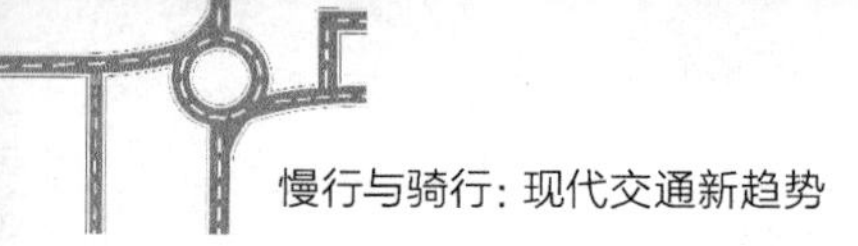

的各个城市还经常举办一些区域赛事。

9.1 慢行系统与智慧生活

科技的飞速发展让人们的生活进入智慧时代，特别是物联网和大数据技术的进步，更是让智慧生活成为足以改变未来的趋势。慢行系统与智慧生活的联系越来越紧密，以骑行系统为代表的慢行系统，为物联网等技术的应用和发展提供了更广阔的平台，让智慧生活的形态更加丰富，这种联系将更加充分地体现在生活的每个角落。

9.1.1 智慧生活的内涵

智慧生活是智慧地球设想在人类生活上的具体反映，本质上是人类对自身生活舒适度追求的体现。智慧生活是人类对自身生活的宏观构想和想象，并非人类依靠智能化的机器生活那么简单。在智慧生活形态中，人类利用物联网、互联网、云计算、大数据等技术，满足生活和工作的各种需求，从根本上缩小世界的范围，构建人与物、物与物之间更加紧密、互动的连接。

智慧生活体现崭新的生活理念，表达了人类对未来生活方式的构想，具有以下特点。

1. 智能化

智慧生活离不开智能化，智能化是“物”在人工智能、大数据等技术的支持下，以更便捷的方式满足人们的生活或工作需求的属性。智慧生活形态中，人们的双手得到极大的解放，很多工作通过智能机器可以解决。

2. 互联化

智慧生活是一种更加互联化的生活形态。从唯物辩证法的观点来看，世间的万事万物有着千丝万缕的联系。正是事物间的联系促进了事物价值的最大化，互相联系的事物建立组合，能产生满足人的需要的新价值。智慧生活的本质在于满足人的需要，为此需要通过技术加深事物之间的联系。互联网、大数据、人工智能等技术的出现，使加深这种普遍联系有了现实的可能，未来的智慧生活必然建立在互联更加密切的基础上。

3. 物联化

智慧生活是一种物联化的生活形态。如果说互联网实现了人与人之间的沟通，那么物联网就实现了人与物、物与物之间的沟通，让物体也具有智慧。通俗来说，物联网就是万物互联的网络，即通过专业的信息传感设备，将所有物体连接到互联网，所有物体由此通过互联网络实现信息的分享与交互，从而形成一个广义上的网络，实现物体的智慧化管理。智慧生活需要将物体最大限度地连接和结合起来，以满足人的自身需求。

9.1.2 慢行系统的智慧生活形态

慢行系统的快速发展，离不开科技的助力，科技的应用让慢行系统成为适应智慧生活形态需要的出行方式。

1. 物联网应用

慢行系统中的共享单车是典型的物联网应用，其技术核心在于实现与后台云数据信息的通信与交换。用户将使用共享单车的相关数据传输给运营企业的后台，后台收到指令后，再将相关的数据传回共享单车以满足用户的需求。这种看似简单的信息交互，实际上正是建立在物联网技术的发展和应用之上的。

2. 人工智能应用

人工智能技术可以在解决共享单车的潮汐调度、乱停乱放等问题上大有作为。例如，共享单车通过蓝牙识别到自身未被停放在规定的区域时，就会自动弹开智能电子锁，引导用户到指定区域停放车辆；通过智能视觉交互系统，城市管理者可以实时识别特定区域内共享单车的数量，并判断出特定时间内的骑行需求，针对共享单车超额投放、无序停放问题找到合适的解决途径。

9.2 慢行系统与城市形象

从全球范围来看，城市化的进程不断加快，而现代城市的发展，需要不断提升自身的综合实力，其中既包括基础设施、经济发展水平等硬实力，也包括人文环境、文明程度等软实力。现代人对居住环境的要求，让城市发展规划者同样注重城市软实力的提升。慢行系统作为现代城市建设中的一部分，已经融入城市发展和城市居民的生活中，其建设和提升与城市形象的改善有着密切的联系。

9.2.1 慢行系统提升城市形象的主要作用

在现代城市中，慢行系统不仅是交通出行系统的重要构成和补充，还承担着城市居民健身锻炼、娱乐休闲、社交活动等多种功能。成熟完善的慢行系统既方便了城市居民的生活，又提升了城市形象。

1. 助力作用

慢行系统对城市经济发展具有助力作用。慢行系统促进了城市交通效率的提升，从而提高了整个城市运转效率，节约了社会资源，从宏观上促进整个城市经济的发展。慢行系统还能与旅游、文化、体育等产业深度融合，为城市带来巨大的经济效益。

2. 促进作用

慢行系统对城市环境提升具有促进作用。慢行系统秉持低碳环保、健康出行的理念，追求人与自然的和谐发展，与当前的绿色发展、可持续发展理念相一致，是未来城市经济发展的方向。慢行系统在规划与建设时，能最大限度地实现土地空间资源的集约利用，并注重与城市的绿色景观、人文地理环境贯通，为城市形象打上“绿色”的标签，对提升城市整体环境的意义重大。

3. 塑造作用

慢行系统对城市文明具有显著的塑造作用。城市形象是城市经济发展、地理环境、文化底蕴、文明程度等因素的综合体现，其中，城市文明程度决定了这个城市的“温度”，文明程度越高的城市越能给人以人文关怀，给人带来幸福感和获得感。慢行系统坚持以人为中心，以满足人的舒适化出行为目标价值，坚持路权的平等适用和保障，不断满足人的多元化需求。这些理念和措施，契合文明城市发展的需要，也加强了城市文明的塑造。

9.2.2 慢行系统提升城市形象的内在原因

城市形象是城市的无形资产，打造良好的城市形象，对城市的发展会产生巨大的品牌效应。科学完备的城市慢行系统对提升城市形象的作用重大，有其深刻的内在原因。

1. 可持续发展需求

建设慢行系统，是城市可持续发展的需求。城市是人类政治、经济和文化活动的中心，城市要实现环境效益、经济效益和社会效益的统一，就要在经济发展和资源利用之间做好统筹，不能采取污染环境、破坏生态、浪费资源的发展方式。

2. 以人为本的需求

城市是人的集聚地，其存在和发展都是为了满足人类社会的生存发展需要。城市发展只有坚持以人为本，才能对外越来越具有吸引力，城市居民才会越来越有归属感和幸福感，从而使城市发展进入良性发展、互相推动的正轨，创建独具魅力的城市形象。城市居民对安全、便捷、低碳出行及文化娱乐等的需求，是慢行系统诞生和发展的内在原因。慢行系统深刻践行城市发展中以人为本的原则，塑造人性化的城市形象。

3. 个性化发展的需求

现代社会中，人的需求是多元化和个性化的，因此城市发展也必须是个性化的，它必须结合城市的地理位置、自然环境、人文历史、居民需求等因素，形成适合自己的发展道路。慢行系统的建设，能根据城市的发展规律，结合具体城市的具体情况，适应城市发展需求，形成个性化的城市形象，满足个性化发展的需求。

9.2.3　慢行系统提升城市形象的未来途径

慢行系统在塑造文明、个性、环保、可持续发展的城市形象方面，有着重要的贡献，但目前慢行系统的建设水平也存在挤占公共资源、服务范围不够广泛、服务水平不够精细等问题，需要进一步完善。

1. 提高慢行系统的智慧化水平

慢行系统在实际运用过程中，暴露出规划不合理、调度不及时、车辆停放不规范等问题，解决上述问题，必须依靠科技手段。政府和企业应综合运用大数据、云计算、物联网等技术，提高慢行系统的智慧化水平，使慢行系统更适应现代城市发展的需要，更适应城市居民生活和工作的需要。

2. 提高慢行系统的产业化水平

慢行系统对城市经济发展具有重大的推动作用，将慢行系统发展成完整的产业，能增加产业的溢出效应，有利于城市形象的整体提升。加强慢行系统与旅游、文化、体育等产业的深度融合，可以拉长慢行系统的产业链，提升产业产值。同时，慢行系统与旅游、文化、体育等产业的深度融合还能促进城市环境的提升，打造具有魅力的城市。

3. 提高慢行系统的文明化水平

慢行系统也是城市文明的缩影，在包括共享单车在内的慢行系统运行的过程中，乱停乱放、随意破坏共享单车等行为已经严重影响到城市的良好形象。除了依靠科技手段加强对慢行系统的精细化管理，加强对文明骑行的宣传和引导，建立良好的城市骑行氛围，不但是慢行系统良性运行的需求，也是建设文明城市形象的需求。

案例：哥本哈根——骑行应当注重以人为本

作为骑行友好城市，哥本哈根当之无愧，哥本哈根为保障骑行发展和骑行者权益所采取的种种措施，值得其他城市“取经”。

注重骑行细节设计。影响骑行者出行体验的往往是会被许多人忽视的细节，哥本哈根在骑行细节的设计上非常用心。

在一些交叉路口，哥本哈根市政府为骑行者设计了停车垫脚和栏杆，让骑行者在短暂停留等红灯时，不需要离开自行车座。

哥本哈根市政府还开发了一款 App，可以让市民实时在地图上标注发现的地面凹陷和障碍物，相关部门在收到反馈后会立即维护。

路面上的 LED 灯可以提醒机动车驾驶员后方有驶来的自行车，而路面振动带可以提醒

骑行者不要过分靠近路牙。路口交叉处 100m 左右的倒计时器，可以让骑行者准确地判断是提速穿过绿灯还是保持匀速滑行，在道路口等红灯。

注重保护骑行者的安全。哥本哈根采用分离式的自行车设施，例如，专有的自行车道可以实现机动车与自行车的分流，明确路口交会处自行车具有优先通行权等，使自行车出行成为哥本哈根市民最安全的出行方式之一。

尊重每个骑行者。骑行应该是每个市民的权利，骑行服务应该惠及每个骑行者。哥本哈根市政府对“骑车市民”的概念有深刻的理解。城市绝大部分的骑行设施是为市民建设的，目的是保障每个市民都能自由、便捷、随时使用骑行设施。

在哥本哈根，骑行资源并非向那些身着昂贵的专业设备的专业选手倾斜。政府不但考虑现在的骑行者，还考虑那些未来的骑行者，无论他们的年龄、家庭、阶层、收入等有何差异。

注重对骑行基础设施的投资。哥本哈根对于骑行系统的投资从不吝啬，这个城市诞生不久后，骑行设施就开始生根发芽。

哥本哈根 Cykelslangen（又称为自行车高架路、自行车蛇形路）项目是一项世界领先的独创项目，这个设施简单而漂亮，同时还兼具实用性。整个项目预计在 2023 年建成，将成为这个骑行友好城市的基础性和标志性设施。

9.3 骑行系统与慢行文化

慢行文化包括骑行文化，它并非一日形成，慢行文化随着骑行系统与慢行系统的发展而不断完善。

9.3.1 骑行文化的内涵

骑行系统带来骑行文化，骑行文化即人们在骑行的实践中所创造的物质财富和精神财富的总和。通常语境中，我们讨论骑行文化，多指其在精神层面上的意义。骑行文化由于其丰富的内涵，正被越来越多的人接受和发扬。

1. 健康文化

骑行文化是追求健康的文化。现代医学证明，有效锻炼能激发人体活力，有益人们的身心健康。骑行活动通过人的运动为骑行工具带来动力，并促使人类各功能器官得到强化，是一种有效的锻炼方式。另外，骑行活动还衍生出群众体育竞技活动，竞技活动可以磨炼人的意志，使人的身心能得到有效锻炼，从而达到理想的健康状态。

2018 年 4 月 12 日，第 72 届联合国大会通过了一项决议，将每年的 6 月 3 日设定为“世界自行车日”。骑自行车成为大部分人普遍认同的健康生活方式，对城市和地球产生了广泛而深刻的影响。

2. 环保文化

骑行文化是追求环保的文化。人类社会正处于由工业文明社会向生态文明社会转型的时期，绿色、环保、低碳、可持续的发展理念深入人心。低碳环保必然对人们的生活方式产生影响和改变。在交通出行方面，人们更愿意选择骑行这种节能减排的方式，并将绿色环保的骑行文化带入生活的方方面面。

3. 自然文化

骑行文化是追求自然的文化。骑行是一种新的休闲生活方式，人们在优美的自然环境中骑行，能够充分享受旅途中的自然之美，最大限度地调节身心。

9.3.2 骑行文化与慢行文化的关系

慢行系统的主要组成部分是骑行系统。骑行系统是囊括所有骑行活动的综合系统，包括骑行的基础交通设施、骑行工具及骑行主体等。骑行活动在慢行系统中发生，而骑行文化这一精神文化，又在所有的骑行活动中产生。研究骑行文化，无法脱离慢行系统这一基础。慢行系统是产生骑行文化的基础和土壤，慢行系统支撑着骑行文化的诞生和发展。随着骑行文化的普及乃至盛行，它对骑行系统提出新的要求，同时也使慢行系统向着更完善、更科学、更人性化的方向发展，拓展出慢行文化。

9.4 骑行系统与自行车运动

体育运动是人类在发展过程中，有意识地通过各项方式对自己身体素质进行培养的活动总和。具体到慢行系统，其关联体育运动的典范就是自行车运动。自行车运动是一项以自行车作为竞技工具而进行比赛活动的运动项目。不同于普通人日常的骑行活动，自行车运动作为一项体育赛事，具有专业性和竞技性等特点。自行车运动距今虽已具有 100 多年的历史，但其竞技内容却越来越丰富。

9.4.1 自行车运动内容及其历史简介

自行车运动随着自行车的诞生而兴起，据记载，法国 1868 年举办了世界上第一次自行车比赛，赛程只有 2km，比赛使用的自行车没有采用充气轮胎，与现代意义上的自行车比赛还有很大差别。此后，自行车比赛在全世界时有举办，并且随着自行车的改进，比赛内容和形式不断增加，1893 年，第一届世界业余自行车锦标赛举办，1895 年，第一届世界职业自行车锦标赛举办。1896 年，第一届奥林匹克运动会还将自行车比赛列为正式的比赛项目。

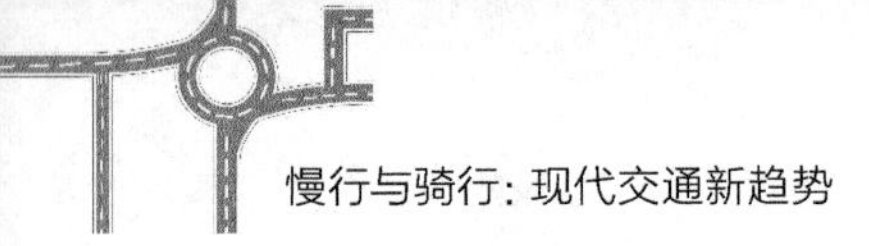

自此，自行车运动步入正轨，并在世界范围内广泛兴起。

自行车比赛在奥运会中有公路、山地、场地、小轮车 4 个大项，按照比赛环境来划分，又可分为场地赛、公路赛、越野赛等。世界范围内比较知名的自行车赛事有环法自行车赛、世界自行车场地锦标赛、世界公路自行车锦标赛等。除了专业性的比赛，各地还有小区域范围内的业余赛。

我国的自行车运动起步较晚，1949 年之后才开始逐渐发展，出现了最早的一批自行车运动员，在国际赛事中取得了不俗成绩。20 世纪 80 年代，我国自行车运动员在比赛中屡创佳绩，部分项目进入世界最高水平的行列。20 世纪 90 年代以后，我国进入自行车运动强国的行列。

9.4.2 自行车运动的积极意义

自行车运动属于竞技体育，具有激烈的对抗性，而且可观赏性、娱乐性强。举办自行车赛事可以宣扬体育精神，促进经济发展，增进文化交流。

1. 宣扬体育精神，引发全民锻炼热潮

体育精神是一种奋斗的精神，是一种百折不挠、通过努力超越自我的精神，自行车运动员在比赛中你追我赶、力争第一的激烈角逐，能极大地影响观众。

科学研究表明，自行车运动能够有效地改善人的心脏功能，同时增加肺活量，提高肺呼吸能力。自行车运动还能有效防止高血压、肥胖等症状，能有效缓解焦虑和抑郁。另外，自行车运动不需要造价昂贵的专业设备和专业场地，适合在大众中普及，适合全民健身的发展需要。

2. 促进经济发展，增强地区发展实力

举办自行车赛事可以完善当地的基础设施。自行车赛事的参与人员众多，对举办地的交通、体育等基础设施有一定的要求。政府通过加大投入、科学规划，兴建体育场馆、建设自行车道等措施，可以有效完善当地的基础设施。

自行车运动的普及，能促进体育产业和其他产业发展，另外，自行车运动还可以带来消费、旅游等其他关联产业的发展，给当地带来直接的经济收入。

自行车运动还能有效彰显城市文化的软实力，增强城市发展后劲。政府通过发展自行车运动和举办自行车赛事活动，在公共环境建设上加大投入，可以健全公共服务体系，提高公共服务质量和水平，满足公众对公共服务的需求；还可以对外展示城市的精神面貌，打响城市的品牌，增强城市的软实力。

3. 增进文化交流，促进世界共同发展

自行车赛事吸引了不同地区的运动员参加，促进了人员的互动，带来了文化的碰撞与交流。自行车赛事一般举办时间长、历程长、途经的国家和地区较多，人们在参与和欣赏自行车运动的同时，对当地的风土人情、人文历史等会有所了解。

9.5　慢行系统与路权文明

人们出行的方式有很多种，例如，步行、乘坐公共交通、乘坐私家车及骑行等，每个交通参与者都拥有各自在道路上进行交通活动的权利，即路权。

9.5.1　路权文明释义

路权，通俗来说就是交通参与者上路通行的权利，包括对道路的使用权和优先权。道路使用权，即可以使用道路进行交通活动的权利。相对于使用权，交通参与者更关心优先权，道路优先权是特定时间、特定的道路或在发生冲突的情况下，某种交通参与者具有的优先出行和优先使用道路的权利。道路优先权相当重要，在发生交通事故的情况下，交警会根据道路优先权来判定事故责任的归属。

9.5.2　路权分配原则

路权冲突是指道路资源的稀缺性导致不同交通参与者的出行利益产生冲突。解决路权冲突的途径是建立合理的路权体系。

1. 平等分配原则

从法律的角度来解读，权利的平等保护就是所有社会成员享有无差别的权利和机会，特别是基本权利，法律对这些权利进行平等的保障和救济。但每个人或每个群体在实现自己权利的能力上是不同的，因此需要法律以“区别对待”的方式保障所有权利主体的权利实质上的平等。具体到交通路权分配中，机动车出行者与非机动车出行者、行人所占有的道路资源不同，非机动车出行者、行人对机动车出行者来说处于相对弱势的地位，在路权分配的时候，要考虑不同主体之间的具体情况，平等地分配和保障路权。

2. 弱者优先原则

个人行使权利能力的差异，造成了实质权利的不平等，即便给予平等的平台与机会，也会产生不同的结果。假设给予机动车出行者与非机动车出行者同样的出行权利，在遭遇交通事故时，非机动车出行者遭受的伤害往往比机动车出行者要大。这就需要在分配路权的时候给予弱者一定的关照，使不同权利主体的权利行使实现一种平衡的状态，这也符合公平正义的社会原则和要求。

3. 公益优先原则

公益就是公共利益，是不特定的大多数人的利益，因为其是大多数人的利益，所以有优先保护的价值。在交通系统中，公交车、地铁等公共交通出行方式，解决了城市大部分人的出行需求，而且相较于私家车出行，公共交通具有节能环保的特点，因此在路权分配

时要适当考虑优先保障公共交通的出行权利。

4. 公平与效率兼顾原则

公平与效率是辩证统一的关系。公平并不意味平均，公平原则是在保障人的基本权利和需求的基础上，按照贡献进行分配。如果一味追求效率，而忽视公平，会挫伤人的积极性，最终也得不到效率；如果一味追求"平均"，而忽视效率，也会影响社会的进步发展，影响所有人的权益，也就谈不上公平。在交通出行中，机动车出行无疑是比较有效率的出行方式之一，如果将所有路权或者大部分路权分配给机动车，那么就损害了其他非机动车交通参与者的路权，最终无法保障交通出行的效率。因此，路权分配要在公平与效率之间找到平衡点，最大限度地实现路权文明。

⇨本章总结

本章的主要内容是讨论慢行系统的文化意义。文化是在人的社会实践活动中产生的，并以满足人的生存和发展需要为目的。通过描述智慧生活形态和应用骑行系统中的智能化技术，读者能够了解慢行系统融入和促进智慧生活的主要路径。

城市的慢行系统对城市的经济文化和社会发展产生了独特的影响和塑造作用，形成了不同的城市形象和品牌。

骑行活动产生了骑行文化，骑行文化对人类的活动产生了深刻的影响，骑行文化是随着自行车的诞生和发展而兴起的。自行车的广泛使用还产生了自行车运动，骑行文化、自行车运动与慢行文化有着深刻的联系。

在路权的平等保护和路权文明的实现上，慢行系统既需要路权文明保驾护航，又支持了路权文明的实现。

第10章 骑行系统的规划与策划

【本章内容概要】

本章主要介绍了骑行系统规划与策划步骤，其中包括规划要求与流程、调查与分析，以及如何进行骑行系统的总体规划与项目策划。通过本章学习，读者能了解到如何科学、规范地编制骑行系统规划，加强慢行系统建设。

【本章学习重点与难点】

学习重点：深入了解骑行系统总体规划与项目策划的原则、方法和步骤，清楚其中每个环节的具体内容和意义。

学习难点：如何看待骑行系统总体规划与项目策划的战略意义，明晰其出发点和落脚点，用以指导骑行系统项目的实践工作。

【案例导入】

在哥本哈根，自行车的普及能追溯到20世纪。1910年，丹麦有了第一条自行车道。随后的30年内，丹麦的骑行人数保持稳定增长。但到了20世纪50年代，由于机动车数量激增，新的城市规划忽视了骑行人群，骑行比例迅速下降。

从20世纪70年代开始，客观环境的变化和人们的意识变化，促进了骑行的复兴，在公众的强烈呼吁中，哥本哈根市政府开始进行独立自行车道的规划和建设。2014年，哥本哈根市内自行车道已达到368km，居民骑行出行率达到63%。除了市区内主要道路两侧的自行车路网系统，哥本哈根市的自行车道建设还有两个特点。一是规划建设了110km的绿廊系统，覆盖市区的绿地、景观、河流，避开了机动车交通系统，为骑行者提供了良好的骑行环境。二是自2012年起，哥本哈根在近郊规划建设28条通往市中心的自行车高速道路，共计500km，以鼓励更多出行者选择骑行进入市区，以减少交通压力。

除了大方向的战略规划，哥本哈根的骑行系统规划思考也体现在具体细节上。例如，为了与机动车道进行区分，自行车道的标高有所上升，并通过铺装色彩予以突出标识。哥本哈根还在骑行交叉路口设置了脚踏、扶手，红灯时骑行者即可停靠休息。此外，哥本哈根在骑行系统规划中还专门设置了自行车信号灯，其表示时间比机动车信号灯快 4s 以上，以方便骑行者提前通过。

在欧洲，主动进行城市骑行系统规划的不仅有哥本哈根，还有鹿特丹、柏林、维也纳、巴黎、伦敦、都柏林等。无论是具有悠久骑行传统的城市，还是通过规划改善逐渐成长的骑行友好城市，其根据自身特点和既定目标持续进行的努力没有白费，市民出行时间成本不断降低、骑行出行率不断提高，骑行系统成为城市文化的一部分。

在我国，骑行系统的规划同样开始受到重视。如何通过规划和策划骑行系统，为城市带来良好的骑行系统运营环境是本章重点探讨的内容。

10.1 规划要求

无论构建何种骑行系统，明确规划要求都应是重要基础。规划要求指明了骑行系统建设的内容、任务，也包含了规划的原则和方向。

10.1.1 骑行者的出行需求

骑行系统并非冷冰的框架结构，而是现实生活中每个人不可或缺的出行环境，而骑行出行方式本身的特点，又决定了骑行者与骑行系统之间存在着更为密切的关系。在规划骑行系统之前，规划者应清楚骑行者的出行需求。

美国心理学家马斯洛指出，人类的各种需求存在先后顺序和高低层次，一般而言，某个层次的需求相对满足之后，就会向更高层次发展，追求新层次需求成为每个人行动的内驱力。马斯洛将需求分为 5 种不同层次，按从较低到较高的层次排列，分别是生理需求、安全需求、归属感与爱的需求、尊重需求和自我实现需求。

骑行出行活动同样符合马斯洛需求理论。依据马斯洛需求理论框架，根据骑行者在活动中表现出的实际特征，可将其需求层次加以对应总结。骑行者的出行需求层次见表 10-1。

表10-1 骑行者的出行需求层次

项目	马斯洛需求	出行需求	需求内容	影响因素
第一层次	生理需求	可行性	可以骑行	年龄、体重、健康状况、时间允许
第二层次	安全需求	可达性	有路骑行	路网连续性、与其他交通系统的衔接性、地域可达性
第三层次	归属感与爱的需求	安全性	安全骑行	人口状况、交通状况、治安状况、街道照明状况

续表

项目	马斯洛需求	出行需求	需求内容	影响因素
第四层次	尊重需求	舒适性	舒适骑行	骑行道宽度、路面平整度、机动车流量及车速
第五层次	自我实现需求	愉悦性	愉悦骑行	绿化率、景观水平、服务设施质量、公共空间质量

骑行者的出行需求层次可以分为以下 5 点。

1. 可行性需求

可行性是骑行出行的基本需求。进行骑行系统规划，构造良好的骑行环境，首先需要关注的是在经济上或在体力上相对弱势的群体。对高收入人群或青壮年人群而言，机动车出行可能是最快捷、最省事的交通方式，但对交通弱势群体而言，骑行可能是其所能选择的最经济便捷的交通方式。

规划者在规划骑行系统时，应树立以人为本的思想理念，重点考虑弱势群体的出行需求，落实各类道路、标识、设施的规划和实施，提高骑行的可行性价值。

满足可行性需求是骑行的门槛。如果骑行系统不完善，如果没有非机动车道或目的地停车设施不足，人们选择骑行出行的意愿就会大大降低。因此，如果想要更多的人践行绿色出行，选择骑行出行，最好的方式就是先满足骑行者的可行性需求。

2. 可达性需求

可达性需求主要是指骑行路径的便捷程度、骑行系统与其他交通系统之间的协调性能。

可达性需求体现在骑行系统的空间层面，主要表现为路网的合理规划，包括路网的空间形态、网络密度、道路间距；体现在协调性能方面，则是与其他交通系统的衔接能力，即通过合理衔接和服务，发挥骑行系统应有的接驳能力。

骑行系统的便捷程度和协调能力是评价其发展水平的主要标准。当前，骑行系统的重要作用是与公共交通接驳，解决市民出行“最后一公里”的问题。如果骑行系统能与公共交通系统形成良好的接驳关系，则城市的公共交通资源将会得到更充分的利用，市民出行的满意度也会大大提高。

3. 安全性需求

骑行者在面对交通过程中的潜在危险时，会产生安全性需求。在骑行系统规划和构建的过程中，应通过路权的合理分配和保障、交通秩序的组织和协调，尽量减少交通过程中骑行者与其他人群的冲突。此外，在社会安全的治理方面，应通过社区功能规划、街道治安规范等要素展开行动。

安全面前无小事，交通安全需要每个人的参与。机动车驾驶员和骑行者都应遵守交通

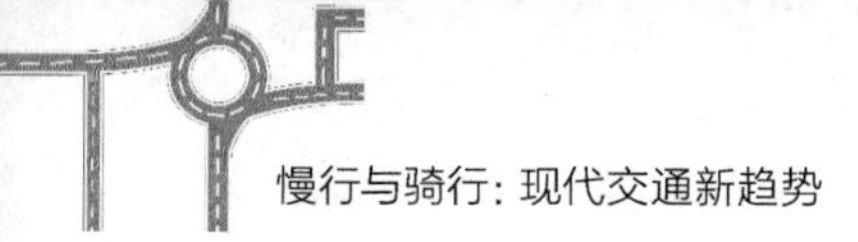

法规，减少交通事故的发生。为了规范两者的行为，交通管理部门需要制定相应的法规对其进行约束。

为了降低骑行出行的事故发生率，最好的管理方式就是对机动车道和非机动车道进行物理隔离。同时，为了提高骑行者的安全意识，交通管理部门可以定期宣传交通法规，或对骑行者进行培训教育，以此来提高骑行出行的安全性。

4. 舒适性需求

舒适性需求是骑行出行需求中的一个关键需求，也是骑行者为顺利到达目的地而提出的基本需求，主要表现为对骑行空间和环境的具体需求。不仅如此，人性化的设计与管理是满足骑行者舒适性需求的重要基础。因此，在骑行系统的设计和规划中，规划者要充分考虑骑行者的体验需求，强调以人为本，不断完善骑行系统。例如，在空间上，规划者可以通过骑行道宽度设置、路权分配、骑行道断面设计等步骤，调整有效骑行出行空间；在环境上，通过设计骑行交通服务设施，满足相应需求。又如，在一些坡度较大的道路上设置爬坡设施，方便自行车上坡；在路口等待处的两侧设置栏杆，方便骑行者在等待时休息。

5. 愉悦性需求

与前 4 个层次的需求相比，愉悦性需求强调骑行者在出行过程中精神、感知的需求，其中主要包括内心审美和外界氛围。

内心审美是指骑行者对具体骑行环境的人性化和美学需求，包括骑行空间、街道建筑、绿地、河道、景观等的形象表现。外界氛围是指骑行环境的文化特点，包括城市意象、建筑风格、文化印记等，也包括不同功能区域之间融合交流而形成的城市交流环境。

满足骑行者的愉悦性需求是骑行系统发展的最终目标。一般而言，骑行者的前 4 个需求在得到满足后，愉悦性需求才有可能被满足。

与其他需求不同，愉悦性需求的满足是系统性工程。除了要完成道路、标识、设备、政策等基本元素的升级改造，还要结合城市文化、风土人情等内容，使骑行不仅是一种交通方式，还是一场使人能深入体验城市发展历史的心灵旅行。

案例：骑行圣境——西安“三河一山”绿道

2021 年 4 月，西安“三河一山”绿道全面贯通。“三河一山”绿道将西安绕城高速完整地绕了一圈，涉及 10 多个行政区和 4 个生态带，沿线串起了 103 个文化景点和 43 个人文历史遗址，具备丰富的自然生态景观。这条绿道最大的特点是将生态和城市有机地结合在一起，围绕灞河、渭河、沣河和秦岭，以人文历史资源为依托，建立起既有千年古都风韵，又具备现代生活品质的生态系统。在国内，很少有绿道能够发挥如此显著的作用。

城市绿道是贯穿城市绿化生态的“血管”，“三河一山”绿道有美不胜收的风景，人们可以在这里感受到运动、休闲、美食、娱乐等一应俱全的城市“慢生活”。“三河一山”绿道途经自然资源丰富的区域与科技创新实力雄厚的区域，它不仅是提升周边居民幸福感的生态发展带，同时也是维系西安城乡融合的关键带。

“三河一山”绿道的规划兼顾了生态文明与城市发展，以一条全长 308km 的连续骑行道将山、水、塬、城串联起来，完善的骑行配套设施能够满足骑行者的不同需求。在可行性需求方面，“三河一山”绿道铺装平整，借助生态景观与城市道路完全分割，不受机动车干扰，是人们跑步、骑行的好去处。在可达性需求方面，“三河一山”绿道路面宽阔，突破了行政边界，沿途还设置了许多休憩带，骑行者可以通过发达的绿道路网高效地到达目的地。在安全性需求方面，“三河一山”绿道的路权完全归行人或骑行者，没有机动车的干扰，使行人和骑行者的安全得到保障。在舒适性需求方面，“三河一山”绿道聘请了专业的设计团队与施工团队，路面、基础设施、人文景观皆按照严格的标准构建而成，提高了骑行的舒适性。沿线不仅有休闲廊道和开放展示廊道等游玩区，还设置了多个休息区。在愉悦性需求方面，人们在骑行中可以欣赏沿道的八峪、六河、三塬、九园等生态景观和六田、四林、三塘、两园等大地景观。

对西安而言，“三河一山”绿道是倡导市民绿色出行的基础保障，是自然景观与城市发展的有机融合，有利于提升城市品质和市民幸福感。“三河一山”绿道也是展示西安历史文化的窗口，四通八达的路线将西安千百年来的发展史一一道来。

10.1.2　骑行系统规划目标

骑行系统的规划内容应满足可行性、可达性、安全性、舒适性、愉悦性 5 个层次的骑行者出行需求，以营造良好高效的骑行环境，充分发挥骑行系统的功能。与此对应，骑行系统应具备以下 7 个规划目标。

1. 完整性目标

骑行系统是一种较为独立的慢行交通运转系统，规划者应首先关注该系统是否能提升城市骑行出行的分担率。同时，还应关注系统的功能是否完备，包括路网和路径是否完整。

在成熟的骑行系统中，骑行设施在覆盖区域内应具有必要的连续性，以保证为骑行者提供不间断的服务。不同街道、不同细分区域的服务设施应能保证统一的服务质量，从而提升骑行出行的效率。同时，在充分规划的骑行系统内，其功能还要展现出应有的层次性。通过层次性目标，能合理分配骑行系统中不同设施的功能，引导不同设施承担不同的作用，保证系统整体结构的合理性，使系统整体发挥最大的效用。

2. 可达性目标

骑行系统的可达性规划目标主要包括功能可达性和接入可达性。功能可达性主要指骑行路网对社区、设施、建筑的串联和衔接能力。接入可达性主要指骑行路网与公共交通之间的衔接能力。可达性目标的意义在于，通过规划确保骑行系统在独立完整的基础上，不

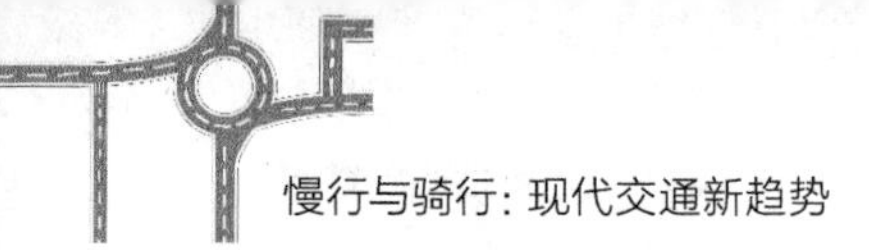

会与城市结构脱节，而是与城市整体规划相结合，形成合理的共享空间。

3. 普惠性目标

骑行系统不仅应提供直接的交通便利，还应维护社会公平。任何人都应拥有骑行的权利，在规划骑行系统时，应充分保障骑行系统连接的城市空间能被所有市民分享。为此，规划者应充分考虑不同类型骑行者的需求，提供足够高效的骑行环境。

4. 安全性目标

骑行者在出行中，首先关注的是自身安全。由于骑行者是容易受到伤害的群体，在规划骑行系统时，应充分考虑骑行者与其他交通参与者的协调方法，确保骑行安全。

5. 个性化目标

骑行系统不能“千篇一律”，规划者应充分结合当地城市的风土人情、特色景点，构建能充分融入自然人文环境，并体现城市形象、城市文化的骑行系统。在获得市民认同的同时，也能促使骑行系统发挥自身作用，共同延续城市历史文化，实现对城市文化资源的保护和发掘。

6. 公益化目标

对骑行系统的规划和建设，应全面充分地运用科学尺度、得力措施，切实提升骑行品质，使之成为能滋养骑行者身心的生活体验。事实上，随着时代发展，骑行正在变成具有丰富价值和意义的社会活动。

在规划设计时，应充分考虑这些真实需求，应从人的习惯出发对骑行设施进行设计与管理，以提高骑行设施的利用率，满足公共需要，营造和谐的社会氛围。

7. 多样化目标

骑行系统用途和价值的多元化，决定了其规划目标的多样化。在设定规划目标时，要结合出行者的习惯特征、城市社区的性质，因时、因地制宜，采用不同的设计手段，体现多样化。

总而言之，骑行系统作为慢行交通体系里重要的一部分，其规划需要充分尊重城市发展的规律。当前，城市交通体系的升级改造应以骑行系统为突破口，逐步推进整个慢行系统的建设，从而实现绿色交通的发展目标。

10.2 规划原则

骑行系统的有效规划应立足于其规划原则。规划者应树立积极发展骑行交通的理念，确保规划方案能真正改善骑行者的出行环境，保障出行安全。

10.2.1　整体规划的原则

骑行系统规划原则主要包括以下 5 个。

1. 安全性原则

安全性是骑行系统的基本规划目标，在规划中应包括以下方向。

保障骑行者在城市交通系统运行过程中的安全性，并在满足安全性的基础上统筹考虑其他要求。

保障通行空间，不得挤占步行道，也不应任由机动车道挤占骑行道路。

做好与机动车道之间的隔离措施，避免将绿化带等原有物理隔离设施改造为护栏或画线隔离，也不应在骑行道路上规划机动车停车位。

通过过街设施、道路照明、市政管道、街道横断面的设计和维护，充分保障骑行者的出行安全，降低其遭遇交通事故或受违法行为侵害的可能性。

采用三级维修体系，针对自行车的故障分别采取现场修理、集中维修、回收翻新的修理方式，保障自行车的正常性能，确保骑行者的安全。

2. 连续性原则

骑行系统的规划设计应能支持骑行者的连续出行，其原则内容具体如下。

根据城市道路布局特点和道路周边用地功能，结合社区性质，将骑行道路与其相邻的步行道路、公交道路等加以连接，保证骑行的连续和通畅。

骑行道路和步行道路、机动车道路相交时，或与河道、铁路、社区道路相交时，规划者应通过设计必要的路径管理措施，确保骑行者和其他交通出行者各自的通行流畅性。

规划者应研究科学方案，推出能确保骑行者不停车穿越社区、市场、公园的出行措施，以增强路网的连接密度，提高骑行的贯通性。

规划者在设计交叉路口、过街设施时，应尽量避免中断步行或骑行道路，保持道路连续性。

3. 方便性原则

对骑行系统的规划应遵循方便性原则。

在城市建设的重大项目进程（例如旧区拆迁改造、轨道交通建设、新区建设等）中，规划者应考虑骑行设施的布局，使其能担任周边社区、公共空间连接者的角色，以形成城市交通路网的有益补充。

结合城市的山体、绿地、河道等景观，商业区、文教区等社区建设专用骑行道路，方便居民就近出行活动。

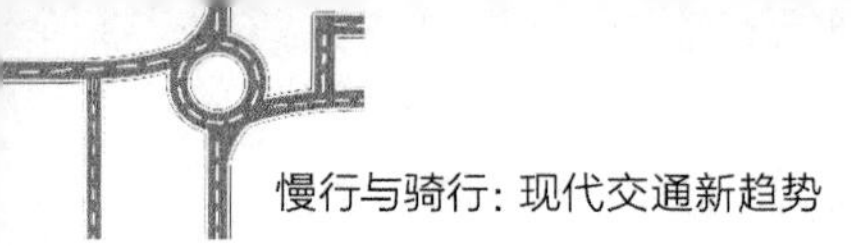

骑行路网布局应与城市公共空间、公共交通车站等热点中心紧密衔接，保证骑行者能和目的地直接连通。

规划者还应注意骑行系统的无障碍设计，方便弱势群体。

4. 舒适性原则

对很多人而言，骑行既是出行也是娱乐。规划者在新建、改造其他相关建设项目时，应确保骑行环境能为骑行者带来良好的体验。例如，规划者应将骑行系统作为城市重要的组成部分，将骑行道路和周边环境特点充分结合，尽可能借此体现城市的特色。

5. 实用性原则

除了上述原则，规划骑行系统还应突出实用性原则。

规划者应优化骑行系统和公交系统之间的衔接，既能充分提升骑行出行的效率，也能拓宽城市公交的服务范围。

骑行系统附属的各类服务设施规划也应本着与骑行系统一致的规则，避免影响其他的交通通行。

骑行系统附属服务设施不能过分独立设置，而是应通过规划，融入沿线周边的环境。附属设施既能服务于骑行者，又能服务于其他有需要的居民。

在城市人口密集区域，例如机场、火车站、轨道车站、繁华商业区等，应适当增加骑行附属服务设施的数量，提高其服务质量，满足更多的通行和使用需要。

总之，骑行系统的整体规划需要以政府管理部门为主导，确保骑行交通在城市交通体系中应有的地位，从而实现城市交通资源的合理配置。

骑行系统的发展需要协调政府各部门及多方面资源，遵循以上规划原则，对骑行系统进行统筹规划、统一监督。

10.2.2 道路规划的原则

在骑行系统的建设过程中，道路规划是不可或缺的内容。规划者应综合考察城市目前的交通发展状况，并依据当地骑行特征和功能，遵循以下 6 个基本原则，进行全面规划。

1. 平衡性原则

道路是满足骑行需求的基本要素。骑行道路的规划应能满足出行群体的整体需求，这包括两个方面：一方面是道路的骑行承载能力，应能保证城市居民通勤、上学、社交等活动的基本要求；另一方面是道路所形成的骑行连接能力，应能保证城市整体交通的连续性。

2. 分流性原则

在道路规划中，应遵循机动车与骑行工具、人与骑行工具之间的分流性原则，确保道路能发挥应有的时空协调作用。

3. 协调性原则

在道路规划中，规划者应着眼整体，协调骑行系统与其他交通系统的关系。其中，骑行道路本身、骑行道路设施都应能和其他出行方式充分协调。

4. 共享性原则

城市交通资源是宝贵的，无论是道路资源还是设施资源，并非无限使用。因此，在道路规划过程中，应充分挖掘资源、实现共享。例如，规划者可以利用现有的街巷、道路，在此基础上进行修理、拓宽，成为骑行专用道路，以实现资源的充分利用。

5. 高效性原则

在骑行道路系统建设中，路网布局应能服务好骑行群体内的大多数人，确保和骑行者的日常出行路径保持一致，并积极满足整个城市不同区域的交通需求。在此基础上，引导步行和骑行交通在规划网络内均衡分布，以实现路网功能价值的最大化。

6. 可变通性原则

规划骑行道路系统，应善于利用地形和环境变化进行设计。骑行道、人行道、机动车道应有机结合，突出地形和道路变化的特点，组成丰富的空间。

案例：城市道路规划，助推骑行交通发展

上海交通大学对自行车的某项定量研究表明，一辆自行车一年正常使用可以减少40～50kg 的碳排放量，相当于多种了两棵树。骑行交通对于建设绿色城市具有积极的促进作用，而发展骑行交通的基础便是系统性的道路规划。

北京市是我国最先开始进行骑行道路升级改造的城市。自 2016 年以来，北京市完成了大约 3200km 的骑行道路治理工作，但由于缺乏系统规划，大部分骑行道路仍出现空间狭窄、通行效率低等问题。

在经过深入调研后，2021 年 10 月，北京市率先对二环路进行骑行系统的升级改造，此次改造的思路是在保证机动车驾驶安全与通行效率的基础上，压缩机动车道的宽度，将非机动车道的宽度拓宽到 3m 以上。此举通过优化道路资源的方式确保了非机动车道使用者的路权，是北京市大力倡导骑行交通的勇敢尝试。此外，北京市的大部分非机动车道都进行了彩色铺装，使骑行通行空间得到更有力的保障。

2021 年，为了提高骑行交通的通行效率，北京市对路口的交通组织进行了集中优化，在车流量或人流量较大的路口增设骑行专用信号灯和 LED 标识牌，提升了自行车的通行效率。目前，北京市二环路大部分非机动车道的左转路口的等待时长大大缩短，过街时间至

少增加 40s。

随着二环路非机动车道的改造完成，三环路、四环路也陆续升级改造。为了确保道路规划的系统性，北京市交通管理部门还结合二环路的改造经验，编制了《北京城市道路非机动车道交通组织设计指南》。这份指南不仅对北京的骑行交通发展起到了指导作用，还对我国其他城市实现低碳化、绿色化的发展目标具有重要意义。

10.3　规划整体流程

骑行系统规划是对城市交通分支系统的决策。这一决策对应不同的子目标，并影响骑行交通的长远表现。因此，骑行系统规划必须在特定条件下，遵循一定的流程进行。

10.3.1　规划期限

骑行系统规划可以分为长期、中期和近期 3 种，对应解决不同的问题。在规划之前，规划者要清楚自身规划项目所对应的期限，以选择规划方法。

1. 长期规划

长期的骑行系统规划可能影响骑行系统 20 年以上的运转。类似的规划项目需要规划者考虑城市整体土地使用状况和交通发展情况，能预判 20 年甚至更长时间后的区域骑行交通发展态势。

2. 中期规划

中期的骑行系统规划即由规划者重点研究 10 ～ 20 年的骑行系统运转。这需要在现有骑行系统的基础上做出改进，确定新的系统内容，提出完善的优化方案，满足骑行者的出行需要。

3. 短期规划

短期的骑行系统规划应由规划者重点研究 10 年内骑行系统的调整优化方向，寻找问题并明确原因，提出对应的解决方案。

骑行系统规划是系统性的工程。我国骑行系统的发展起步相对较晚，各城市的骑行系统规划仍在探索阶段，为此我国可以广泛学习欧洲城市的骑行系统建设经验，尤其是丹麦哥本哈根和荷兰阿姆斯特丹。这些城市较早关注到骑行系统对城市的积极作用，经过多年建设，骑行系统已成为城市交通体系中独立的交通系统，其建设的优先级甚至高于机动车系统。我国各地政府管理部门不妨结合发展现状特点，借鉴这些城市的先进经验，尽快推动城市骑行系统规划的成熟。

10.3.2 规划流程框架

完整的骑行系统规划包括确定规划目标、设计规划流程、明确规划内容、实施并检验规划等环节。以骑行系统为例，规划者应在目标的指导下，根据骑行系统的功能定位特点，采取定性分析和定量计算相结合的方法，设计高效的骑行网络，并将其与交通设施的管理加以结合。

骑行系统的规划流程框架主要包括以下 5 点。

1. 交通调查

交通调查主要指规划者对骑行系统所在的社会环境系统进行调查，例如土地利用效率、交通系统现有状况等，也包括对骑行系统内部进行深入调查。

2. 综合分析

综合分析即对现有骑行系统运行现状的分析，包括骑行出行需求分析、骑行出行时空分布特征分析、骑行路网现状分析、骑行设施现状分析等。

3. 未来预测

未来预测是指对骑行交通的未来发展空间和形势进行有效预测，主要包括对骑行出行发生行为的预测、对骑行出行所占比例的预测、对骑行出行分布范围的预测等。

4. 方案规划

方案规划具体包括以下 3 点。

（1）规划骑行道路方案

规划骑行道路方案主要包括骑行交通现状分析、需求预测分析、交通环境调查、规划构思、方案批评论证等。

在骑行交通现状分析和需求预测分析过程中，规划者不仅要考虑道路所经区域的特点及其能否有效支持骑行系统的运转，更要关注其能否有效减少因机动车出行带来的资源浪费。

在交通环境调查的过程中，规划者应注意选择能充分容纳骑行道路的潜在地点。城市中类似地点主要包括主干道，支干道，街巷道路，滨水道路、公园周边、大型社区及其他的公共空间道路。这些区域内的开放空间和交通路线是骑行道路选线的重要关注点，同时还应综合考虑骑行环境的景观价值、安全性、连续性、舒适性，并对其中具有潜力的道路进行有效分析评价。

骑行道路潜力评价见表 10-2。

表10-2 骑行道路潜力评价

道路性质	优势	劣势
主干道	便于骑行、设施良好、安全性高、交通流顺畅	缺乏娱乐性和环境性，存在机动车污染和商业区噪声污染，存在限行可能
支干道	安全性高、骑行景观良好	照明设施不足，骑行空间容易被机动车挤占
街巷道路	适合修建骑行和步行道路，道路数量较多、密度较高	存在一定安全隐患，生活区步行人群较多，骑行连续性存在不足
滨水道路	良好景观，适合步行和骑行	人群较多，容易产生交通冲突
公共空间道路	服务设施齐全	人群较多，容易产生交通冲突

在骑行道路选线时，规划者应重点搜集骑行起点和终点数据，再根据骑行交通热力图，判断骑行出行的范围和频率。在这些数据的基础上，结合城市社区特性、人口密度、用建筑容积率等，确定合理的骑行道路线路。

此外，规划者还应结合骑行系统经过的具体位置、服务的对象，对道路加以梳理，实现道路规划目标。

（2）规划道路网络

规划骑行道路网络比设计骑行道路方案更为复杂，牵涉交通管理、城市建设、公共管理、系统控制等问题。因此，规划骑行道路网络应从不同的思维角度出发以形成合力。一般而言，规划骑行道路网络应充分考虑其均衡性能，同时关注自然因素、行政因素、社会因素。

（3）规划骑行服务设施

骑行服务设施包括为骑行者提供停车、维修等服务场所，也包括提供长椅等休憩设施，这也是骑行系统规划设计的重点。

骑行服务设施规划应在需求分析的基础上进行因地制宜的科学布局。对于有需求但缺乏实际资源的地区，应考虑整合原有的服务能力，为骑行提供服务。对于有需求且资源充分的地区，则应考虑加大投入，增加服务设施的数量。

5. 方案调整和评价

经过上述规划，形成初步方案后，应结合社会、经济、环境等方面的综合影响，对骑行方案进行系统评价，再根据系统评价结果，提出方案调整意见，进而形成最终方案。

在骑行系统的规划过程中，一份完整的骑行系统规划方案需要包括城市规划、自行车专用道、交叉路口自行车过街设施、自行车标识信息系统、自行车信号绿波、自行车停车设施、自行车和公共交通的接驳等内容。此外，自行车专用道的养护和管理、骑行文化宣传教育活动等后续工作，也是城市骑行系统建设的重要组成部分。

10.4　需求预测与必要性分析

在骑行系统规划中，预测出行需求与分析道路必要性是重要的规划内容，同时也是规划流程中承前启后的重要环节。

10.4.1　需求预测

为了分析骑行系统道路建设需求，规划者应采用多种调查方式，对特定地域居民骑行出行的特征、意愿、数据等进行调查，从中预测具体的需求。

1. 数据基础

骑行系统的数据是开展需求预测的基础。所需的数据包括以下 4 种。

（1）出行数据

根据社区出行者分组数据、不同分组内出行者的活动链，得出各社区出行活动总数据，包括与出行相关的交通活动的起点、终点、次序等。

（2）分布数据

为了准确描述骑行行为，应将不同出行的活动数据转化为分布数据，包括社区距离、出行花费时间、目的地数据、道路利用数据等。

（3）路网数据

路网数据可以描述骑行系统现有资源的供给数据，包括道路网络、道路交叉路口、路段特征（例如平均速度、通行能力）、转向关系等。

（4）分配数据

在路网规划阶段，规划者应对不同骑行路段的资源进行分配，计算出各路段指标，并将其与骑行者需求数据进行匹配，使系统的整体供需达到平衡。

2. 数据调查分析

数据调查的目的是了解和分析城市骑行交通的现状，分析未来需求，便于进一步管理和控制交通，从而编制城市骑行系统总体规划。

为了掌握数据，除了通过互联网、GPS 等先进手段，对城市公共自行车等骑行工具进行监测，还可以采用传统的道路面流量调查及居民出行意愿调查，收集调查数据，为数据收集和需求预测奠定基础。

（1）调查的主要内容

① 土地使用数据调查，包括地块性质、建筑量、人口结构及相关因素的调查，也包括城市布局和区域发展规划数据的调查。

② 社会经济相关数据调查，包括居住与就业人口数量、经济总量、产业结构、人均消费收入、工业总产值、商品零售总额等数据的调查。

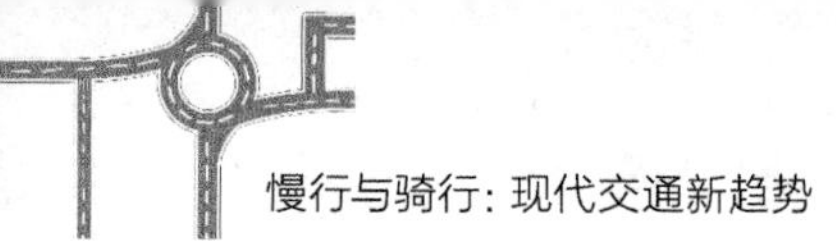

③ 交通流状况数据调查，包括路段流量的调查、交叉路口流量的调查等。

④ 交通源特征数据调查，即出行或起始点调查。

⑤ 其他专项交通数据调查，例如，停放车辆状况调查、骑行设施调查、交通安全与管理调查、交通环境调查。

⑥ 地形实地勘察与选线调查。

（2）调查分析的主要方法

骑行系统规划调查的主要方法包括道路断面流量调查、居民出行意愿调查等。

道路断面流量调查采用路面人工观测或道路计数器观测手段，以人工观测为主。进行流量调查时，需要区分机动车、非机动车等不同类型的交通流，其中将非机动车分为自行车、电动自行车等。

在进行道路断面流量调查之前，应掌握调查地点的道路和管理状况，例如道路宽度、断面形式、相邻交叉路口形式、交通管理措施等。

进行具体道路断面流量调查时，首先应选定调查地点，通常为位置重要、视线良好且分布均衡安全的地点。其次应确定调查时间，通常实际观测时间为 2 ～ 3 小时，局部路段的交通分析可能需要 12 小时或 24 小时的交通量观测。

居民出行调查通常采用抽样调查方法，抽样率为 3% ～ 10%。调查内容主要包括家庭组成、个人情况和出行习惯等。其中，家庭组成包括家庭成员数量、年收入情况、家庭交通工具的类型和数量等，个人情况包括个人年龄、性别、从事职业、工作地点、兴趣爱好等，出行习惯包括同一天内出行行为所对应的起止点，以及出发时间、到达时间、选择工具、车辆停放等具体情况。

对不同来源的数据进行分析整理后，应主要关注以下分析结果。

首先是平均出行次数。通过调查，统计某一社区样本居民在一天内的总骑行出行量，再除以对应的人群数量，可获知该区域人群的平均出行次数，体现该区域人群的出行能力。

其次是出行特征，包括平均出行时间、出行方式的组成、出行特征及出行行为与出行者家庭属性的关系。

最后是出行意愿，即对骑行出行方式的评价、个人未来的打算和建议等。

10.4.2 必要性分析

骑行系统规划的必要性分析是规划准备阶段的重要工作内容。通过数据调查和必要性分析的结合，规划者能明确是否应在某一地区开展骑行系统建设，进而确定其对应的建设内容。

必要性分析主要包括以下内容。

1. 区域基本情况

厘清规划区域的基本情况，包括范围、功能定位、内部划分等。

2. 出行需求

通过手机信令等数据，了解特定区域的日均集散人口，包括居住人口、工作人口等。在此基础上，绘制该区域工作人口的期待通勤路线，并得出人口最为集中的起止点，以明确集中定向的骑行需求，判断是否具备修建骑行专用道路的基础条件。

3. 区域交通现状情况

分析区域交通现状情况，不仅能了解现有骑行系统的运行特点，也可以了解交通未来增长的预测量，从而支持对区域骑行交通规划的分析。

（1）交通拥堵情况

规划者可以通过对交通浮动监控数据的分析，判断目前区域交通的情况，包括高峰道路交通的运行情况、交通拥堵地段、交通拥堵来源等。

（2）交通运行情况

对区域公共交通的线路构成、线路运行加以分析，掌握其运行数据，重点提取其中与骑行出行相关的内容，例如，客流数量、等待排队时间、拥挤密集程度等。同时，还应对区域内的骑行条件进行判断。例如，针对骑行出行方式，规划部门应重点判断骑行道路是否具备连续性、机动车和非机动车混行情况是否突出、骑行者安全风险等。如有必要，还应对主要公路道路节点加以统计，并据此将区域分为不同区块，分别评价每个区块的骑行方便程度和风险等级。

（3）居民骑行意愿

重点了解区域居民对建设骑行专用道路的意愿，在规划前期开展骑行专用道路意愿调查工作。采用问卷调查的方式，了解区域居民是否具有集中定向的骑行需求，居民是否希望能在本区域建设骑行专用道路，是否在条件具备的情况下采用骑行出行等实际情况。

根据实际情况和居民调查，规划者能了解建设骑行系统的必要性，并以此作为开展规划的科学前提。

4. 运营模式分析

根据国内外骑行系统发展案例，骑行系统有以下 5 种运营模式。

（1）广告公司运营

城市中随处可见的自行车对于广告公司来说是一个很好的宣传途径。在美国和法国，许多广告公司通过在城市放置共享单车的方式来进行广告宣传。这些广告公司的收入主要来自广告收入和自行车会员费。

（2）公共交通部门运营

我国许多城市早期使用的公共自行车租赁系统便是这种模式。在政府的指导下，由公共交通部门在一些区域放置公共自行车，从而使其与公共交通起到良好的接驳作用。目前，

杭州、太原等城市仍在使用这种运营模式。这种运营模式的收入来源相对较多，除了广告收入和自行车使用费，还有政府资金支持。

（3）地方政府运营

这种运营模式是由地方政府直接运营，对城市管理者的资金和管理水平的要求都比较高，因此一般只有比较发达的城市才会使用这种运营模式。

（4）非营利机构运营

这种运营模式是公益性质的，政府不直接干预，由公共机构或市政机构主导，一般用来满足一部分地区的出行需求，例如一些景点或绿道。

（5）营利机构运营

目前，我国大部分城市的共享单车都属于此类。与国外的广告公司运营模式不同，我国运营自行车的机构大部分属于比较成熟的互联网公司，它们通过自行车租赁将流量进行线上线下的结合。

10.5　项目策划

在完成相应的准备后，即可围绕骑行系统项目规划，开展具体的策划工作。骑行系统项目的策划包括“点”“线”“面”3个层次，分别覆盖骑行交通的不同层面。

1. 点的策划

在骑行系统中，策划者的设计不仅包括道路和网络的架构设计，也包括整个系统范畴内细节的设计。这些细节具体表现为骑行系统项目中的“点”，主要是骑行场站策划设计。

（1）场站策划原则

骑行场站的策划应遵循以下原则。

首先是合适的距离原则。骑行场站的距离设置应考虑骑行者需求、骑行道路状况、骑行者的身体素质、车辆状况、交通安全等因素，从而进行合理设定。通常情况下，每个场站的平均间隔距离为1～2km。

其次是合适的地点原则。骑行场站的地点应充分考虑城市环境、社会需求，确保进入场站的车辆数量最多，确保经济投入能带来充分的社会效益。

最后是合适的功能原则。骑行场站的服务功能要因地制宜，城市内的骑行场站应着眼于满足通勤需求，风景区的骑行场站则可以重点满足旅游需求。

（2）场站类型

骑行场站包括多种类型，例如维修站、充气站、充电站、停车场、休息区等。不同场站存在不同价值，并在整个骑行系统内扮演不同的角色。

首先是维修站和充气站，在专用道路旁，每隔一段距离就应设置维修站和充气站，以便骑行者能借用设备来调整骑行工具的状态。

其次是休息区，以骑行道路较为完善的厦门、杭州等地为例，骑行道路沿线会设置专门的休息区供骑行者携带车辆休息。

最后是停车场，停车场包括自行车停车场和电动自行车停车场。停车场应在骑行道路重要节点予以部署，也应合理利用空间资源（例如桥下、广场、绿化地）进行部署，从而最大限度地共享空间资源。此外，在部署骑行停车场时，还应严格按照当地城市管理的规划要求，在已经规划的地段确定停车场位置。例如，某些骑行系统发达的城市会在商场外设立电动自行车停放处，其面积甚至超过路面机动车停车场的面积。

策划骑行场站时，应根据交通量、服务场站利用率，合理计算城市公共自行车的停车数量。再根据停车数量计算有关设施的数量和规模。对于那些受其他条件影响较大的因素，则不仅应考虑停车数量，还应考虑土地规划等需求。

为了给骑行者提供更好的体验效果，策划者还应注意对骑行系统内的其他各种细节进行设计。例如，在道路出入口、交叉路口位置设立减速带，以提醒骑行者适当减速。在必要位置设立提醒标识，提醒步行者对骑行者避让等。

2. 线的策划

根据骑行道路的功能特征、对应需求，策划者可将其分为 4 个等级。骑行道路的 4 个等级见表 10-3。

表10-3　骑行道路的4个等级

等级	名称	功能	需求	类型
一级	骑行高速公路	城际骑行通道	长距离骑行	骑行专用通道、隔离型骑行通道
二级	骑行快速道路	地市级骑行通道	中距离骑行	骑行专用通道、隔离型骑行通道
三级	骑行专用道路	市内骑行通道	短途骑行	骑行专用通道、隔离型骑行通道和划线型骑行通道
四级	骑行普通道路	社区骑行步行混合通道	社区间骑行	划线型和混行型骑行通道

（1）骑行高速公路

骑行高速公路是城际的骑行通道，可以满足长距离骑行出行需求，道路路面平坦宽阔，适用于骑行，不设置交叉路口和红绿灯。在该类道路上，骑行速度上限为 20km/h。

（2）骑行快速道路

骑行快速道路属于地市级别的主要骑行通道，是城市骑行网络的主要架构。骑行快速道路的特点是分离设计，与机动车道采用完全物理隔离的方式。

骑行快速道路需要进行分流疏导，同时保持道路交通效率。在该类道路上，骑行速度上限为 20km/h。

（3）骑行专用道路

骑行专用道路既与骑行快速道路联系，同时又能满足区域内的骑行需求，保证社区、

商业区、公共服务区之间的骑行联系，服务居民的中距离骑行需求。主要是在城市的支干道、次要道路上设置骑行专用道路。在该类道路上，骑行速度上限为15km/h。

（4）骑行普通道路

骑行普通道路是基本的骑行道路，主要负责联系各区域、各级别的骑行道路，为骑行者提供便利的出行服务。这类道路对出行速度要求较低，距离较短，结合了城市干道、支道和社区内部道路，并设置交叉路口和红绿灯。在该类道路上，骑行速度上限为10km/h。

3. 面的策划

按我国道路交通规划有关要求，机动车与非机动车分流已是必然趋势。因此，骑行系统的策划也有必要由点到线、由线到面加以思考，将骑行系统纳入统一的路网系统中。同时，骑行道路本身具有良好的可连续性，可成为路网系统的构造基础。

（1）地面骑行道路密集化

打造骑行交通路网，应结合城市建设过程中的各类措施，将现有的道路资源积极推行融入骑行交通路网体系，保证地面骑行道路的密集化。

骑行道路是骑行交通路网体系的基础构成，没有骑行道路的密集化，就谈不上路网体系的策划、建设和优化。

（2）明确骑行交通空间组成

对骑行交通路网进行策划，必须明确交通空间的组成内容。骑行交通空间主要由骑行交通核、骑行交通廊道和骑行交通小区组成。其中，骑行交通核是指骑行交通起止点的集中产生区域，即骑行交通发生的活跃区。骑行交通廊道是指连接城市各骑行交通核、骑行交通小区的所有骑行通道。骑行交通小区是指由骑行交通核衍生并被各类主干道或水道切割的通行区域。

（3）路网策划方法及指标

策划者在根据基础数据、用地性质等各类因素判断骑行交通核后，应进一步根据骑行道路各自的级别，划分骑行交通小区。针对不同的骑行交通小区，提出小区内与小区间的骑行交通服务设施供给和组织策略。

在路网策划过程中，策划者应重视以下3项指标。

首先是骑行路网密度。策划者可参照我国《城市道路交通规划设计规范》给出的道路密度指标进行设计，也可以借鉴国内外骑行系统较为发达的城市规划成果，提出不同骑行道路的密度和间距指标。

其次是骑行道路宽度。骑行道路宽度的主要确定因素是骑行车辆车身宽和车辆两侧安全净距离。目前，我国的城市骑行道设计中，对自行车单车道行驶宽度已有较为严格的规定。自行车单车道的基本宽度应为自行车横向安全间隔（0.6m）与车辆两侧摆动值（0.2m）之和，即1m左右。骑行道路两旁如果设置了路缘带，就会导致约0.5m的道路宽度被占用，因此骑行道路的基本宽度应增加到1.5m。

最后是骑行速度。以自行车为例，在骑行专用通道上的速度上限应为 20km/h，在隔离型骑行通道上的速度上限的范围可在 18 ～ 20km/h，在划线型骑行通道上的速度上限应为 18km/h，在混行型骑行通道上的速度上限应为 15km/h。

案例：北京首条自行车专用道规划

2019 年 5 月 31 日，北京迎来了首条自行车专用道，回龙观至上地自行车专用道正式运行。该道路长约 6.5km，仅限自行车通行，禁止包括电动自行车、机动车在内的其他交通工具进入。

该道路东起昌平回龙观，经 13 号地铁线的回龙观、龙泽站，西到海淀后厂村附近。路面净宽为 6m，分 3 个车道，红色为中央潮汐车道（0 时到 12 时东向西使用，12 时到 24 时西向东使用），两侧绿色为正常车道。全路段禁止停车、禁止逆行，载物高度不得超过 1.5m，宽度不超过车把 0.15m，长度为前端不超过车轮、后端不超过车身 0.3m。

防护方面，由于高架路段无法完成透水设计，该道路选择了倾斜式的路面，较低侧每隔一段距离就设有排水孔，即便在雨季，雨水也会顺利排出，不影响骑行通行。

为便于防风，该道路设置了挡风装置，以减弱邻近地铁线路的噪声影响，改善骑行体验。此外，该道路还有专门的巡视人员负责值守，即便出现恶劣天气，值守人员也会进行应急作业来消除故障。

与普通自行车道不同，该道路的高架部分超出地面 5 ～ 6m，其桥身、横梁属于钢结构，坡度较高。为便于骑行上下道，6 个出入口坡道均设置了自行车助力装置，该装置带有机电设备、卡槽设备，骑行者上行时可直接将自行车放上去，下行时则通过设备的阻力装置确保安全性。

为了避免自行车的乱停现象，该道路的出入口均安装了自行车停放设施，能容纳近 5000 辆次自行车，并划出共享单车停车区，有 8600 个停车位。此外，在地铁 13 号线龙泽站、回龙观站，也设置了与该道路的接驳方案，能让骑行者方便换乘。

回龙观至上地的自行车专用道于 2016 年开始规划。当时，为全面落实《北京城市总体规划（2016—2035 年）》相关内容，北京市城市规划设计研究院围绕如何建设自行车友好城市进行了广泛调研，最终尊重市民意见，将北京市第一条自行车专用道建在回龙观到上地地区。

2018 年，该项目正式立项，2019 年 5 月 31 日开通运行，大大改善了该区域的交通状况。

此前，回龙观到上地的交通存在显著痛点。受京藏高速、京新高速的影响，两地之间骑行连续性很差，居民早晚通勤出行大多依靠地铁，平均出行时间约为 40min。自行车专用道建成后，充分优化了该地区的交通结构，加速了该地区的交通发展。据统计，在不超速的情况下，从回龙观到上地软件园，普通骑行者只需要骑行 26min 即可完成全程。与此同时，自行车专用道的建设使该地区的骑行环境得到改善，构建出合理的骑行空间，吸引了更多出行者选择骑行这种交通方式。

⇨本章总结

本章侧重对骑行系统的规划与策划进行分析。

运转良好稳定的骑行系统必然诞生于周密而科学的规划与策划。在着手准备之前，规划者应明确城市的环境特点和交通现状，并根据规划原则明确规划要求。

在策划过程中，策划者应严格按照流程进行需求预测，分析有关的调查数据，打好基础。最终，通过“点”“线”“面”3个层次，完成骑行系统项目的具体策划。

第 3 部分

政策与现实：需求变化，因地制宜

交通政策是我国交通发展的重要保障，任何交通系统都需要根据国情制定相应的发展政策，并在后续实施过程中因地制宜，不断完善。我国骑行系统与慢行系统作为综合立体交通网络的重要组成部分，其规划、落地、运营、升级都需要政策支撑，在政府引导扶持、政策规范约束下，骑行系统与慢行系统充分发挥作用，展现更大的价值。

第11章

骑行系统的现实与需求难题

【本章内容概要】

随着社会的高速发展，我国经济水平不断提高，私家车的数量近年来成倍增长，机动车出行成了当代出行的主要方式。城市骑行空间的压缩带来了交通事故增多、城市道路拥堵、自然环境恶化等问题，在此背景下打造城市切实可行的骑行系统成为我国社会可持续发展的关键。

【本章学习重点与难点】

学习重点：深入理解政府制定骑行相关政策的意图和骑行公共设施的建设难题，了解安全骑行对城市发展的意义，深刻理解骑行与整个城市智慧交通的关系。

学习难点：透彻理解政府政策与市场之间的关系，理解公共空间与市场企业服务之间的关系。

【案例导入】

2020年6月，《北京日报》记者就居民反映强烈的自行车“有车无道”问题展开了实地调查，例如，北京三里屯路存在骑行道路过于狭窄的问题，部分路段骑行道路宽度仅为1m，仅容一人骑行，骑行过程中人与栏杆碰撞、车辆相互碰撞、骑行者摔倒的情况时有发生。

北京朝阳北路、新东路经常出现网约车占用骑行道路的情况，这些路段经常停有网约车，骑行者无奈只能借用机动车道通行。

北京平安大街路段市场经常出现违规骑行的情况，主要表现为外卖车、快递车、老年代步车改装或高速通行，这些车辆具有体积大、速度快等特点，对骑行系统的安全造成了不良的影响。

从记者的调查中可以发现，我国骑行系统建设发展存在一定的矛盾与难题，解决这些

矛盾与难题是确保骑行系统高质量与快速发展的关键。

11.1 道路规划与骑行系统的矛盾

我国是自行车使用率较高的国家，我国的骑行系统对城市交通出行效率有一定影响。2020 年，在我国已建立共享单车系统的城市中，68.8% 的用户使用共享单车作为短途出行的交通工具。这种绿色、便捷的出行工具对我国城市绿色发展具有举足轻重的作用。

11.1.1 城市道路规划与骑行系统之间的矛盾

结合我国城市交通的现状，我国城市道路规划与骑行系统之间的矛盾主要有以下 4 个方面。

1. 城市道路规划意识与骑行系统之间的矛盾

目前，我国大多数城市进行综合交通规划设计时偏重考虑机动车道通畅程度，忽视了骑行系统的合理规划，甚至某些城市的部分道路没有规划自行车道，或自行车道过窄。

2. 城市交通配套设施与骑行系统之间的矛盾

随着我国私家车保有量不断增长，城市交通配套设施不断升级。近年来，我国城市交通建设规划部门对与机动车上牌、停放等配套的设施进行了大幅完善，但却忽略了城市骑行系统配套设施的建设，且对骑行系统配套设施管理缺乏合理性升级。例如，很多城市会加大商业区、人口密集区的机动车配套设施建设，但弱化了骑行系统的配套设施建设，导致市民骑行到这些区域时出现共享单车用车难、停车难等问题，或者出现自行车停放不合理导致交通拥堵。

3. 城市骑行道路建设养护与骑行系统之间的矛盾

目前，我国大多数城市骑行系统道路建设养护的水平偏低，且城市骑行系统交通设施、安全设施配置不健全，加之普遍存在自行车专用道与机动车道之间没有明确区分，混行情况频繁发生，因此我国自行车与机动车之间的交通事故率一直居高不下。

4. 城市交通管理系统与骑行系统之间的矛盾

目前，我国城市骑行系统中出现自行车随意停放、闯红灯、逆行、随意变道等现象，这给城市交通秩序造成了不良影响。

11.1.2 城市道路规划的有效策略

针对以上 4 种矛盾出现的原因，在新时代交通发展中，城市道路规划可以采用以下 5

种有效策略。

1. 加大城市骑行系统的决策力度

在推进我国交通强国战略发展的过程中，城市交通管理部门需要及时正确认识骑行系统在城市交通中的重要地位及发展趋势。根据城市特点制定骑行系统与机动车系统共同发展、相互促进的道路规划策略，将城市骑行系统科学合理地融入交通规划中，并充分发挥其作用。

另外，城市交通管理部门应尽快出台符合城市实际情况的骑行系统管理法规，规范骑行系统发展，协调骑行系统与机动车系统之间的关系，升级城市交通管理体系。

2. 加大城市骑行系统的道路规划力度

目前，我国城市骑行系统中存在的大量问题源于机动车对自行车使用空间的过度挤压，加大城市骑行系统的道路规划力度是解决这些问题的主要措施。城市建设规划部门与交通管理部门在进行城市交通综合规划时要充分考虑骑行系统的运营空间，提高城市交通系统的科学规划性。尤其注重骑行系统的安全、便捷性，将骑行系统与机动车系统、城市生态系统的规划建设进行综合考量，最终设计出符合城市长久健康发展的规划方案。

3. 加强骑行系统的基础设施与安全配套设施建设

城市建设规划部门与交通管理部门在加强骑行系统建设的同时，要注重骑行系统的基础设施与安全配套设施建设，结合城市交通规划的升级情况，在骑行系统与机动车系统密切交织的区域建立自行车专用交通标志，扩建、增加自行车停放场所，是增强城市骑行系统运营效率、缓解城市交通压力、提升大众出行速度的有效措施。另外，城市骑行系统交通基础设施与安全配套设施的建设可以降低城市交通事故的发生率，保障居民出行安全，进而推动城市绿色发展、可持续发展。

4. 加强城市骑行系统的交通管理

我国城市骑行系统的交通管理存在一些问题，从骑行违规源头出发，交通管理部门应加大对自行车行驶、停放管理的教育力度。另外，各城市可以根据自身交通管理的实际情况实施不同的管理策略。骑行群体庞大的城市可以设置专属管理部门或团队，以加强骑行系统的管理。对于骑行群体零散的城市，交通管理部门可以协调社区、街道、企事业单位等基层部门协助管理，增强对骑行群体的安全教育力度，加大骑行交通管理宣传力度，加强日常骑行秩序管理。

5. 加强骑行系统与机动车系统的紧密连接

整合运用骑行系统和机动车系统可以充分提升城市交通运营效率。城市道路规划可以

根据城市的实际情况加快自行车与公交车、共享单车与私家车的换乘系统建设，从而提升城市交通工具使用的合理性，提高大众出行速度。

正确审视骑行系统与道路规划之间的关系，对我国交通可持续发展具有非常重要的意义，对我国交通强国建设也具有促进作用。

11.2 公共设施与同步发展的矛盾

从交通可持续发展、绿色发展的角度出发，城市骑行公共设施建设应当以环境、人、功能为中心，与城市自身发展保持同步。这需要我国城市建设规划部门与交通管理部门重视骑行系统，增强骑行公共设施的建设力度与发展空间，重新审视骑行系统在城市交通系统的定位与存在形式。

通过分析我国骑行公共设施建设现状，我们可以发现，骑行公共设施需要在以下 5 个方面增强功能建设，以此确保骑行系统与城市保持同步发展。

一是车辆收纳功能。目前，我国城市自行车停靠场所及设施建设有待加强。建设重点为安全收纳、停放各类自行车，以增强骑行系统的便捷性。

二是交通疏导功能。我国城市骑行公共设施交通疏导功能一直存在不足。例如，大多数城市存在自行车道与机动车道分界不清的情况，同一道路自行车与机动车频繁混行，导致交通压力增加，交通秩序混乱。

三是大众服务功能。骑行公共设施建设应当以人为本，从城市需求、大众需求出发，顺应城市交通发展，促进城市交通系统良好运营。例如，加强城市密集区域自行车停放场所建设，加大电动自行车充电桩敷设等。

四是安全便利功能。骑行公共设施自身的安全便利性是城市建设的重点。城市建设规划部门与交通管理部门需要结合骑行系统自身的特点，充分考虑骑行人群的实际情况，建设安全便利的骑行公共设施。例如，建设机动车道与自行车道分流设施要考虑骑行过程中的剐蹭、碰撞情况，设施材质选择不应以混凝土为主。

五是城市美化功能。作为城市建设元素，骑行公共设施需要具备城市美化功能。从颜色、外形、风格等方面出发，使骑行公共设施与城市文化、历史融合，提高设施美观度。

除了注重城市骑行公共设施功能性，我国城市骑行公共设施建设还需要从以下 5 个方面加强，这是提升城市骑行系统运营效率、提高城市骑行系统价值、确保骑行系统与城市同步发展的重要基础。

一是加强建设骑行照明设施。我国大多数城市已经实现主干道照明设施全面建设，但部分区域照明系统依然存在不足的情况，尤其是乡镇区域部分道路照明设施缺乏，导致这些区域的夜间骑行安全无法得到保障。

二是加强建设骑行休息设施。由于骑行属于人力出行，大多数出行者无法保持长时间骑行，且骑行过程受环境气候影响。为确保骑行系统良好运营，城市建设规划部门与交通管理部门可以加大骑行休息设施建设。例如，在城市道路两侧建设自行车小型临时停靠区，同时设置避雨、防晒等设施，以此提升城市骑行系统功能性。

三是加强建设骑行防护设施。公共设施建设过程中应充分考虑骑行系统的实际运营情况，例如，在交通拥堵区域、湿滑区域及时设置安全提醒标识。

四是加强建设骑行道路绿化设施。为确保全面融入城市发展，骑行系统可以与城市绿化进行结合，例如，将绿化带作为骑行道防护围栏，在骑行路段两侧种植树木等。

五是加强建设道路防水、排水设施。加强骑行道路防水设施、排水设施建设可以减少雨水对道路和骑行人群带来的危害，减少不必要的交通事故，提升骑行系统的安全性。

11.3 安全骑行与交通

我国交通的健康发展离不开城市骑行系统的安全运营，根据交通强国战略要求，未来交通绿色发展、可持续发展、多元化发展的趋势已十分明确，骑行系统作为一种满足城市健康发展的交通措施，其安全性是发挥自身价值的重要前提。

据我国交通部门统计，2019 年全国交通事故案件共计 24.8 万起，造成直接经济损失 13.46 亿元，其中非机动车交通事故占比为 11.7%。骑行交通工具作为非机动车主要组成部分，其安全问题一直是发展关键，建立城市安全骑行系统也是我国交通高质量发展的重点。

11.3.1 骑行系统安全建设的方向

结合我国骑行系统安全问题的成因与情况，我国城市建设规划部门与交通管理部门进行了大量研究与尝试，并出台了一系列相关导则。例如，2013 年住房和城乡建设部出台了《城市步行和自行车交通系统规划设计导则》等。这些管理措施保障了骑行系统的安全，但结合骑行系统安全建设现状，未来其还需要从以下 3 个方面进行强化。

1. 强化骑行道路安全保障

骑行道路是保障骑行人群安全的重要基础。交通发达国家已对骑行道路建设进行规范。例如，美国 2014 年发布的《城市自行车道设计指南》中明确了 6 项自行车道路权保护条例，部分城市更是设定了专属的自行车道；德国于 2019 年建立了自行车高速公路。这些交通发达国家的骑行系统建设理念突出了骑行道路的重要性。

汲取交通发达国家骑行系统安全建设经验，近年来我国骑行道路安全保障也有所提升，例如，2015 年广州市出台的《广州市公共自行车系统管理办法》中明确规定“对不按规划要求设置步行道和自行车道的道路建设项目，城乡规划部门不予办理规划许可证”。未来城市系统发展建设中，骑行道路的安全保障还需要不断加强。

2. 强化重要交通路段的安全保障

综合分析我国非机动车交通事故发生的原因，我国重要交通路段（例如交叉路口、出入口）是骑行系统交通事故频发区域，针对这一情况，城市建设规划部门和交通管理部门可以根据实际情况采用以下 3 种方式加强安全保障。

一是设计骑行车辆专属安全区域，降低转弯过程中交通事故的发生概率。

二是设置骑行车辆专属道路，通过与其他车辆分流的方式降低交通事故的发生概率。

三是设置骑行车辆专用路灯，通过有效交通管理降低骑行系统交通事故的发生概率。

3. 强化骑行车辆公共停放区域安全保障

我国城市建设规划部门和交通管理部门可以借鉴交通发达国家骑行车辆公共停放区域的建设经验。例如，日本重视骑行车辆的停放管理，从开始设计骑行车辆公共停放区域时便注重驾驶者视线是否存在死角、停车区域空间使用的合理性等。骑行车辆公共停放区域的布设也注重与城市交通深度融合，根据城市商业区域、公交站点、密集人口区进行合理布设。

11.3.2 骑行系统升级的主要目标

在明确了城市安全骑行系统需要提升的重点之后，结合我国城市骑行交通现状，我们可以得出未来发展中城市骑行系统升级的主要目标。

1. 加强城市骑行问题突出路段的改造工作

城市交通管理部门可以根据骑行安全调查数据反馈筛选骑行问题突出的路段，对这类路段进行有针对性的改造升级。

改造重点为骑行道路空间扩展、机动车与骑行车辆分流、骑行车辆与行人分流及骑行车辆交通指示灯管理等。

改造目的为减少问题路段骑行车辆与机动车、行人混行，减少道路拥堵，降低交通事故的发生频率。

2. 加强骑行道路的规划建设

城市交通管理部门、城管部门、住房和城乡建设部门及建设规划部门等可以根据城市骑行系统现存的安全问题进行路网升级规划，例如，用隔离设施代替机动车道与骑行道路之间的绿化带，以此增加骑行道路的使用空间，或增强骑行道路的连通性、加大骑行道路建设等，以此增强骑行道路安全保障与提升运营效率。

3. 加强骑行车辆公共停放区域建设

城市建设规划部门与交通管理部门可以针对城市重点区域（例如商业中心、美食街、学校、医院等），加大骑行车辆公共停放区域建设，合理布设自行车停车点、电动自行车充电桩，以此减少这些区域的交通安全事故，缓解城市主要干道的交通压力，促进城市快速发展。

4. 优化升级骑行道路的基础建设

对城市特殊骑行路段进行基础建设升级。例如，针对山区骑行路段或市内坡度较大路段铺设摩擦力较大的路面材料，路段中加设休息区域。又如，及时改造城市低洼区域排水系统，减少雨雪天气积水、路滑导致的骑行系统交通事故。

5. 优化城市骑行系统路线

根据城市发展的实际情况，优化骑行系统“通学、通勤、通医”路线，加强学校、医院、商业区出入口骑行交通管理同样是城市骑行系统安全建设的主要措施。

⇨本章总结

建设完善的骑行系统需要我国城市建设规划部门与交通管理部门考虑市场需求，结合实际发展情况，解决骑行系统规划、建设、运营的各项矛盾与问题。这需要从骑行道路规划出发，正视骑行系统的作用与价值，正确规划骑行路网，建设完善配套的公共设施，及时升级改造城市交通系统，确保骑行人群的安全。

在此基础上，政府还需要充分发挥自身引导管理的作用，解决骑行与人行争路、骑行道被肆意侵占、骑行车辆公共停车空间不足等问题，规范引导共享单车市场良性发展，使政府与市场构建良好和谐的关系，如此我国骑行系统才能够充分发挥自身作用，促进我国交通与经济发展。

第12章 骑行系统的政府与市场参与现实

【本章内容概要】

我国骑行系统建设总体经历了两个阶段，第一阶段为政府主导、企业参与，第二阶段为市场发展、政府管控。在政府与市场的共同努力下，我国骑行系统建设越来越完善，伴随着社会发展不断升级，骑行已逐渐成为我国大众主要的出行方式，为国家社会经济发展做出了突出贡献。

【本章学习重点与难点】

学习重点：深入了解政府推动骑行系统的现实和企业参与建设骑行系统的现实状况，了解新技术对城市骑行的影响。

学习难点：思考政府与企业之间的关系是怎样的，理解企业该如何行动以推动骑行系统的完善发展，思考新技术给骑行领域带来怎样的改变。

【案例导入】

2018年，共享单车首个经济社会影响力报告——《2017年共享单车经济社会影响报告》发布。该报告显示，2017年共享单车行业对经济社会的贡献达2213亿元，包括提升民生福祉1458亿元，创造社会福利301亿元。

在节能减排方面，2017年共享单车行业为我国节约汽油141万吨，相当于2017年全国汽油产量的1%，节约能源使用成本124亿元；减少二氧化碳排放量422万吨，减少PM2.5排放量322万吨，共节约大气污染治理成本16亿元。

在提升交通运营效率方面，2017年共享单车行业为我国减少了4亿小时的拥堵时间，相当于24万人一年的工作量，为公众节约7.6亿小时的出行时间，节约161亿元拥堵成本。

在提升就业率方面，2017年共享单车行业拉动社会就业39万人次。

在促进新兴产业发展方面，2017年共享单车共拉动新兴产业产出增加131亿元，拉动

信息消费新增长101亿元。

从《2017年共享单车经济社会影响报告》的数据中我们可以看出，共享单车已成为我国社会发展的重要组成部分，对提升大众生活幸福感、创造社会福利、拉动新兴产业发展、促进就业产生着积极影响，并决定着我国骑行系统的建设效果。

近年来，我国政府不断鼓励共享单车行业发展，并规范共享单车市场运营，在政府与市场的共同努力下，我国骑行系统建设速度、城市进步水平、经济发展得到了显著提高。未来发展中，政府与市场将继续优化骑行系统运营环境，通过技术创新、政策支撑等方式构建优质骑行生态，增强我国交通强国建设效果。

12.1 政府推动的骑行系统现实

合理规划我国骑行系统，解决骑行系统完美融入交通系统的现实问题十分关键。我国政府进行了一系列交通系统建设改革，骑行系统与机动车系统逐步趋于平衡，这一过程中政府推动工作主要包括以下3个重点。

1. 明确骑行系统建设重点

2017年，我国住房和城乡建设部印发了《关于加强生态修复城市修补工作的指导意见》，提出了“改善出行条件，鼓励城市居民步行和使用自行车出行”的建议，自此，我国政府开始重点推进骑行系统的实际建设，并明确了建设重点。

通过骑行系统建设缓解城市交通压力，减少交通污染。突出骑行系统的绿色性、健康性特点是政府建设的主要方向。

政府对骑行系统建设推进总体分为3步。首先，通过增强宣传鼓励城市居民选择自行车出行，同时支持、鼓励共享单车行业发展，遵循“健康中国”战略主张，丰富居民公共生活；其次，加强骑行系统与公共交通结合，提高共享单车利用率，解决居民城市出行“最后一公里”问题，有效缓解城市交通拥堵；最后，合理控制骑行系统建设、运营的公共空间占用，结合城市路网与公共空间的实际情况，完善城市骑行系统建设。

2. 解决骑行系统建设发展面临的问题

近年来，我国居民骑行出行率大幅增加，但城市骑行系统建设遇到了诸多挑战，我国政府采取各种措施解决了以下问题。

我国多地政府进行了共享单车区域投放量管控，并加强城市骑行设施整体建设，提升居民骑行体验，以此确保骑行系统与城市居民出行的有效结合。

协调机动车系统与骑行系统的运营关系，提升骑行系统的安全性。我国政府开始注重骑行系统的安全性与体验感，从城市路网整体规划出发，加强城市骑行道路建设，提升骑

行道路的连贯性，注重机动车道路与骑行道路全程隔离。这种建设提高了骑行系统的效率和安全性。

改善骑行环境，提升骑行体验感。截至 2022 年，我国大多数城市骑行系统建设满足了大众基本的出行需求，但骑行道路舒适性、便捷性均有待提升，主要表现为骑行道路大多与机动车道路并行建设，且骑行道路路面宽度、平整度、日常维护效果均处于一般水平，这导致城市骑行只是居民出行的选择，骑行系统自身不具吸引力。

为了改善这种情况，我国政府加大了城市景观骑行道路建设，增强了骑行道路的日常维护升级力度，目前我国多个城市已建设完成专属骑行景观道路，大众骑行体验感正在稳步提升。

3. 借鉴发达国家骑行系统经验而建设，进行骑行系统改造升级

我国骑行系统建设汲取了大量海外经验，并从 4 个方面进行了改造升级。

一是骑行系统与公共交通系统有效衔接融合。我国多地骑行系统建设汲取了德国柏林骑行系统的建设经验。从骑行系统规划设计出发，顺应城市发展趋势，将骑行系统与公共交通进行结合，在城市公共交通枢纽及火车站、汽车站等地大量敷设共享单车，建设公共自行车停车场。这种骑行系统的升级改造缓解了城市交通枢纽地段的交通压力，提高了城市交通运营效率，提升了大众出行体验。

我国骑行系统建设还可以借鉴德国交通融合的先进理念。例如，德国交通部门完成了骑行系统与火车、城市轨道交通的融合。德国柏林部分火车、地铁允许乘客将自行车带上列车，并在列车中设有自行车停车装置，乘客可以采用“自行车 + 各种公共交通”的方式完成自己的旅程。这种方式可以有效提升自行车的使用频率，也为大众提供了全新的出行方式。

二是骑行安全系统全方位升级。骑行人群属于交通系统的弱势群体，因此安全建设属于骑行系统建设的重点。目前，德国、日本等骑行交通发达国家在不断升级骑行安全系统，且将这项建设作为骑行系统设计的重要基础。

例如，德国 38000km 的公路中超半数公路设有自行车专用道，且自行车道与机动车道完全分离。这不仅提高了骑行效率，还保障了骑行人群安全。

又如，德国柏林建立了一个完善的自行车定向标识系统，系统通过颜色识别自行车道，这一系统实现了城市骑行系统的系统化、有效化管理。

近年来，我国骑行系统建设充分汲取骑行交通发达国家建设经验，注重骑行道路与机动车道路有效分离，对骑行道路的规划、管理进行系统整合，这些方式加速了骑行系统建设，提升了骑行系统的运营效果。

三是增强骑行系统配套设施建设。随着骑行道路的建设，很多国家在城市布设了骑行路线地图，并在地图上标明各类骑行路段，例如骑行高速道路、骑行风景区等。这类方式方便了骑行人群出行，便于骑行人群充分享受骑行的乐趣。

这种骑行系统配套设施建设已被我国交通管理部门借鉴运用并结合我国城市发展实际情况进行了升级完善。例如，我国导航软件设置了骑行道路规划功能，不仅可以显示骑行最佳路线与行驶时间，还会自动结合其他公共交通方式，提供综合出行建议，这种配套设施的完善提升了我国骑行系统建设品质。

四是完善骑行系统相关政策。骑行系统建设、发展、运营都需要政策的支持和约束。例如，在骑行系统建设发展中，政府针对骑行速度、行驶路段、停车区域等问题出台多项法律法规，从而规范骑行系统发展。近年来，我国各地也结合城市骑行系统建设实际情况出台了各种政策，这些政策保护了骑行群体安全，规范了骑行系统对公共空间的占用，更促进了城市交通健康发展。

从发达国家骑行系统建设中可以预测，未来我国骑行政策升级将注重 3 点。

第一，注重骑行系统与其他交通系统融合，从整体角度规范交通发展。

第二，注重骑行路网连贯性建设与路权保护，确保城市骑行路网合理布局，使骑行人群出行更便捷安全。

第三，加强骑行配套设施建设，有效降低骑行系统建设投入，促进骑行系统可持续发展。

骑行系统作为我国政府大力推动的交通系统，如今已取得突出的建设成效，未来发展中我国政府更多起到主导与规范作用，结合国外交通发达国家的经验，完善我国骑行系统建设。

案例：武汉公共自行车

武汉公共自行车项目最初由鑫飞达公司运营，后由武汉环投公共自行车服务有限公司接管，曾是全球公共自行车投入规模最大的项目。2017 年，受共享单车市场的影响，武汉公共自行车正式宣布停运，虽然武汉公共自行车退出了市场，但其与城市共享单车系统完成了无缝对接，武汉市骑行系统建设发展受到影响较小。

武汉对全市范围内的自行车市场进行了大力建设，2013 年，武汉公共自行车投入量达到 10 万辆，2015 年，武汉公共自行车项目正式交由武汉环投公共自行车服务有限公司接管，并按照“重点项目，重点打造，重点保障”理念进行全方位升级。2015 年年底，武汉公共自行车项目开始结合互联网技术，并在全国率先开通了 App 组成功能，全市公共自行车站点达到了 806 个，日均租还量超 8 万次，最高日均租还量突破 10 万次。2016 年，武汉公共自行车项目进入二期建设阶段，但在共享单车市场的冲击下出现下滑趋势，不过两者并存期间公共自行车依然能够满足武汉居民的骑行需求。2017 年，武汉环投公共自行车服务有限公司发布了一则《关于武汉公共自行车停止营运的公告》，这代表着武汉公共自行车全面退出市场。

虽然武汉公共自行车最终退出市场，但其促进了武汉骑行系统的建设及城市健康发展。2015 年，武汉公共自行车鼎盛发展，为城市减少了大量碳排放。

12.2　企业参与建设骑行系统的现状

在我国骑行系统的建设发展中，相关企业贡献了重要力量，尤其在共享单车全面普及的时代，企业运营情况决定着骑行系统的建设质量。截至 2022 年，我国共享单车市场依然存在十几种品牌，但共享单车大部分市场由哈啰、美团、青桔等品牌占据，虽然这些企业产品满足着大众出行“最后一公里”的需求，但也面临着诸多市场挑战和激烈的市场竞争。

例如，2019 年南京市 3 家共享单车企业为缓解企业发展压力，全部将产品使用价格提升为每 30 分钟 1.5 元，大多数南京居民对此表示抵触，因为调整后共享单车价格已经高于公交车价格，这使共享单车的价格优势不复存在。

又例如，由于政府与共享单车企业的管理力度不足，共享单车被私自上锁、恶意破坏、肆意停放等情况经常发生，这给大众出行造成了诸多不便，也影响了共享单车企业的未来发展。

总体而言，共享单车虽然是当代大众出行的刚需，但发展效果并不完美，共享单车企业需要解决以下 4 个难题，才能够进入优质发展状态。

1. 价格合理调整导致用户减少

自 2019 年开始，我国各大城市共享单车的使用费用开始上涨，虽然这些价格浮动是企业考虑运营、调度、维护等多方面因素后制定的合理发展决策，但共享单车价格优势丧失已经十分明显。无数用户从出行性价比角度出发，将共享单车出行从第一选择中剔除，这也导致城市共享单车用户、共享单车使用率不断减少。

共享单车企业在骑行系统建设中考虑运营成本无可厚非，但也需要多结合其他成本节约方式进行综合运作。例如，以激活城市骑行系统为目标，深挖用户使用频率，以此达到有效运营和有效营利的目的，这才是共享单车企业长远发展的正确方式。

2. 共享单车规范性运营难题

近年来，我国各大城市开展了针对破损共享单车的清理工作，这是减少骑行安全隐患，提升骑行人群骑行体验感的必要措施。这也凸显出我国共享单车规范性运营存在一定不足。

目前，我国各大城市存在共享单车违规停放、违法占道等情况，这些行为侵占了城市公共空间，影响了城市美观。针对这些问题，共享单车企业需要配合政府管理，规范性运营。例如，建立共享单车使用黑名单，对违规停放、使用共享单车的用户进行一定期限内或长期禁止使用的处罚，这种规范运营策略可以优化共享单车的市场环境，确保共享单车企业健康发展。

3. 市场竞争日益激烈

截至 2022 年，我国共享单车市场淘汰的知名企业已达 20 多家，可想而知这一市场竞

争多么激烈。目前，我国共享单车市场以哈啰、美团、青桔 3 家公司为主，但它们需要面对无数新锐企业的挑战，需要不断进行升级迭代，才能保持自身优势。

例如，青桔 2020 年对产品进行了高精度定位功能升级，既方便了用户使用，又提升了系统运营效果。2021 年，青桔又推出了青桔 2.0“青帆系列”，这一新产品从性能和耐用性上进行了升级。

在未来发展中，共享单车企业必然会加深产品与城市骑行系统的融合，从用户需求、体验感出发，进行产品升级迭代，以此应对激烈的市场竞争。

4. 运营成本与运营难度不断升高

目前，共享单车企业在运营成本与运营模式上面临诸多问题，解决这些问题是企业健康发展的关键。

一是产品运营维护成本较高。虽然我国政府对共享单车使用进行了严格管理，但大多数共享单车企业产品磨损情况远超预期。为了延长产品使用寿命，很多共享单车企业派遣运维车对投放在重要区域的产品进行运维管理，但企业运营成本居高不下，这导致企业利润减少，压力增加。

二是营利模式单一。共享单车企业营利模式主要有两种：一是车身广告，二是单车租赁。固定的营利模式导致企业营利被动，未来创新更多营利模式是共享单车企业发展的重点。

三是产品布设与公共空间使用。为了确保城市公共空间的正常使用，多个城市相继出台了有关共享单车合理投放的管理条例。但共享单车使用情况很难准确把控，共享单车因违规停放被城管部门、交通管理部门清理的情况始终存在，这也增加了共享单车企业的运营成本。

针对上述问题，我国共享单车企业可以从以下 4 个方面进行调整优化，以此提升自身运营效果，促进城市骑行系统建设发展。

① 创新运营模式。利润是企业生存发展的重要基础，为了提升发展效果，共享单车企业可以通过以下 3 种方式进行运营模式创新。

一是与城市景区融合，打造观光旅行骑行模式，开拓城市景区骑行市场，拓宽企业营利渠道。

二是扩大宣传效果，提升广告收入。目前，我国共享单车广告宣传模式主要为车身广告，但宣传效果仍有提升空间，未来发展中，共享单车企业可以在不影响用户骑行体验的前提下，重点开发共享单车广告宣传模式，以此提升广告宣传收入。

三是产品回收利用。提升企业共享单车养护、维修、回收利用的技术水平，从硬性投入角度节约企业运营成本。

② 加强政府合作。目前，我国共享单车市场管理效果不佳，依然存在相关法律法规不健全的情况。因此，在未来发展中，共享单车企业应当加强与政府的合作，用企业运营数据说明城市骑行系统的实际运营情况，为政府制定相关法律法规提供数据支撑。

另外，共享单车企业还可以与政府相关部门展开协同监管模式，规范市场运营，提升企业运营效果。

③ 提升技术水平。共享单车的质量与功能决定着用户的使用体验与共享单车使用效果，不断提升共享单车的技术水平也可以提升用户青睐度。例如，共享单车企业可以在产品上设置安全预警装置，共享单车行驶到拥堵路段、交通事故频发路段时，车辆可以进行语音提示，以此提升用户的使用体验。又例如，共享单车企业可以为产品附加违规驾驶记录功能，对逆行、闯红灯等情况进行记录，并将数据上传至交通管理部门，以此优化骑行环境。这些技术升级措施有助于共享单车企业高质量发展。

④ 创新收费模式。目前，我国绝大多数共享单车按时计费，随着共享单车收费普遍升高，企业价格优势不断降低。针对这种情况，各共享单车企业可以根据自身运营情况及城市骑行环境，创新分区域、分时段、分车型收费模式。例如，为了缓解城市上下班高峰期交通拥堵，降低此时段的收费水平；对景观区共享单车收费水平进行小幅度上涨；创新舒适车型，提升此类车型的收费水平等。这些收费模式创新可以突出共享单车企业人性化的运营理念。

共享单车作为大众出行的新兴模式依然处于高速发展阶段，但发展过程中共享单车企业面临着诸多问题。针对这些问题，我国政府需要出台相应的法律法规规范行业发展，共享单车企业需要加强技术创新、升级运营模式，构建良好的市场环境，在双方的共同努力下，这一行业才能长远发展，我国骑行系统建设效果才能更加显著。

案例：共享单车的企业“大战”

有机构曾统计，自 2017 年我国共享单车市场走向成熟后，我国居民每日出行需求为 28 亿次，其中近 10 亿次涉及骑行系统。共享单车全面解决了城市居民出行“最后一公里”问题，为全国交通及城市发展带来了极大的便利。

根据交通运输部数据，截至 2020 年 10 月，我国共享单车投入数量约为 1945 万辆，骑行人数约为 2.87 亿人，如此庞大的市场规模吸引了无数共享单车企业入驻，这一行业市场竞争极为激烈。

事实上，自 2016 年开始，共享单车便成了城市新兴出行工具。在全国各大城市迅速走红的共享单车在短短一年时间内就达到“泛滥”的地步，由于各大品牌共享单车颜色各异，街头时常充斥着五颜六色的共享单车，共享单车企业之间的竞争也被称为“彩虹大战”。

2017 年是我国共享单车市场发展走向成熟的一年，数十家企业入驻这一市场，不少共享单车用户的手机上下载的共享单车 App 多达十几个，出行便捷度大大提升。但这种状态仅仅维持了半年时间，自 2017 年 6 月开始，町町单车、小蓝单车、酷骑单车等共享单车企业相继倒闭，纷纷退出共享单车市场，市场呈现 ofo 小黄车、摩拜单车（于 2018 年 4 月被

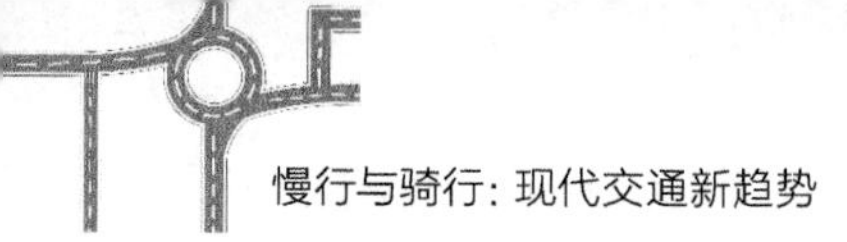

美团收购，现更名为美团单车）两家独大的局面。

经历了 2017 年的“疯狂”，2018 年共享单车市场开始进入整合阶段，哈啰单车与永安行合并，后采取“全国免押”战略顺利发展至行业前列，青桔单车横空出世。这一年过后，共享单车市场形成哈啰、摩拜、青桔三足鼎立的局势，这种市场格局一直延续至今。

通过共享单车市场竞争可以看出，胜出的企业具备以下特点。

一是对市场的正确认知。共享单车市场虽然是规模庞大的经济市场，但企业经营的初衷与本质是我国骑行系统的建设与完善，一味追求利益容易导致企业进入错误发展的状态，进而与市场脱节，被市场淘汰。

青桔单车和哈啰单车这两家企业自创立之初便注重城市优质骑行系统的打造，以贴近用户的产品特点抢占了更多市场资源，这是一种合理的市场认知，也是一种合理的企业运营模式。

二是对竞争的正确认知。市场竞争的本质的确是市场经济的竞争，在市场经济条件下，企业为获取更长久、高额的市场利益，不断提高产销条件、抢占市场资源，遵循优胜劣汰规则，促进市场发展。通过市场竞争，行业可以优化资源配置，市场可以高速升级迭代，我国经济正是在各种市场竞争中获得发展的。

不过市场竞争不是单纯“烧钱”，而是两个方面的实力比拼；一是企业内部技术、人才、生产力的比拼；二是企业外部资源、供应链、用户口碑的比拼。不同市场有不同的侧重点，以共享单车市场为例，这一市场以企业外部竞争为主，企业内部实力增强也是为了外部优势扩大。

目前，我国共享单车市场的发展核心主要放在城市骑行系统建设、用户口碑、用户出行体验上，产品技术升级、迭代革新同样以这 3 点为目标。

例如，2019 年 12 月，杭州市开展了一次共享单车“清废活动”，活动中共清理废弃共享单车 41575 辆，其中哈啰单车 12718 辆，美团单车 12063 辆。“清废活动”过后，哈啰和美团两家公司第一时间对被清理车辆进行回收修整，同时对外声明产品自身不存在质量问题，大多数车辆被清理的原因是用户肆意停放影响交通或市容。回收车辆后续会被维护保养，之后再被重新合理投放。两家公司未来将增强单车定位功能及单车管理力度，确保产品继续服务大众且不为城市出行带来压力。

这次“清废活动”得到了杭州市民的大力赞扬，面对两家公司的反应，用户也表示谅解。这次事件后，哈啰和美团两家公司的市场份额并没有受到太大影响。

从这次事件可以看出，哈啰和美团两家公司十分注重产品口碑，在运营发展中避免品牌脱离用户。两家公司正是凭借注重品牌打造、注重用户体验的竞争方式获得了发展优势，也让自己在竞争激烈的市场中得以长久健康发展。

企业作为我国骑行系统建设的重要力量，影响着骑行系统最终建设结果，但真正起决定作用的企业是对自己、对市场有正确认知，始终对骑行系统产生良性的促进作用。顺应我国交通发展趋势等同于顺应市场发展趋势，只有建设好骑行系统，才能够在共享单车市场获得更多机遇。

12.3　骑行技术的升级迭代

我国骑行系统的发展经历了多个时代变革，每个时代的骑行技术都具有自身的特点。从最初的家用自行车大国到今日共享单车盛行，我国骑行技术顺应时代发展，为交通升级带来了源源不断的动力。

总体而言，我国骑行系统与骑行技术发展分为以下 3 个阶段。

1. 家用自行车主导的全民骑行时代

20 世纪八九十年代，我国大众出行的主要方式为骑行，这一阶段中家用自行车以凤凰、永久、飞鸽三大品牌为主。质量方面偏重提升车辆耐用性，车型、功能与体验感并不是重点。进入 21 世纪后，我国家用自行车市场开始发生转变，这段时间车型美观度成为购买的决定因素，市场中大量涌现公主车、山地车等车型，虽然机动车保有量连续上升，但骑行系统依然是我国交通系统的重中之重。

可以说，2007 年之前可以被统称为我国骑行系统的初始时代，这一时代的家用自行车注重耐用性、美观性，车型从大尺寸 28 车型逐渐转变为 26、24 车型，骑行技术整体没有发生太大变化，但骑行人群随着机动车的发展在不断减少。

2. 公共自行车兴起的复兴骑行时代

2007—2014 年是我国公共自行车发展的关键时期，我国汲取国外骑行系统建设经验，在全国各地开展了公共自行车建设项目。

这一阶段可以分为两个时期。第一个时期是 2007—2010 年，这段时间在我国政府主导下，各大城市大量涌现有桩公共自行车，用户完成多项认证注册流程，进行刷卡支付之后才能够使用公共自行车。虽然初代公共自行车使用便捷性有限，但其为大众出行提供了全新选择，因此这一阶段我国骑行人群规模开始增长，骑行系统复兴。

第二个时期是 2011—2014 年，这段时间各公共自行车企业开始主导市场发展，但产品依然以有桩公共自行车为主，虽然注册流程、车辆硬件进行了基础升级，但整体体验感并没有发生太大变化。

在公共自行车兴起的时代，骑行技术完成了家用向公用的转变，但整体技术处于初级水平，车辆租赁、车辆驾驶体验感均处于一般水平。同时因有桩布设模式，公共自行车占用了大量城市公共空间，给城市发展带来了一定影响，这些缺点正是公共自行车无法生存长久的主要原因。

3. 共享单车主宰的公共骑行时代

2014 年之后，我国开始进入无桩共享单车主宰的公共骑行时代。2014—2016 年我国共享单车市场进入井喷发展时期，大量共享单车企业如雨后春笋般出现在共享单车市场，市场上“百花齐放，百家争鸣”，各色共享单车成为各大城市的风景线。但这一时期内，骑行技术并没有产生质变，以依靠互联网技术支撑的无桩共享单车为主，运营模式同样是满足城市出行“最后一公里”。因此，这一时期虽然是共享单车市场发展的高速阶段，但却是骑行技术停滞阶段。

2017—2018 年是我国共享单车市场激烈竞争时期，数十家共享单车企业为抢夺更多市场进行了“烧钱战”，各大品牌纷纷推出自己产品的优惠券，共享单车租赁费用一降再降且竞争愈演愈烈。

在这场竞争中，大多数共享单车企业只追求品牌宣传，忽视了城市骑行系统建设，这其中就包括 ofo 公司。ofo 公司在连续获得数轮融资后迅速提升订单产量，并开展了国外业务，在美国、英国、澳大利亚、泰国等国开拓市场。但是 ofo 公司忽视了一个关键点，即其高速发展并非源于资本优势与规模优势，而是技术优势打动了更多用户，提升了用户骑行体验。

ofo 公司采取大幅扩张市场战略后，各种问题层出不穷。首先，由于生产技术与管理技术不足，ofo 小黄车出现了破坏率高、乱停乱放情况严重等问题。ofo 公司收到大量车把松散、刹车不灵、铃铛损坏等投诉，这些问题导致用户大幅流失，而车辆定位不准确又导致大量 ofo 小黄车被扔在荒郊野外，ofo 公司运营成本高速增长，逐渐走向没落。

在共享单车市场激烈竞争时期，哈啰公司通过提升骑行技术获得了高速发展。哈啰公司于 2016 年成立，致力于提供更便捷、高效、舒适的骑行车辆和服务，并通过智能化技术进行成本控制与精细化语音制作。哈啰公司的崛起源于其运营出色，它开创了国内共享单车“全国免押”的运营模式，运营模式的转变让哈啰公司一度创造了用户日增长量 190 万的惊人成绩。

从骑行技术角度出发，2018 年之后我国骑行系统发展又进入了全新阶段。这一阶段各共享单车企业注重产品技术升级和管理模式迭代。例如，哈啰公司研发了哈勃大数据平台，这一平台主要监测产品运维调动，同时哈啰公司还搭建了智能运维刹车优先系统（Brake Override System，BOS），先后 5 次升级产品智能锁，并在智能锁芯片中植入神经网络算法，加入自适应蓝牙组网，便于产品维修、寻回、调度，通过数字技术应用，哈啰公司为用户提供了更便捷、高效的出行体验，且运维成本不断降低。不断迭代技术不仅是为了增强企业竞争实力，更是为了推动城市骑行系统建设。

在升级骑行技术之后，各共享单车企业对共享单车管理进行了技术创新。在原有指定地点还车的模式上，多家共享单车企业附加了产品规范使用约束条例，即如果用户不在指定地点还车或肆意停放共享单车，租赁订单将无法顺利完成，用户需要缴纳一笔罚款，若

车辆无法正常归还，订单将持续扣费。这种限制使用区域的方式优化了城市骑行系统管理效果，也降低了共享单车企业运维成本，用户综合体验感不降反升。同时，各共享单车企业进行了多种服务升级，例如方便定位车辆的“响铃寻车”、方便急用车辆的“提前扫描预约”等，这些功能让共享单车市场越来越成熟和健康。

2019 年之后，我国共享单车市场进入共享电动自行车领域，在电力辅助下，共享电动自行车从解决大众出行“最后一公里”升级到“最后五公里”“最后十公里”，这种省时省电的新型骑行技术促进了我国骑行系统的发展，提升了大众出行体验。

截至 2022 年，我国骑行技术升级依然存在两个重要问题，未来发展中，解决这两个问题将成为我国骑行系统建设重点。

首先，我国多个一线城市暂时不支持共享电动自行车发展。据交通部门统计，我国共享电动自行车用户主要分布在二线以下城市。其中一线城市用户占比仅为 1.8%，二线城市用户占比为 27.4%，三线城市用户占比为 36.2%，四线及以下城市用户占比 34.6%。

截至 2022 年，共享电动自行车依然未能在北京、上海、广州等一线城市发展，主要原因为基于城市交通特点，共享电动自行车安全隐患较大，这在一定限度上限制了我国骑行技术的全面升级。

其次，骑行技术升级伴随高成本投入，影响后续运营。随着骑行技术与互联网技术、数字技术的融合，共享单车企业的技术投入不断加大，运营模式更加复杂，潜在问题也不断增多。例如共享电动自行车需要定时充电、定期更换电池，且产品造价高，如何控制市场投入确保企业受益，也是共享单车企业需要解决的问题。

目前，我国骑行技术已经逐渐趋于成熟，在满足大众出行需求的基础上不断提升出行效率与出行体验，未来，骑行技术依然是这一行业、这一市场的发展重点，通过技术提升品质、提升口碑是骑行系统整体升级的关键。

案例：高精度定位与电子围栏停车

2020 年 7 月 31 日，我国北斗三号全球卫星导航系统正式开通，这一系统全面提升了我国交通工具定位功能，骑行系统作为交通系统的重要组成部分同样受益。

北斗三号全球卫星导航系统对骑行系统带来的改变是车辆高精度定位与电子围栏停车，例如，哈啰公司联合千寻位置研发了“车辆高精度定位及电子围栏停车技术”，在北斗三号全球卫星导航系统的支持下，哈啰公司依托此技术实现了单车高精度时空智能服务，哈啰公司对城市骑行空间的感知能力全方位提升，哈啰单车与哈啰电动自行车城市布设更加合理、全面。哈啰公司在本次技术升级中，车辆定位精度达到亚米级别，匹配高精度电子围栏技术，即可实现车辆在指定位置落锁。这让哈啰公司在千万数量级的共享单车产品中实时掌握每一辆单车的分布情况、运营情况，同时为用户提供精准找车、还车服务，用户用车效率及体验全面升级。

事实上，哈啰公司自 2020 年 6 月 23 日北斗三号全球卫星导航系统星座部署完成开始，

便宜布旗下共享单车将全面接入北斗三号全球卫星导航系统，这是共享单车企业与北斗三号全球卫星导航系统首次合作，对我国骑行系统定位技术升级进行了开创性尝试。

千寻位置是我国卫星导航领域品牌企业，全国2600多座北斗地基增强站由千寻位置建设运营，基于北斗导航定位能力优势，千寻位置为全国数亿用户提供了高精度时空智能服务。

两家公司合作后，哈啰单车通过实现单车高精度定位，也让电子围栏停车成为现实。截至2022年，哈啰单车已经在全国近半数运营城市更新了停车模式，电子围栏停车在哈啰公司的引领下逐渐成为共享单车行业的停车范式。

目前，美团、青桔等共享单车企业跟随市场趋势，同样完成了电子围栏停车模式升级，高精度定位技术全面改变了共享单车停车模式。这种骑行技术的升级有利于城市骑行系统运营，尤其规范了城市道路秩序管理，便于用户准确找车、用车、还车，交通高峰时期“一车难求”、区域闲置车辆过多的问题可以有效缓解。

据我国交通部门统计，2021年，深圳、杭州、北京等一线城市的共享单车市场已基本实现电子围栏停车，结合高精度定位功能，车辆定位误差已经缩小到1m以内，共享单车用户上下班用车效率、出行效率全面提升，公共空间侵占情况得到了大幅改善。

这种骑行技术的升级对企业而言是运营效率的提升，运营成本的下降。车辆实时位置、运行轨迹、整体调度、匹配服务更加准确，企业运维管理更加有效。

总体而言，高精度定位与电子围栏停车是大众、企业、政府三赢的新兴骑行技术。其优点有3个：一是便于大众出行，提升骑行体验，培养大众良好的骑行习惯；二是提升企业运营管理效率，实现降本增效；三是有助于政府规范管理，加速骑行系统建设，推动行业健康发展。

相信随着骑行技术不断升级，我国骑行系统智慧性、便捷性及体验感将不断提升，我国交通将在骑行系统的促进与平衡下进入绿色、高质量、可持续的发展状态。

12.4　骑行系统基础设置与骑行生态完善

由于我国拥有庞大的骑行群体，城市骑行系统建设需要从基础设计、规划发展、生态打造等各方面进行思考。尤其在交通强国战略提出之后，骑行系统作为影响我国交通发展质量的重要因素，已经不能被单纯归纳为非机动车系统、慢行系统，借鉴交通发达国家成功经验，重新审视骑行系统建设显得极其重要。

我国打造高端骑行系统，建立高质量骑行生态圈，需要注重骑行系统基础设置的合理性。骑行系统基础设置分为3个重点。

1. 路网建设与骑行适配性

按照国际骑行标准，骑行车辆设计要素包括机械动力、辅助动力、加减速控制、紧急制动控制等，我国骑行系统基础设置也需要结合车辆要素，充分考虑骑行人群的运动能力、

骑行时长及常规速度，之后才能够设计出符合现代骑行人群需求的骑行路网。

很多骑行系统设计者存在这样一种认识误区，认为骑行系统属于城市交通慢行系统，因此各项基础设置均需采取较低标准。事实上，骑行系统可以达到中高速交通水平，我国骑行系统效率低主要受到人群与道路基础设置的影响。

事实上，骑行是一种人力借助机械装置完成的高速运动。在英美等国家的骑行系统设计标准中，骑行车速标准值设置明显高于我国现行水平。例如，美国骑行道路设计中道路常规车速基础值为 32km/h，下坡路段常规车速基础值为 40 ～ 50km/h，而我国在城市骑行道路设计时很少将常规车速基础值设定在 30km/h 以上，这代表我国骑行系统未能充分发挥自身交通运输的作用，拥有一定的升级改造空间。

当然，城市骑行系统建设不能完全依靠国外经验，更需要结合城市实际情况。因为骑行速度越高，对骑行者的判断能力、处置能力的要求越高。从骑行安全角度出发，长时间低速骑行的人很难在短时间内适应高速骑行道，因为骑行过程中需要骑行者在更短时间内考虑好路权分配，进行速度管理、车距控制，并做出合理反应，一旦考虑不充分，就可能引发交通事故。在北京、上海等骑行人群过于庞大的一线城市，骑行道路情况更为复杂，因此不适合提高骑行路网车速。

另外，我国骑行路网基础设置中还存在一处不足。我国大多数骑行道与机动车道采取平行设计，转弯处未充分考虑骑行正常车速，且未对骑行道宽度做出调整，因此骑行者在车道转弯处必须降低车速才能完成转弯，这对骑行效率造成了一定影响。

我国城市路口转弯处机动车道设计会充分考虑机动车行驶中对驾驶员视觉和判断能力的影响，因此设定了转弯辅助线，以规范车辆运动轨迹和保障驾驶员安全。机动车受机械装置操控，转弯偏差较小，可以轻松完成规范动作。但骑行车辆转弯主要受骑行者主观能力控制，转弯过程中骑行车辆对两侧的影响范围会加大，因此在相同道宽内，转弯处可通行车辆会减少，这也是影响骑行系统效率的因素。例如，某城市骑行道宽度为 1.5m，正常情况下允许 3 辆自行车安全并行，但转弯处道宽依然为 1.5m，安全范围内只允许两辆自行车并行转弯，另外一辆只能减速后通过。

从城市骑行系统高效运营角度出发，骑行道转弯处的基础设置可以适当优化，充分考虑骑行者转弯时运动幅度的变化，确保骑行者在安全的前提下提升骑行效率。

2. 骑行道宽度设置

当代主流骑行车辆基本驾驶宽度为 1.0m，骑行道宽度设置需要根据城市骑行人群的实际情况及骑行车辆操作空间进行合理设定，以美国自行车道最小宽度设置为例，美国自行车道最小宽度为满足一人通行的 1.2m，无论是硬路肩还是自行车道都按照这一数值设定。如果自行车道流量较大且与机动车道之间没有隔离带，那么满足一人通行的车道最小宽度还需要增加，美国设定为 1.5m，英国自行车道宽度设置与美国基本相似。

我国大多数自行车道宽度为道路规划宽度减去确保机动车畅行宽度。我国城市交通路

网中经常出现同一道路不同路段自行车道宽度频繁变化的情况，这也是骑行者频繁借用人行道、机动车道的原因。骑行者为确保骑行效率，在自行车道宽度不足的情况下只能向其他道路借道。

正常情况下，自行车道宽度的设置要考虑骑行车辆行驶空间，在两侧预留安全操作空间，之后结合并行情况、超车情况，以及不同路段进行综合考量。例如，景观区自行车道宽度一般宽于正常交通自行车道宽度，因为景观区骑行经常为结伴骑行，两车并行情况较多，骑行者注意力、骑行速度大多处于较低水平，这种休闲骑行道路宽度设置充足才能确保安全行驶。

另外，我国自行车道很少设有车道线，这也是车道宽度不足的表现。未来骑行系统建设中，车道线设置可以借鉴国外骑行系统建设经验。例如，丹麦首都哥本哈根的自行车道划线较明确，自行车道左侧为常规车道，右侧为超车道，长期在超车道行驶属于违法行为。

3. 骑行道类型选择

骑行道类型设置与诸多因素相关，其中主要包括骑行人群行车习惯、城市区域交通情况，以及骑行系统建设成本。其中骑行人群行车习惯主要受骑行人群自身条件、交通高峰时段及城市环境的影响；城市区域交通情况主要指城市核心区域、人口密集区域、交通易拥堵区域的交通情况；骑行系统建设成本主要决定于政府资金能力。

虽然骑行道选择的考虑因素众多，但设计逻辑基本相同，目前全球各国自行车道类型主要以使用目的、道路标准、施工水平进行划分，之后结合以上因素进行设定。

以美国骑行道类型设置为例，美国骑行道分为共享车道、混合车道、骑行专用道 3 种。

共享车道是指骑行车辆与机动车共同使用的车道，在这一车道上骑行车辆与机动车拥有平等的路权，这类车道常见于偏远区域道路，日常机动车与骑行车辆数量较少。例如，美国很多城郊社区街道属于共享车道。

混合车道是指骑行车辆与机动车并行的车道，这类车道有明确的道路划分或隔离带，机动车与骑行车辆各自拥有单独的路权，政府不鼓励骑行过程中出现借道行为。例如，美国城市主干道大多是混合车道。

骑行专用道是指骑行车辆拥有单独路权的车道，这类车道只允许骑行车辆通行，且充分考虑骑行人群各种需求，骑行速度、骑行体验感明显高于其他骑行道。例如，美国 66 号自行车线就是美国西部著名的骑行专用道。

案例：骑行生态建设需要市场与政府优势互补

2022 年 2 月 8 日，哈啰公司发布了一项春节骑行报告，这份报告充分展示了哈啰用户在春节期间的骑行特点，假期出行、出游方式出现了新趋势，骑行带来了城市旅游新体验。

哈啰公司官方数据显示，2022 年春节期间，“90 后”成为骑行主要群体，占全部骑行人数的 35.4%。骑行区域主要为一线城市，其中上海、广州、北京 3 所城市骑行量位居全国前三。

上海作为春季期间全国骑行量最大的城市，骑行规律非常明显。由于上海务工人员返

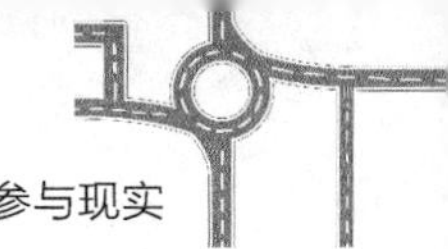

乡政策灵活，所以春节前夕上海大量务工人员离沪回乡，上海骑行总量明显降低。但 2022 年 2 月 2 日（大年初二）之后，上海骑行量大幅上涨，主要原因有两种：一是离沪人员返沪后骑行，二是上海居民城市内骑行。广州春节假期骑行量位居全国第二，2022 年跨年夜钟声敲响时，广州依然有 3226 位哈啰单车用户处于骑行路上。自广州骑行系统有效发展以来，骑行量都处于上涨趋势，骑行已经成为广州交通的重要组成部分，对广州城市发展起到了推动作用。虽然北京 2022 年骑行量位居全国第三，但受北京冬奥会影响，北京骑行量处于上升的趋势，尤其是北京三里屯、五棵松、国贸等地，骑行订单量巨大。

事实上，自 2017 年上海、广州、北京等地出台鼓励骑行市场发展、规范骑行系统运营的相关政策后，骑行系统建设就进入高速发展期，突出的发展成果为这些一线城市构建了良好的骑行生态，骑行系统已经全面融入城市发展与居民生活当中。

除了满足城市出行需求，各大共享单车企业还为居民本地周边游提供了便利。2019 年 3 月，青桔推出了一项“踏青游春不用急，青桔单车免费骑”活动，在青桔活动的引导下，各地居民本地游幅度均开始上涨，大众出游重心开始从远距离出游向本地周边游偏移。哈啰公司 2022 年官方数据显示，哈啰助力车假期订单量最大的 3 所城市为昆明、佛山、合肥。其中昆明的订单最具特点，2022 年 1 月 31 日（除夕）至 2 月 1 日（初一），哈啰助力车主要用于城市内出行，这种绿色环保出行方式既减少了交通拥堵，又提升了出行效率。自 2022 年 2 月 2 日（大年初二）开始，哈啰助力车主要骑行点就从昆明市内转向景区，海埂大坝、西山公园等知名景点成为哈啰用户主要聚集地，由此可见，本地周边游成为昆明居民 2022 年春节出游的主要模式。

随着我国交通强国战略的推进，构建绿色健康骑行生态成为许多城市的发展重点。骑行系统是城市交通的重要组成，是大众中短距离出行的理想方式，是投资效益显著的潜力产业，是活化城市空间、激发城市文化的重要力量。

从我国骑行系统建设发展现状中可以看出，在政府与企业共同努力下，我国骑行生态表现出 3 个特点。

1. 解决交通难点

北京回龙观附近有一条独特的交通风景线，这一路段无论早中晚交通高峰期，还是节假日出行高峰期，骑行者不需要躲避机动车辆，而是在宽阔的自行车道上惬意骑行，这是北京首条自行车专用道。这条自行车专用道全长 6.5km，于 2019 年 5 月 31 日正式开通运营，直接服务沿线 1.16 万人通勤，为居住人口密集的回龙观区域缓解了交通压力。

从这条自行车专用道的作用来看，城市骑行系统建设对城市发展充满友好性，未来发展中这种骑行生态将继续扩大，进而为更多城市解决更多交通出行难题。

2. 提高生活品质

截至 2022 年，我国多所城市已建立骑行专用道，且大多数车道基础设施、沿途景观、通行效率处于较高水平。以北京回龙观自行车专用道为例，这条自行车专用道采用环保树脂底胶黏结彩色陶瓷颗粒材料，防滑性、舒适性和耐久性高于一般机动车道，并在 6 个出入口坡道上设置了助力系统，车道还配备了两套可变信息标志，北京市交通管理部门可以通过这些标志发布简易信息，向骑行者提示交通状况、天气状况等。另外，这条自行车专用道配套设施十分完善，沿途设有休息区、厕所、服务区等。

未来发展中，我国骑行生态建设还将更加完善，结合市场力量进行全面升级，骑行专用道的建设不仅完善了城市交通生态，更提高了大众生活品质。

3. 引领出行时尚

近年来，我国各地政府发布了多项促进城市骑行系统建设，鼓励骑行发展的相关政策，其中《北京城市总体规划（2016 年—2035 年）》《上海市慢行交通规划设计导则》《深圳市慢行系统骨干网络布局及试点实施方案》等文件中提到保障骑行人群路权、合理配置道路资源、构建健康骑行生态等发展观点。

从我国政府未来发展规划及共享单车市场趋势可以看出，骑行将成为未来大众出行的新时尚。我国骑行系统将建设得更加完整、连续、安全，骑行环境将不断升级，骑行选择大幅增加，骑行成为出行主流，平衡我国交通系统发展。

⇨本章总结

我国城市骑行系统乃至整个慢行系统的建设需要政府与企业共同努力，在彼此配合协作下发挥更大的作用。目前，我国政府已经明确大力推进骑行系统建设发展方针，并鼓励企业积极参与，扶持企业健康发展。近年发展中，我国骑行市场通过技术创新迭代实现了骑行系统多次升级，大幅提升了骑行人群的出行效率与出行体验。未来发展中，我国骑行系统建设将更加完善，各城市骑行与慢行生态也将迅速构建。骑行与慢行将成为大众出行新时尚，在交通系统中发挥更重要的作用。

第 4 部分

趋势与未来：生活与文化

骑行，不仅是当代健康环保的出行方式，也是大众积极向上生活态度的表现。近年来，伴随着骑行系统高速发展，我国骑行人群越来越庞大。骑行从一种时尚休闲运动逐渐转变为交通发展趋势，形成氛围浓厚的城市文化。这是骑行系统健康、高质量发展的表现，也是我国迈向交通强国的重要标志。

第13章 骑行系统与慢行系统中的生活与文化

【本章内容概要】

骑行丰富了城市出行方式，让现代生活发生了极大的变化，这项健康时尚的大众运动已被时代赋予特殊意义。随着骑行低碳、健康、经济的特色被深度挖掘，骑行系统乃至整个慢行系统逐渐成为城市交通的必不可少的部分，营造出浓厚的文化氛围，化身为大众积极生活的重要方式。

【本章学习重点与难点】

学习重点：理解骑行文化对城市建设的意义，理解“双碳交通”背景下的城市慢行系统如何改变人们生活。

学习难点：骑行文化对城市建设、“双碳交通”的重要性，骑行文化对城市生活、城市文化的价值。

【案例导入】

自2008年起，深圳举办国际自行车嘉年华活动，这个由深圳工业总会与深圳市自行车行业协会共同创办的特色活动是亚洲第一个以自行车品牌户外展览为核心的文化活动，活动虽然名为自行车嘉年华，但结合了美食、娱乐、文化等多项内容，成功促进了深圳经济发展，创造了全球户外运动文化新模式，并逐渐推动我国自行车运动文化走向世界。

这一活动之所以备受关注，是因为其包含五大特色。

特色一：以自行车品牌为核心促进产业融合发展。深圳国际自行车嘉年华活动展示了众多种类的自行车项目，吸引了上百家世界知名自行车品牌连续多年参加，有效促进了我国自行车行业发展，带动了我国市场经济的发展。

特色二：以赛事为亮点促进体育文化交流。深圳国际自行车嘉年华活动内容包含特色自行车赛，每届自行车赛均吸引世界各地上千名选手参加，深圳国际自行车嘉年华展示了我

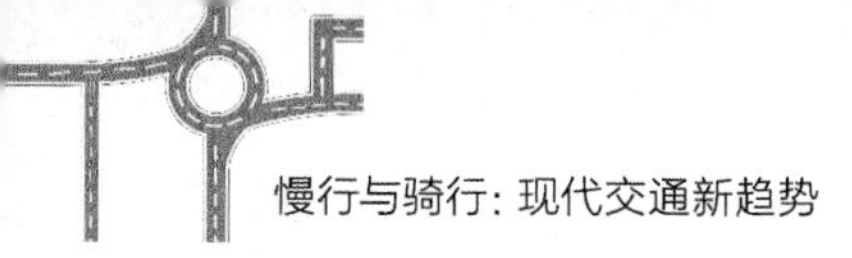

国自行车运动的文化特色，加强了国际自行车运动文化交流。

特色三：活动特色鲜明。每届国际自行车嘉年华活动都会设定鲜明主题，各种特色活动成为媒体与大众的关注焦点，尤其是各种骑行体验活动带给了参与者独特的骑行乐趣，加强了骑行文化宣传。

特色四：将自行车与美食、娱乐、文化融为一体。每届国际自行车嘉年华活动均会融入餐饮、休闲、娱乐等元素，打造吃喝玩乐一体的活动体验。

特色五：促进我国骑行系统发展。深圳国际自行车嘉年华活动是全国最大的自行车推广平台，其带动了国内自行车行业的发展，增加了骑行人数，为我国骑行系统发展提供了硬件支撑与技术支撑。

从深圳国际自行车嘉年华活动的发展中可以看出，骑行已经成为一种文化载体，这种发展趋势也是我国骑行系统的建设重点。未来发展中，我国骑行系统将加深与生活、文化的融合，逐渐成为城市交通刚需，化身为大众积极生活的重要方式，营造浓厚的文化氛围。

13.1 “慢生活”与骑行出行

科技推动时代进步，在用“数字”衡量生活标准的今天，大众生活节奏在不断加快，这种对效率的过度追求让大众生活逐渐失去平衡。生活应该是张弛有度、劳逸结合的健康状态，“慢生活”“乐活”等是生活不可缺少的组成部分。

“慢生活”不是一种追求，而是一种心态，一种健康生活方式。纵观当代交通系统，骑行与“慢生活”最贴近，也是大众“慢生活”的主要方式。

通过骑行系统为大众建设“慢生活”环境是我国城市规划部门与交通管理部门近年来的建设重点。例如2019年，重庆正式公布了“两江新区首个骑行环线”的建设方案，这条骑行环线全长83km，围绕山水游憩、智慧生态两大核心，打造重庆商务旅游生态区和重庆智慧生活体验园。这条骑行环线的山水游憩部分长22.6km，原则上全线贯通骑行功能。

事实上，我国大多数城市正处于快节奏的发展状态，在这种氛围下将大众生活减速并不是容易的事情，这需要城市规划建设部门与交通管理部门从两个方面改善发展策略。

一是增加“慢生活”存量，根据城市交通建设情况进行骑行道路整修、完善、建设；二是做“慢生活”增量，在城市未来规划发展中融入骑行系统，强化骑行人群路权。

总体而言，现代生活节奏不仅依靠人的主观意识，更受生活环境、交通环境、周边氛围的影响，城市骑行系统建设是一种让大众生活减速的有效方式，因为骑行系统为现代人带来了和谐、轻松、惬意的慢环境。

通过骑行系统建设为大众营造慢环境分为两个层面。从经济发展角度分析，我国政府相继出台了多项城市资源建设分配方案，通过宏观调控扩大大众的生活空间；从生活角度出发，骑行系统增强了大众与景区、城市景观、休闲空间的联系，放缓了城市人群的生活节奏，提升了大众生活的舒适感，增加了大众生活中的慢元素。可见，加强我国骑行系统建设是营造“慢生活”氛围的有效途径。

从骑行系统建设角度出发，放缓大众生活节奏需要注意以下 4 个方面。

1. 城市人口

骑行系统放缓大众生活节奏的前提是不影响大众生活质量，因此，城市骑行系统需要根据城市人口规模进行合理建设，以确保大众正常出行为基础，进行生活节奏调控。例如，针对我国人口基数较大的一线城市，骑行系统的首要作用是缓解交通压力，提升交通运输效率，在这一基础上为大众提供更多交通选择，通过提升骑行体验的方式增强大众对骑行系统的依赖性，以此放缓大众的生活节奏。

2. 城市布局

截至 2022 年，我国中小城市占全国城市总数的 80% 左右，且各城市布局差异较大，因此，我国骑行系统建设很难按照统一范式进行全效果复制。不过我国中小城市布局特点具有相似性，大多属于单中心集中式，这种布局特点导致城市居民活动范围受限、人口过于集中，城市居民以中短途出行为主。针对这一出行特点，我国骑行系统可以有效改善城市居民出行方式，因为“步行 + 骑行”的方式足以满足大多数城市中短途出行需求。另外，延伸城市中心与郊区、景观区、景点的骑行道路，可以拓展城市居民的生活范围，增加中长距离的骑行频率，这也是放缓大众生活节奏的有效方式。

3. 城市地貌

城市骑行系统运营效果与城市地貌有直接关系。据我国交通部门统计，我国平原地区城市骑行系统使用量远高于丘陵与山区城市，虽然共享单车市场进行电动助力车辆升级缩减了这一比例，但差异依然明显。

从放缓大众生活节奏角度出发，我国丘陵与山区城市骑行系统建设可以以提升骑行体验感，增强城市居民与景区、休闲区的连接为主，对城市骑行路网连贯性适当降低要求，因为受地形限制，丘陵与山区城市部分路段不适宜骑行，进行骑行道路建设只会浪费交通资源。

4. 居民出行距离

伴随城市的高速发展，城市居民日常出行距离不断延伸，骑行系统建设随着城市居民出行距离持续发生变化。加强骑行系统建设，可以有效减少城市居民对机动车的依赖性，放缓生活节奏。

根据城市居民出行距离建设骑行系统的方式有两种：一是提升骑行技术水平，例如，最初城市骑行方式以自行车为主，如今大部分城市骑行方式以“自行车 + 电动自行车”为主，骑行方式发生变化主要是为了满足居民延长出行距离的要求；二是增强骑行系统与其他交通

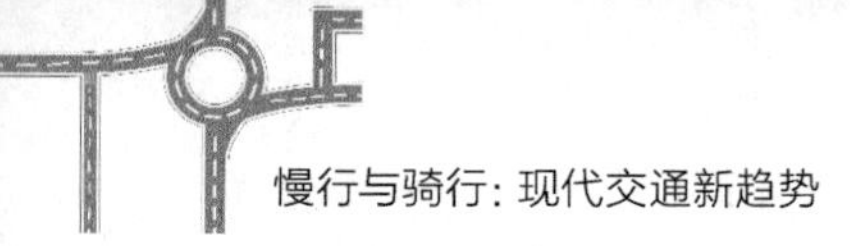

系统的连接性。

采用“骑行 + 其他出行方式”放缓大众生活节奏是当前较为有效的方法，以下模式可以作为参考，我国各地交通管理部门根据城市实际情况适当采用。

①“步行 + 骑行”模式。对于城市规模小、居民人口少、居民日常出行距离较短的城市，“步行 + 骑行”模式是交通部门建设重点，这种方式可以全面满足城市出行需求，并可配合机动车系统建设完善的交通系统。

“步行 + 骑行”模式建设具有投入资金小、城市交通体系影响小、大众出行改善效果大的特点，这种模式也是我国中小城市骑行系统建设的重点。

②“步行 + 骑行 + 公交”均衡模式。对于城市规模较大、城市人口分布均衡、居民日常出行以中短距离为主的城市，“步行 + 骑行 + 公交”均衡模式是交通管理部门建设的重点，也是放缓大众生活节奏的有效措施。这种大众出行模式可以根据大众出行对时间、距离、体验感的需求进行灵活切换，确保城市出行效率，同时突出城市绿色发展的属性。

“步行 + 骑行 + 公交”均衡模式具有覆盖范围广、用户人群广等优点，这种模式在我国三四线城市中更为适用。

③“公交为主，步行、骑行为辅”的衔接模式。“公交为主，步行、骑行为辅”的衔接模式是我国大部分三线以上城市的现行模式，这种模式具有出行效率快、覆盖范围广的特点，其骑行系统建设决定着整体运营效果。这种模式中，城市骑行系统起着调节大众生活节奏的重要作用，增强骑行体验感，增强骑行系统与城郊区域、景区连接性是这类城市的交通建设重点。

“公交为主，步行、骑行为辅”衔接模式的建设、养护需要投入较多资金，且资金投入以公交系统为主。未来发展中，骑行系统建设将成为这一模式的发展重点，因为骑行系统建设可以缓解公交系统压力，有效放缓城市居民生活节奏。

④“私家车 + 骑行”模式。“私家车 + 骑行”模式是我国一二线城市常见交通出行模式，因为我国一二线城市人均公共空间较小，公共停车问题一直无法得到有效解决。通过骑行系统建设，私家车出行质量、出行效率都可以得到有效提升，城市整体规划更合理，大众生活节奏逐步放缓。例如，居民可以通过私家车抵达目的地附近停车场，之后通过骑行方式到达目的地，这种出行方式可有效节约居民找车位时间，也可缓解城市关键路段交通压力，城市规划建设部门和交通管理部门对公共停车区规划更加合理，居民生活品质逐步提升。

随着时代发展，骑行与“慢生活”已经成为不可分割的整体，骑行不仅是大众生活节奏的调节工具，更是“慢生活”的重要体现，加强骑行系统建设有助于大众放慢生活节奏，享受生活乐趣。

13.2　体育文化与骑行

骑行不仅是出行方式，也是体育运动。骑行在满足大众交通需求的同时可以起到锻炼身体的效果。目前，我国大多数城市已完成骑行文化打造，骑行爱好者逐步增加，在这种趋势下，我国国民体质也将稳步上升。

目前，快节奏生活状态导致很多城市人口处于亚健康状态，最明显的表现为长期睡眠不足、运动量不足。如今骑行运动已经和我国大多数人的工作、生活紧密相连，其对大众生活质量、身体状况都起着改善作用。

从体育运动角度出发，养成日常骑行习惯可以起到减脂减肥的效果。因为骑行属于有氧运动，周期性骑行可以有效消耗人体多余热量和脂肪。骑行过程中人的心肺功能、自身耐力都可以得到增强。

另外，骑行也是当代城市居民放松身心、缓解压力的一种运动方式。户外骑行可以沐浴阳光，增强身体免疫力，促进血液循环，加速体内新陈代谢，人的面色、体型都会得到改善，但日晒骑行时间不宜过长，否则有晒伤、中暑等危险。

体育运动可以增强人的体质，但需要注意正确的运动方式与适当的运动量。骑行对人体产生的伤害主要源于错误姿势与运动过量。例如，骑行时间过长会形成局部血液循环障碍，当骑行道路颠簸不平时这种危害会加重。最常见的骑行伤害是皮肤伤害，骑行会导致人体出汗，出汗后人体与衣物的摩擦力加大，进而导致皮肤磨损严重。我国大众普遍习惯选择棉质衣物，虽然棉质衣物有吸汗作用，但衣物潮湿后会加重皮肤磨损，这就是专业骑行者会选择紧身衣、速干衣的原因。

控制骑行强度，保持正确骑行姿势，才能发挥骑行运动最大的作用。总体而言，城市健康骑行需要注重以下方面。

1. 骑行速度

正常情况下大众骑行速度可以保持在每小时 20 ～ 25km，但城市骑行环境会影响骑行速度，因此，城市健康骑行需要以安全为基础，尽量将速度控制在这一范围。

2. 骑行强度

处于久坐状态的成年人工作日的骑行速度可以控制在每小时 10 ～ 20km，休息日骑行速度可以提升至每小时 30 ～ 50km，超过这一强度会给身体带来负担，反而会影响身体健康。

3. 骑行装备

日常健康骑行也要注重骑行装备配备，骑行装备主要包括以下 3 类。

① 骑行车辆。骑行车辆需要根据骑行者身高、体重来选择和调节，选择适合的车辆，调节好车辆的高度，才能确保骑行姿势正确、健康。

目前，我国共享单车主要根据大众平均身高设计，车辆座椅高度大多可以调节，不过大部分人骑共享单车时不会进行调整，这会使骑行健康受到影响。从体育运动的角度出发，身高低于 150cm 或高于 180cm 的用户需要调节共享单车座椅高度，以确保骑行姿势正确。

② 水和食物。骑行需要消耗人体能量与水分，缺水、饥饿状态下进行骑行会增加内脏压力，甚至影响健康。

③ 骑行服。中短途骑行一般不需要准备专业的骑行服。为减少长途骑行对皮肤的伤害，长途骑行前需要准备好专用服装。骑行服有紧身、速干的特点，这类服装可以确保骑行者的皮肤不会出现摩擦伤害。

4. 其他事项

① 为确保骑行安全，骑行前需要检查车辆，主要针对刹车系统，车架稳定性，如果是电动自行车，还需要检查电池电量。

② 根据天气情况准备防风、保暖服饰。

③ 骑行前适当进食，空腹长途骑行影响健康。

④ 骑行前进行简单热身活动。

⑤ 电动自行车骑行前要准备好头盔。

⑥ 根据骑行强度中途适当休息。

⑦ 骑行过程中不应戴耳机听歌、打电话、发信息，除在专用骑行观光车道外，不可聊天，避免东张西望。

⑧ 骑行过程中避免突然减速，不可做手势影响他人，严格遵守交通规则，不借用机动车道、不逆行、不闯红灯。

5. 骑行带来的身体助益

骑行有助于提升大众健康水平，从医学角度出发，骑行具有以下好处。

① 有助于心肺健康。骑行属于有氧运动，养成良好的骑行习惯有助于增加肺活量，提升人体心肺功能。

② 降低心脑血管发病率。长途骑行能够增加人体内的血红蛋白数量，提高人体抗衰老能力，提高大脑皮层活性，降低心脑血管疾病发病率。

③ 治疗神经衰弱。适当骑行可以放松身心，缓解精神压力，提高睡眠质量，对神经衰弱人群有良好的改善效果。

④ 降低颈椎、肩部职业病发病率。对于工作中久坐、缺乏有效锻炼的人群，骑行可以舒缓颈椎、肩部关节肌肉，缓解身体疲惫。

⑤ 瘦身效果。骑行可以消耗人体多余的脂肪与热量，对臀部、大腿、小腿塑形效果明显。

⑥ 预防高血压。骑行运动可以加速人体血液循环、降低血压，从而起到预防高血压的作用。

骑行是一种体育运动，随着骑行人群增加，我国城市体育文化、运动氛围不断增强。未来发展中，骑行系统将继续发挥自身作用，充分改善我国大众的健康状况。

13.3　人文关怀与骑行

中国自行车协会统计数据显示，截至 2020 年 11 月，我国自行车社会保有量近 4 亿辆，电动自行车近 3 亿辆，如此庞大的数字代表我国骑行人群极其庞大，骑行系统需要不断升级完善。

截至 2022 年，我国骑行系统交通事故数量依然处于连续增长趋势，骑行系统交通安全已是当今的突出问题。随着骑行技术升级，城市骑行速度不断提升，城市随处可见电动自行车穿梭于各种道路，因“非机动车”身份，电动自行车驾驶者无视交通规则，闯红灯、逆行、超速、抢道、随意停放等情况时有发生，虽然我国政府不断出台相关政策，但骑行系统依然存在安全隐患。

目前，我国骑行人群更多注重自身需求，骑行安全意识、交通素养明显不足，酒后驾驶、违反交通信号灯、交通指挥情况十分常见，这也是骑行系统交通事故增多的主要原因。据我国交通部门统计，2019 年全国交通事故中，驾驶电动自行车导致死亡人数高达 8639 人，受伤人数达 44677 人，伤亡人数占非机动车交通事故伤亡人数的 70%。

解决这类问题不仅要依靠政府管理，更需要给予骑行系统更多的人文关怀，让骑行群体正视自身行为，自觉遵守相关法律规范，营造更加优质的交通环境。

骑行系统人文关怀主要分为两个方面，一方面是骑行车辆规范与人文关怀，另一方面是骑行者行为规范与人文关怀。

随着我国电动自行车新国家标准的推行，我国各地骑行车辆规范整治工作逐渐取得突出成效。加工自行车、共享单车、电动自行车检查工作更为严格，尤其是共享单车定位管理、电动自行车牌照管理，这类工作已成为我国骑行系统规范管理的重点。

例如，2022 年 1 月，河北省交通部门发布《河北省电动自行车管理条例》，条例明确规定，自 2022 年 5 月 1 日起河北省电动自行车经公安机关交通管理部门登记并取得号牌后方可上路。申请电动自行车登记需提交下列材料。

① 电动自行车所有人的身份证明。

② 电动自行车购车凭证或者其他来历合法合规证明。

③ 电动自行车整车出厂合格证明或者进口凭证，且符合强制性国家标准。

这一规定的出台可以有效促进骑行健康发展，同时河北省交通部门对骑行车辆登记给予充足的人文关怀，例如，考虑到有些在用电动自行车所有人因为时间久远、发票丢失或从未开具过发票、收据等情况，对在用电动自行车具体办理登记时，将采取个人承诺等方式解决；根据《根据电动自行车安全技术规范》（GB 17761-2018）对非标电动自行车设置 3 年过渡期，过渡期结束，禁止其上道路行驶，从而稳步淘汰非标电动自行车。从这两项措施中可以看出，河北省交通部门对骑行系统优化管理工作充分立足实际，采取法律第一、逐步规范策略，力求在最短时间内全面提升骑行系统安全。

除了我国交通管理部门，各电动自行车生产企业也从设计、服务等层面增强人文关怀。

国内某知名电动自行车企业在确保电动骑行性能的基础上，站在骑行者角度对车身空间、车型美观度、行车安全等进行了全面升级，力求通过细节改变提升骑行者的幸福感。例如，该电动自行车企业充分考虑到家长带孩子骑行过程中，孩子坐在电动自行车后座时家长无法准确了解孩子的状态，为减少骑行中孩子出现意外情况，该企业为几款畅销车型专门设计了前置儿童座椅。增加了前置儿童座椅的电动自行车如图 13-1 所示。

图 13-1　增加了前置儿童座椅的电动自行车

为提升产品安全性，该电动自行车企业还开发了“天眼”系统，用户通过手机 App 可以实时了解车辆电量、行驶里程、历史轨迹、预估里程等信息。“天眼”系统还能够完成车辆自检，当电动自行车出现异常情况时手机 App 会进行信息提示，这种设计充分提升了用户骑行安全与使用体验感。

另外，该电动自行车企业率先推出了电动自行车养护服务，企业对行驶里程在 3000km 以内的产品提供常规保养，对行驶里程超过 3000km 的产品提供维护保养，这也是人文关怀的重要表现。

我国交通部门对骑行者的行为规范与人文关怀主要为了提升骑行安全性。据我国交通管理部门统计，骑行系统交通事故中致死原因主要为驾驶员没有按要求佩戴安全头盔，安全头盔可以减少骑行者 63% 的头部受伤和 88% 的颅脑损伤。未按要求佩戴安全头盔的骑行者在交通事故中的伤亡人数是戴头盔者的 3 倍之多。我国交通部门专家预估，如果骑行者在骑行过程中全部佩戴安全头盔，每年骑行交通事故死亡人数可以减少 2500 ～ 3500 人，约占全国道路交通死亡人数的 5%。

针对这一情况，我国公安部交通管理局在全国开展了“一盔一带”安全守护行动，截至 2022 年，深圳、上海、杭州、南京等一线城市的骑行者安全头盔佩戴率已经达到 80% 以上，骑行系统交通事故伤亡率大幅下降。

截至 2022 年，全国已有 18 个省（自治区、直辖市）对电动自行车头盔佩戴问题做出规定。例如，深圳市交通管理部门规定，电动自行车驾驶员如果未佩戴头盔，将暂扣电动自行车，并予相应处罚。相信不久后，电动自行车驾驶员佩戴头盔将成为明确的交通法规，以此保障骑行者安全。

除了对骑行者交通装备佩戴问题进行规范，我国交通管理部门还在骑行法规宣传、交通基础建设两个方面加强了人文关怀。

目前，我国多地交通管理部门通过互联网技术对骑行交通法规进行了全范围大力度的宣传，并在交通执法中加大监管力度，以此培养骑行者的良好骑行习惯。

在骑行交通基础设施建设方面，我国各地城市规划建设部门和交通管理部门也开始注重骑行经济的发展、骑行体验感的升级，不断将新科技、新理念运用到骑行系统建设当中，例如，贵州省修建了一条从赤水到茅台长达 154km 的自行车专用道，这条骑行道路从路面设计到配套设施等都属于一流水平，且沿途风景如画、气候宜人，道路建成后吸引了无数骑行爱好者，这条道路建设既促进了当地骑行系统的发展，又带动了沿途旅游经济的发展。

骑行系统发展需要政府、企业增强人文关怀意识，正确审视骑行与交通、城市、社会的关系。从人文关怀角度出发注重骑行习惯建设，骑行系统发展可以更规范、人性化、高端化、有效化，这也是我国交通强国战略目标实现的策略与方式。

13.4　宜居宜游与骑行交通

大众生活品质提升让城市宜居宜游的属性越来越受到重视，宜居宜游成为当代城市居民的重要生活指标。骑行系统建设是城市打造健康环保环境的必由之路，从发达国家城市建设经验中可以看出，城市交通向骑行系统倾斜可以加速幸福城市建设。

如今，宜居宜游已是我国大多数城市的发展目标，通过骑行系统建设提升城市宜居宜游属性是惯用方法。因为骑行系统不仅是城市交通的重要组成部分，更是建设精神文明、提升全民健康水平的重要窗口，它在城市交通、经济发展、居民精神风貌、生活健康水平等层面具有重要意义。

骑行系统让城市更宜居宜游的原因分为 3 个方面。一是骑行交通更灵活，出行时间、准时率相对较高，让生活更高效。例如，据交通部门调查，北京居民选择骑行的主要理由是准时率高。二是骑行系统可以平衡城市交通路网比例，释放更大的公共空间。例如，停放一辆小型机动车的场地可以停放 10 辆自行车或 6 辆电动自行车。合理加强城市骑行系统建设可以减少机动车系统对城市空间的占用，拓宽公共空间面积。三是骑行系统可促进城市绿色、可持续发展。自行车、电动自行车均属于零排放绿色交通工具，具有改善城市空气质量作用。

另外，骑行还能够改善居民身心健康，这种依靠人力实现空间移动的出行方式对提升城市居民体质具有积极意义。

为了充分发挥骑行系统提升城市宜居宜游属性效果，近年来，我国各大城市开始加强骑行系统建设，开展各类骑行活动。例如，近年来北京加大历史文化保护区、商业中心区、重点街道的自行车专用道建设，并推出“骑车逛奥运场馆”“骑进胡同文化”等骑行旅游观

光线，以此强化北京宜游属性，促进城市可持续发展。

虽然骑行系统可以强化城市宜居宜游属性，但盲目建设骑行系统并不能起到良好效果。从当代宜居宜游城市发展历程中可以看出，通过骑行系统强化城市宜居宜游需要从两个方面进行。

第一，通过骑行系统建设丰富城市文化内涵，提升生活质量。城市宜居宜游属性不仅体现在城市基础硬件建设上，也体现在城市文化与生活质量上。如果城市居民长期处于繁忙、疲惫的状态，城市景区、景点及其他生活设施则无法充分发挥作用。

骑行系统可以起到缓解城市居民生活压力与精神压力的作用，主要表现为为居民提供更舒适的出行选择，提升出行效率，同时为居民提供休闲娱乐方式，缓解居民精神压力。这需要城市规划建设部门与交通管理部门结合实际情况，合理规划骑行系统，确保骑行系统可以弥补城市机动车系统的不足，并具有较好的体验感。

第二，通过骑行系统建设拓宽居民活动空间，提升居民幸福感。多数城市居民处于“两点一线”的生活状态，即长期奔波于工作场所与家庭中，生活空间有限，精神压力较大。这种状态下即使城市建设水平提升也无法突出宜居宜游属性。

骑行系统建设可以有效改善这一情况。首先，城市居民通过骑行系统适当放缓生活节奏，在慢行交通中充分感受城市变化，加大与城市其他区域接触的欲望。其次，城市骑行成本低、出行简便，骑行系统便于城市居民合理协调时间，增加出行次数，增强与城市的连接。最后，骑行属于健康生活方式，引导城市居民养成骑行习惯是突出城市宜居宜游属性的重要方式。

例如，丹麦首都哥本哈根曾获得“全球宜居城市”排名首位的荣誉，这座城市突出宜居宜游属性的方式正是骑行系统建设。美国著名杂志《大都会》（*Metropolis*）曾这样描述哥本哈根骑行系统：“在哥本哈根，自行车道的修建是头等大事。对于每一个哥本哈根人来说，骑自行车已经不只是运动方式，而是融入了日常生活。差不多一半当地人的出行方式是自行车。而城市基础建设战略规划之一，就是将哥本哈根打造为‘全球最佳自行车之都’”。

从《大都会》的描述中可以看出，当骑行系统成为城市交通、城市建设的核心组成部分时，城市宜居宜游属性能够全方位凸显。

虽然我国大部分城市希望通过骑行系统建设突出城市宜居宜游属性，但整体建设效果并不理想。总结国外宜居城市骑行系统建设经验，对比我国城市基本特点，可以得出宜居宜游城市骑行系统建设需要注意 3 个重点。

1. 升级城市骑行系统设计理念

城市骑行系统建设需要站在居民角度与城市角度双向思考，充分考虑居民使用需求与心理需求，以此提升骑行系统的建设效果。大多数城市骑行系统建筑注重交通效率，忽视了“人本位”“环境本位”的初衷，最终导致骑行系统只能作为出行选择，而无法突出城市宜居宜游属性。

城市规划建设部门和交通管理部门需要遵循以人为本的设计理念，以骑行满意度、体验感、生活幸福感为指标进行骑行系统建设，力求设计出有利于居民身体健康、城市绿色发展，提升宜居宜游活力的骑行系统。

2. 协调城市与骑行系统空间关系

城市骑行系统设计不仅要满足居民出行需要，还要根据城市公共空间分布特点进行合理布局，即城市骑行系统需要充足的运营空间、功能升级空间、休闲娱乐空间。空间拓宽加强了城市对骑行群体的人文关怀，使骑行系统与居民生活相协调，同时提升居民生活幸福感。

3. 完善骑行规范政策，加强相关扶持

城市骑行系统打造需要政府充分发挥自身作用，通过加大政策支持、宣传、管理引导居民与骑行系统融合。扩大骑行群体是充分发挥骑行系统作用的重要前提，在政策鼓励引导下，城市居民可以充分感受骑行的魅力，感受城市宜居宜游的特点。

骑行系统建设是现代城市高质量发展的重要表现，紧跟现代生活发展趋势，强化城市宜居宜游属性，骑行系统可以发挥更大作用，突出建设效果。

13.5　绿色低碳与骑行交通

交通系统作为我国发展的核心系统，推行绿色交通发展理念，在各大城市深化骑行系统建设，并开展各项骑行活动，希望以此引导大众养成绿色、低碳、健康的生活习惯。

我国各地大力开展骑行系统建设、推动骑行系统发展。例如，2019 年，北京确定了“推进公交线网规划优化、加快慢行系统建设，加强非机动车管理，不断完善绿色交通出行体系”的发展目标，并在随后 3 年里加强公交系统建设，规划建设步行与自行车绿色廊道新体系——“城市风轮”。这是北京利用河道空间资源打通 12 条连接二环与四环的步行和自行车廊道的绿色交通新模式，不仅为全市居民绿色出行提供了安全、便捷、舒适的条件，更引导居民培养绿色出行、自觉改善城市环境的良好习惯。

2020 年，北京市公安局公安交通管理局会同清华大学、公安部交通安全中心、北京市政设计总院等部门联合开展《城市道路非机动车道交通组织设计指南》编制工作，从交通规划、科技融入、新设施应用等方面强化城市骑行系统建设，并在全市复制推广。

种种举措实施后，截至 2021 年，北京中心城区慢行交通出行比例已经提升至 46.7%，全市骑行路网结构、骑行道路建设不断优化，城市环境质量稳步提升。

案例：二环真“骑”妙，在骑行中感受首都文明

2020 年 10 月 10 日，新京报组织开展了一项“二环真‘骑’妙”——北京二环路慢行系统公益骑行活动。这次活动邀请了众多行业建设者参与。

这次骑行活动路线总长约 34.4km，一路汇聚诸多北京特色元素，既有时尚气派的现代

高楼，又有文化气息浓厚的巷子胡同，此次骑行活动对发展北京骑行系统、推动北京绿色出行风尚具有积极意义。

近年来，我国城市居民生活观念开始转变，低碳环保的出行方式越来越受青睐。骑行系统的高速发展从两个方面优化了城市发展环境，提升了大众生活质量。

首先，骑行系统发展强化了大众低碳环保出行理念，增强了大众与城市地标建筑、核心区域、文化旅游景点的连接，让大众充分感受到城市的魅力。

其次，骑行系统有助于城市精细化管理，平衡交通资源运用，提高交通与城市发展。

以此看来，无论从哪个角度出发，骑行系统建设对我国发展都具有引导与促进意义，这一过程中政府针对现实问题进行持续改进与规范，可以取得更突出的发展效果。

当我国社会发展从城市进步理念转变为公众生活理念后，城市骑行系统逐步成为刚需，大众选择骑行方式出行不仅是为了自身健康、城市环保，更是人类文明进化的必然结果。归根结底，骑行系统是城市、国家发展的根本，具有提高生活质量与幸福感的重要意义。

⇨本章总结

随着时代发展，慢行系统已经全面融入大众生活与文化。它能有效放缓大众生活节奏，增强全民身体素质，强化城市发展水平。在慢行系统的促进下，我国绿色发展的属性不断增强，交通发展成果丰厚。慢行系统已重新占据重要位置，大力赋能我国发展，用自身优势多、价值高等特点助力强国梦的实现。

第 14 章

骑行系统与慢行系统的未来

【本章内容概要】

骑行系统与慢行系统不仅是我国绿色交通发展的重要方式，更是我国从交通大国迈向交通强国的重要驱动力。随着骑行系统与慢行系统价值的不断提高，它们将在我国交通系统中占据更大比重，发挥更大作用。未来发展中，骑行与慢行将以生活习惯、交通刚需、城市文化、发展理念等形式存在，支撑我国屹立于世界强国之林。

【本章学习重点与难点】

学习重点：理解骑行系统与慢行系统牵一发而动全身的复杂性，理解骑行系统与慢行系统未来的智能化、科技化趋势，理解骑行系统与慢行系统未来对大众人文生活的影响。

学习难点：企业如何更好地参与城市骑行系统与慢行系统建设；骑行系统与慢行系统如何更好地推动骑行文化、低碳文化的发展。

【案例导入】

2021 年年初，哈啰公司公布了一份长沙市骑行报告。报告数据显示，2020 年长沙市民全年累计骑行超 2 亿千米，这一长度可绕地球 5000 圈，这代表长沙共享单车不仅满足了长沙居民城市生活“最后一公里”的需求，更发展成长沙居民的主要出行方式。

长沙是全国著名的夜生活城市，哈啰公司的骑行报告数据显示，长沙哈啰出行用户夜间骑行次数约占全部订单的 40% 左右，深夜骑行群体主要为“95 后”，骑行时间为晚上 9 点至次日凌晨 3点，这代表共享单车已经与长沙市民的生活深度融合，成为当地年轻人的潮流生活方式。

哈啰公司的骑行报告数据还显示，2020 年长沙市民通过骑行减少碳排放总量达到了 8580 吨，相当于种植了 48 万棵树，同时，长沙市民骑行消耗高达 201 亿卡路里。

另外，哈啰公司于 2020 年对旗下产品进行了第五代升级，先后推出了共享单车“云行”

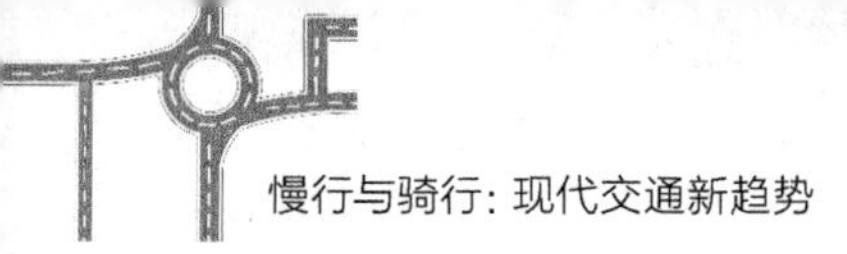

和智能共享助力车“云起”，以及概念单车“云歌”。这代表哈啰公司顺应国家发展理念，通过技术创新强化了企业运营，为共享单车市场注入了新活力。

2021 年，哈啰公司对外宣布，国内骑行相关行业顺利进入企业与政府共建共享的“3.0 时代”，骑行系统已成为城市交通公共生态的重要组成部分，企业与政府协力共建共享、共管共治，城市美好出行时代逐步到来。

从哈啰公司的骑行报告中可以看出，骑行系统为我国城市、社会发展注入了强大动力，其发展质量与发展效果影响着我国强国战略的实现节奏，这一领域拥有广阔的发展空间，未来值得期待，值得赞许。

14.1 骑行系统的复杂性与人文性

骑行不仅是大众出行方式，更是生活态度、城市生态、文化符号，我国骑行系统发展经历了从繁荣到没落再到崛起。如今，骑行系统价值已经从满足大众出行升级为提升生活品质，建设符合大众生活所需的骑行系统需要充分考虑社会复杂因素与城市人文因素，如此才能确保骑行系统为社会与人类发展做出突出贡献。

国外城市骑行系统建设的成功经验映射着大众生活观念的转变，体现着社会发展、进步的规律与潮流，更指明了骑行系统未来发展趋势——以城市复杂因素为基础融合人文理念，确保城市发展从量变到质变，从单一发散为多元。我国骑行系统未来将不断凸显其复杂性与人文性。

1. 骑行系统发展的复杂性

我国骑行系统解决设计复杂性问题主要采取立足实际，结合交通发达国家骑行系统建设经验的方法。随着城市骑行系统现代化建设常态化，骑行思想已经融入大众生活，全民骑行水平不断提升。结合交通发达国家骑行系统建设经验，建设符合我国国情的骑行系统，需要注意以下两点。

一是满足我国大众生活方式诉求。满足出行需求只是城市骑行系统的基础建设，新时代骑行系统还需要顺应我国大众生活观念与生活方式的改变。我国已全面进入小康社会，大众日常生活从创造生存条件转变为追求生活品质。骑行作为现代健康生活方式，大幅拓宽了大众生活空间，促进了大众精神文明与物质文明“双丰收”，在这一背景下我国城市规划建设部门和交通管理部门需要深度思考，骑行路网和骑行政策应该如何规划升级，以确保骑行成为大众的生活乐趣，提升大众生活幸福感。

二是满足我国城市与经济发展诉求。骑行系统建设是城市发展措施，也是我国的经济发展活动，因此骑行系统建设需要具备经济性与发展性。目前，我国各地骑行经济均保持着优良的发展态势，各地骑行活动对城市经济带动、城市形象宣传有重要意义。例如，

2016—2019 年，河北邢台连续举办了 4 届国际公路自行车赛，并在央视频道直播，这类骑行赛事既擦亮了城市品牌，又为城市发展注入了经济动力。

2. 骑行系统发展的人文性

骑行文化从出行文化逐渐转变为生活文化，虽然骑行文化的核心是倡导大众骑车出行，但骑行系统发展的人文性包含多种文化理念。

一是骑行的绿色低碳理念。骑行被视为现代绿色交通主要出行方式，人类生活逐渐从工业文明转向生态文明。这种出行文化理念是人类注重生存质量、注重世界可持续发展的重要表现。

目前，我国已经将工业发展与生态发展逐步调整到平衡状态，大众生活观念、城市生活方式不断向绿色转变。骑行系统作为集交通、健身为一体的出行方式，始终带有绿色低碳的文化属性。

二是骑行的时尚潮流理念。我国骑行系统建设已经表现出多元化特点，在吸取交通发达国家骑行系统的成功建设经验后，我国骑行系统表现出健康、休闲、时尚等特点。

从当代骑行群体形象、城市文旅骑行建设，以及骑行系统整体面貌中可以看出，我国骑行人群覆盖各个年龄段，骑行活动引领社会潮流。这主要因为骑行为大众提供了品味生活的全新方式，同时为城市塑造了一条绿色交通风景线。

三是骑行的静谧文旅理念。近年来，我国大众骑行目的主要分为两个方面，一是交通出行，二是运动旅游。随着骑行系统建设，我国大众进行本地游、周边游的频率大幅增加，骑行以旅游运动的方式充分填补了大众日常生活的空白，其休闲、健身、文旅属性越来越受到大众青睐。

我国各地骑行旅游群体形成规模，人们通过骑行旅游的方式欣赏自然风光，与自然和谐共处，同时为繁忙急躁的生活寻求一份安静。骑行带给很多人自由、无拘束的感觉，这种感觉有效缓解了现代城市居民的精神与心理压力。

四是骑行的健康运动理念。大众维护健康不能只依靠医学进步，还需要学会日常自我养护。适量运动可以确保人体健康，但受城市空间、生活节奏的影响，人们普遍缺乏有效运动。骑行系统的发展有效解决了这一问题，人们得以花费较少时间成本提升日常运动量，同时随着骑行体验感的提升，人们的生活水平也可以得到改善。

骑行系统是一种复杂且具有延伸性的发展系统，它可以被视为社会发展的产物，也可以被视为社会发展方向。未来发展中，骑行系统与我国城市的契合度将大幅提升，它将以文化形式植根于大众思想，改善生活环境。

14.2　骑行系统的公共管理与企业参与

我国骑行系统发展依靠政府与企业的双重力量，企业作为社会经济体，通过大量资金

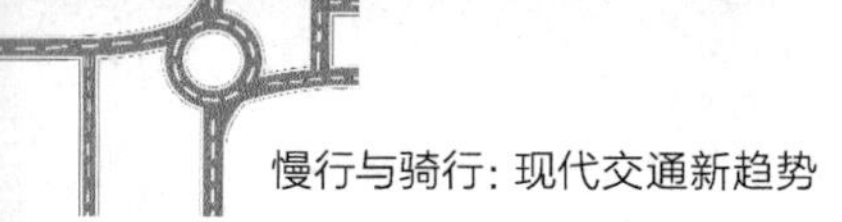

注入有效加快了骑行系统建设，但兴一利必有一弊，以营利为目的的共享单车企业在助力骑行系统发展时也为社会公共空间、交通安全管理带来了一系列问题与考验。未来，我国骑行系统发展需要加强企业监管，提升公共管理效果，以此确保骑行系统优质发展。

不得不承认，我国骑行系统发展正经历着“成长的烦恼”。一方面，随着骑行系统发展，我国骑行人数大幅增长，对骑行车辆数量、骑行道路质量的需求不断增加；另一方面，企业资本注入有效满足了大众骑行需求，但加大了骑行系统的管理压力，如何平衡两者关系是当代城市规划建设部门与交通管理部门需要思考的问题。

第一，思考解决共享单车市场无序问题的解决方法。

近年来，共享单车企业为我国骑行系统发展做出了突出贡献，城市居民出行“最后一公里”难题得到了有效解决，但随着共享单车企业竞争加剧，骑行系统开始出现过度侵占公共空间、车辆管理不当等各种问题。尤其共享单车故障导致骑行者受伤、共享单车二维码被电信诈骗分子利用、共享单车人为上锁等情况十分严重。

这类情况代表共享单车行业发展处于混乱、无序的状态，政府管理不足或政府管理失灵。深度分析共享单车市场发展现状，可以看出导致骑行系统管理恶化、潜在问题增多的主要原因是，共享单车企业采取“跑马圈地”策略，企业抢占市场过程中政府监管不到位，直接导致公共管理无效，加之相关立法滞后，市场管理部门无法可依，骑行系统发展自然受到影响。

近年来，我国各地政府相继出台了共享单车管理法规。例如，限制共享单车企业市场投放量、规范共享单车企业投放行为、监督共享单车企业对产品实施有效管理等政策，这些政策的出台有效提升了公共管理效果，但依然存在完善空间。

因为骑行系统发展需要企业力量支撑，过度进行企业行为约束会影响企业健康发展。共享单车企业管理需要平衡企业与骑行系统的关系，企业既不能过度干预，也不能放任自流。城市规划建设部门和交通管理部门需要充分发挥市场作用，遵循市场规律，结合市场机制解决共享单车企业管理问题。总体而言，城市规划建设部门和交通管理部门可以通过改革激发共享单车市场活力，在明确法规下引导企业良性发展，规范企业市场行为，这是解决共享单车企业无序发展的有效措施。

第二，思考政府、企业、大众三方“共治”方式。

吸引更多优质企业入驻骑行系统相关行业是交通发展的创新，也是确保骑行系统发展动力充足的有效措施。骑行系统建设管理需要因地制宜、因城施策，单纯依靠一方力量很难规范共享单车市场，也难以获得良好的公共管理效果。

三方“共治”不是指三方共同管理，而是指三方充分发挥自身作用，三方互相监督、互相促进，以此达到更好的管理效果。例如，政府出台、细化共享单车管理政策，企业主动优化产品投放、运营、回收、养护策略，大众养成守法骑行、文明骑行出行习惯，通过这种方法不断提升我国骑行环境品质。

事实上，这种策略已经被我国多地政府采用，例如 2017 年，北京市出台了《北京市鼓励规范发展共享自行车的指导意见（试行）》，上海市出台了《上海市鼓励和规范互联网租赁自行车发展的指导意见（试行）》，成都市出台了《成都市关于鼓励共享单车发展的试行意见》，这些政策都明确提出，共享单车企业是市场运营主体，企业需要承担自身运营职责，政府主要起到服务、规范、监督作用，大众需自觉文明使用。在这些政策的引导下，我国骑行系统发生了良性转变，三方“共治”效果不断突出。

第三，立足长远，思考技术创新解决发展难题。

在互联网技术的促进下，我国骑行系统发展突破了常规思维方式。公共自行车升级为共享单车，骑行与旅游、人文结合，电子围栏停车，这些颠覆式发展就是最直接的表现。

未来发展中，我国城市规划建设部门和交通管理部门需要立足长远目标，努力通过技术创新解决骑行系统现有难题。例如，骑行系统智能化发展难题，需要结合 5G、AI、数字技术等新一代信息技术，在技术创新下骑行系统发展、大众骑行体验能够突破格局限制，实现超前式发展。只有通过技术创新，我国骑行系统发展才能全面满足社会与大众所需，所以技术创新是我国骑行系统未来发展的重中之重，是提升发展效果、加快发展速度的核心力量。

总体而言，我国骑行系统已经满足社会发展需求和大众生活需求，但与交通发达国家依然存在差距，为弥补这一差距，我国政府应该合理利用企业力量，有效规范大众行为，在三方协作下进行整体规划，骑行系统建设与公共管理才能取得预期效果。

14.3 文化导向

近年来，我国一些城市为追求经济发展，不断加大城市经济体建设，以工业、商业为本的城市发展导致公园、绿道、骑行系统建设越来越落后，虽然城市土地面积得到扩大，但城市生态已经失衡，寸土寸金的城市中心生活节奏不断加快，人文关怀不断弱化，这种机械化发展状态能够提升城市发展速度，却不能提升大众生活品质，只会带来更多的“城市病”与发展隐患。

骑行系统得到大力发展的过程中，我国城市发展逐渐趋于健康。因为骑行系统改变了城市居民生活方式，并从精神文化层面进行了正确引导，让城市发展进入良性循环，正是这种文化导向加快了城市高质量转型，让城市宜居宜游属性深度凸显。从文化层面出发，骑行系统产生的文化导向主要有以下 5 种。

1. 引领“慢生活”文化

骑行引领“慢生活”不是指降低骑行速度，而是指放缓生活节奏，通过骑行给予城市居民更多放松身心、独立思考的时间。骑行过程中，城市居民可以领略平时很难注意的风景，可以放松身心，缓解精神压力，还可以增加运动量锻炼身体。通过养成骑行习惯，城市居民可以让生活节奏张弛有度，身心健康获得有效促进，这种状态才是当代大众应有的生活方式。

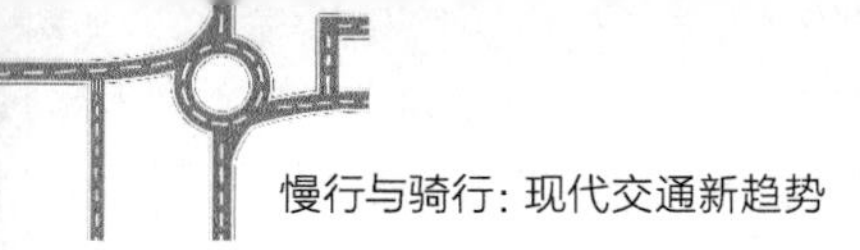

2. 引领城市文明

骑行过程中大众与城市文明距离更近，即骑行者的各种行为都影响着城市精神文明状态。当代骑行文化一直倡导大众做文明出行者，这主要体现在以下 4 个方面。

① 做文明参与者。我国各地骑行政策明确规定，骑行者需自觉遵守交通规则，不逆行、不闯红灯、不超速、不戴耳机听音乐、不追逐打闹、不随意占用机动车道与人行道。使用共享单车时自觉爱护车辆，不恶意破坏车辆、不在车辆上乱贴乱画、不带人行驶、未满 12 周岁不得使用共享单车。这些行为规定不仅保护了骑行系统安全，也为城市精神文明做出了突出贡献。

② 做文明使用者。当代骑行文化倡导骑行者文明使用车辆。主要行为有自觉遵守社会公德，不违规停放车辆，自觉维护自行车、电动自行车停放秩序，统一停车方向，不妨碍其他公共设施，尤其不可占用消防通道、公交站台等重要公共区域。骑行群体约束好自身行为，骑行系统才能整体文明。

③ 做文明传播者。我国骑行文化倡导骑行者通过自身行为传播文明，主要表现为主动宣传文明骑行理念、自觉守护城市骑行秩序，通过自身行动影响身边骑行者，把骑行文明传播到出行的每一个角落。

④ 做文明监督者。我国骑行文化倡导骑行者共同呵护骑行系统的精神面貌，主动对不文明行为进行监督、劝阻、制止与举报。尤其对恶意破坏共享单车、肆意停放侵占公共空间等行为，骑行群体需要加强监督，必要时向交通管理部门举报，通过监督行为打造文明城市。

3. 构建法治环境

随着我国骑行系统相关法律法规的出台与健全，大众守法意识逐渐融入骑行文化。尤其是共享电动自行车进入市场之后，我国骑行车辆违法行为大幅增加，骑行文化与守法意识结合随之深入。

我国骑行文化强调守法意识的主要目的为确保骑行者安全，维护城市交通环境。与机动车驾驶者相比，骑行人群属于弱势群体，骑行车辆与机动车辆发生交通事故发生后，骑行者伤亡率远高于机动车。因此，依法佩戴头盔，依法行驶、依法停放是确保骑行者人身安全、交通系统和谐运作的重要基础，这一文化也将随骑行系统的发展不断加深。

4. 引领健康文化

近年来，我国各地城市通过组织骑行活动掀起了全民健身热潮，这种时间成本、经济成本投入低，适合各个年龄段的日常运动既符合我国国情，也有助于国民体质提升。

事实上，早在 2016 年，国务院发布的《全民健身计划（2016—2020）》就明确提出要大力发展骑行运动，鼓励全民健身。在这项政策的引导下，骑行健身形成了城市文化，不断增强城市居民健康。

5. 引领绿色出行

截至 2022 年，我国新能源汽车已经取得了长足发展，但受技术限制，新能源汽车充电速度与续航里程依然存在不足，因此我国新能源电动自行车依然没有全范围普及。这种情况下，骑行系统依然是我国绿色出行的主要方式，大众使用率远高于新能源汽车。

在骑行系统建设发展中，绿色出行文化是一大建设重点，并且以时尚潮流方式改变了大众出行方式。未来发展中，骑行文化的绿色理念依然是重点，这一理念对我国城市、社会可持续发展起到了重要支撑作用。

14.4　骑行系统的分化

电动自行车上市后，我国骑行系统开始出现分化，自行车骑行者与电动自行车骑行者分为两个群体。其中自行车骑行群体以共享单车为主要工具，短距离出行方式为共享单车，中距离出行方式为“共享单车 + 公交车”；电动自行车群体以家用电动自行车与共享电动自行车为主要工具，其中家用电动自行车使用量远大于共享电动自行车使用量。这一群体使用电动自行车穿梭在城市各个角落，随着电动自行车技术的提升，这一交通工具已经可以满足三线以下城市居民的各种出行需求。

随着骑行系统建设发展，城市骑行环境不断提升，自行车骑行群体逐渐向电动自行车群体偏移，这主要是因为电动自行车具有省时、省力、出行灵活等特点。这种发展趋势的利弊十分明显，电动自行车有效提升了骑行系统的运营效率，但由于缺乏有效管理，为我国交通发展带来了不利影响。另外，电动自行车过度发展有悖于骑行健康理念，对我国居民体质改善也产生了不利影响。

目前，我国骑行系统正在向两极高速分化，且缺乏有效指引，这是我国骑行系统发展的一大隐患，未来骑行系统对城市发展、大众健康、社会进步、生态保护产生的意义是否会发生变化依然是未知状态。

为确保我国骑行系统发展成果，我国城市规划建设部门和交通管理部门可以借鉴交通发达国家电动自行车发展经验与策略，进行骑行系统建设规划升级。

首先，日本是全球电动自行车发展最早的国家，日本电动自行车生产规模属于世界前列。日本电动自行车发展初衷是弥补骑行系统的不足，因为日本多地属于山区地势，电动自行车具有爬坡省力、出行效率等特点，电动自行车投入市场后可以有效提升骑行系统运营效率。

不过日本电动自行车属于奢侈品级别，售价远高于大众正常收入水平，日本电动自行车发展的主要方式为高端化与轻量化，虽然日本政府也在倡导低价，但日本电动自行车的主要作用依然是提升交通运营效率。

总体而言，日本电动自行车并没有向大众必备的交通骑行工具发展，其主要表现为骑

行系统的完善与升级。

其次，美国电动自行车市场也已发展成熟，大众对电动自行车的利用率连年升高。截至 2022 年，美国大众的出行方式依然以汽车为主，美国交通系统建设也没有从“车本位”向“人本位”偏离。美国电动自行车的使用目的主要有两种，一是日常娱乐，即骑行周边游；二是表达自身环保生活态度，即全面主张绿色出行。在这一理念上，美国交通部门进行了大力倡导，很多城市将电动自行车指定为送餐行业交通工具，不少美国院校也实施学生购车、用车优惠策略，这是美国电动自行车市场发展的主要动力。

总体而言，美国电动自行车的交通地位明显低于我国，且使用观念存在明显差别，主要用途为践行绿色环保发展理念。

最后，全球电动自行车市场最为成熟的当属欧洲，其中德国拥有欧洲最大的电动自行车市场，其次是荷兰、比利时、瑞士、奥地利、英国、法国等国家。不过这些国家发展电动自行车的初衷与中国不同，欧洲国家发展电动自行车行业主要有两个目的，一是解决燃油价格不断增长导致的经济问题，二是倡导环保绿色出行。因此，大部分欧洲国家把电动自行车定位为“年轻化”“时尚化”的出行工具，希望以此减少大众对机动车的依赖性。

总体而言，欧洲电动自行车发展目的与我国存在差别，但绿色环保理念与我国相同。

分析交通发达国家电动自行车发展现状后，对比我国市场国情，可以发现海外国家电动自行车发展模式并不能直接借鉴应用，因为我国电动自行车主要以大众出行刚需形式存在，而大多数国外电动自行车行业只是一种出行选择。不过从日本、美国等国家发展理念中我们可以进行优势借鉴，以此助力我国骑行系统良性分化。

第一，引导电动自行车发挥优化骑行系统作用。

从日本电动自行车发展理念中可以了解到，电动自行车可以有效弥补骑行系统的不足，提升大众出行效率。未来发展中，我国可以借鉴这一理念，在电动自行自行车发挥优势路段，注重骑行系统道路设施建设，确保电动自行自行车出行效率。在自行车发挥优势路段，注重骑行与景观、文化结合，发挥骑行“慢生活”效果，提升大众出行体验，以此引导大众合理协调电动自行车与电动自行车的使用率，促进骑行系统良性分化。

第二，强化骑行文化健康与绿色理念，解决电动自行车过度发展问题。

与自行车相比，电动自行车自行车具有高效、省力的优势，却存在无法促进大众健康、能源消耗等缺点。未来发展中，我国城市规划建设部门和交通管理部门需要加强骑行促进健康、促进环保等文化理念的宣传，合理协调电动自行车行业发展速度。

例如，目前我国电动自行车主要使用铅酸电池储电，这些电池具有易硫化、性能降低速度快等特点，大多数电动自行车需要一年左右更换一组电池，这导致市场会产生大量废弃铅酸电池。虽然我国大多数电动自行车生产企业会对废旧电池进行回收利用，但若不规范存储、不规范处理，则很容易造成铅酸污染，对生态环境产生严重危害。

因此，我国需要严格把控电动自行车行业的发展，确保其对骑行系统产生积极作用，合理控制全国电动自行车保有量，有助于引导骑行系统良性分化。

我国骑行系统向自行车与电动自行车两极分化是必然趋势，也是骑行技术升级发展的表现，但分化速度、程度需要进行正确引导，保持内部平衡是确保骑行系统健康发展的重要前提。

14.5　骑行系统的绿色、智能化

科技是时代发展的最大动力，在科技赋能下，任何实物都可以发生翻天覆地的变化。骑行系统作为我国重要交通力量，与现代科技结合是必然趋势。

截至 2022 年，我国骑行系统在政府引导下已经进入发展正轨，同时在科技促进下，绿色智能骑行渐成社会风尚，为各大城市发展注入源源不断的动力。

骑行系统与科技结合的最大表现是绿色化、智能化发展态势，其中共享单车行业是科技发展的最大受益者。如今新一代共享单车已具备智能化、人性化特色，吸引更多人加入城市绿色出行的行列中。

例如，2017 年哈啰公司推出了第三代哈啰单车。新一代哈啰单车采用全铝合金车架，增大车辆称重的同时减轻了 20% 的车体重量，便于骑行者摆放单车。另外，新一代哈啰单车配备了前鼓刹、后随动闸刹车系统，制动距离较上一代产品提升 20%，这增强了产品使用安全性。值得注意的是，新一代哈啰单车搭载了业内首个智能语音锁，结合“北斗 + GPS + 基站”三重定位方案，提升了产品智能性。与上一代哈啰单车相比，新一代产品开锁时间从 5 秒降低为 3 秒，开锁成功率高达 99.9%，在用户行驶过程中，哈啰单车还会进行语音播报，例如，“拥堵路段，请注意安全”“车辆未锁好，请重新上锁”等，这些智能化设计让哈啰单车获得了“骑行体验最佳单车”称号。

与自行车相比，电动自行车绿色化、智能化发展趋势更为明显。2017 年 8 月，交通运输部对《关于推进电踏车绿色出行的建议》做出 3 点明确回应。

一是加强电踏车技术研发。在我国，电踏车尚属新的产品，目前掌握电踏车核心技术的企业还很少，应根据市场和消费者需求，逐步实现产品升级，在整车和关键零部件核心技术上实现突破。

二是将电踏车纳入绿色出行的支持产业。研究出台对电踏车发展予以支持的政策措施，促进电踏车产业健康有序发展，形成优势产业群。

三是将电踏车纳入城市公共交通体系。将电踏车作为重要补充纳入城市公共交通系统，作为慢速公共交通系统统筹规划，鼓励民众更多地使用电踏车来完成周边日常短距离出行及公交接驳。

在这项政策的引导下，我国电动自行车行业引领了一场低碳绿色出行的科技浪潮。自 2018 年开始，我国各大共享单车企业开始加大共享电动自行车科技研发，例如，大部分共享单车企业开展了混动共享单车研究，这种电动与人力结合的共享助力车既确保了骑行系统的健康属性，又提升了出行体验与出行效率。值得大众期待的是共享助力车的智能效果。例如，哈啰公司研发的智能助力电踏车，可以借助后台数据分析，结合用户骑行习惯对助力系统进行智能控制，既确保用户骑行健身的目的，又能够合理节约用户体力，这类高端电动自行车大幅提升了用户骑行体验。

除了积极提升出行体验，扩大骑行群体范围，我国各大共享单车企业还通过技术升级促进了城市智慧交通体系建设与运营。截至2022年，我国共享单车市场已经覆盖国内所有一线、二线、三线城市，与城市智慧交通达成了深度合作。例如，哈啰公司通过研发哈勃大数据平台，完成了产品运营数据采集，有助于企业进行产品监控与管理，而这些数据也为我国智慧交通打造提供了重要支撑，大众出行习惯、城市居民骑行比例是城市交通路网合理布设的重要依据。

又例如，菜鸟科技推出了自行车智能硬件——“鸟蛋”，这款智能骑行设备只有拇指指甲大小，安装到自行车车胎打气口处便可以直接使用。通过蓝牙连接，鸟蛋可以与骑行App——“骑遇”实现数据交互，可以清楚展示用户骑行速度、里程、时间、能量消耗，以此提升用户骑行体验。

另外，用户骑行过程中偶遇的“鸟蛋”可以通过“骑遇”App产生连接，用户之间可以进行语音沟通，这也为骑行增添了社交属性。

更重要的是“鸟蛋”还具有安全预警功能，它可以通过内置芯片感应器感应车主与车辆的距离。当车辆未上锁、车辆被盗时，“骑遇”App会及时报警。假如骑行者出现交通意外，“鸟蛋”还可以向预设的紧急连接电话发送求救信息。这大幅增加了城市骑行系统安全性与智能性。

目前，互联网技术、AI技术、5G技术等先进科技正加速我国骑行系统发展，提升骑行系统建设品质，为大众低碳绿色出行提供了更优质的环境，这种发展方向是骑行系统的必然趋势。未来发展中，更多具有创新性、智能性特点的骑行车辆将进入骑行系统，推动我国交通发展的同时促进经济腾飞、社会进步，并努力让骑行系统成为大众出行的主要选择。

14.6 骑行系统的综合性与立体性

2019年，国务院发布《交通强国建设纲要》，明确提出打造综合立体交通网是我国交通未来发展的重要任务。慢行系统作为重要交通组成部分自然遵循这一发展方向，近年来，我国各地也将慢行系统综合性、立体性建设提升到新高度。

例如，2021年上海市交通相关部门发布的《上海市慢行交通规划设计导则》从“构建连续完整的慢行网络、构筑复合立体的慢行系统、打造便捷高效的接驳系统、慢行设计精细提升、慢行系统品质创新、塑造品质特色的慢行新地标”6个方面，对慢行系统范围、规划和内容进行了指导。

2021 年，北京市城市规划部门发布的《北京市慢行系统规划（2020 年—2035 年）》中也提到慢行交通将以“城市交通战略的重要支撑，治理‘大城市病’的重要举措和切入点，高品质、人性化公共空间的有机组成部分，活力、健康、低碳生活方式的重要组成部分”4 个关键点作为主要定位，这充分体现了北京市慢行系统的综合性发展战略。

从我国各地出台的政策中可以看出，慢行系统综合性、立体性发展不仅是基本要求，而且是慢行系统充分发挥作用的主要方式。作为慢行系统的重要部分，骑行系统同样需要综合性、立体性发展，结合我国骑行系统发展现状，可以看出骑行系统综合性、立体性发展各具特点。

1. 骑行系统综合性发展

我国骑行系统综合性发展主要分为两个重点。

一是通过骑行系统建设打造城市高效综合交通系统。我国骑行系统发展综合性体现在与其他交通模式的衔接融合上，即骑行系统既要以独立形式存在，又要与其他交通系统产生协同作用。

目前，我国大部分城市交通综合发展已经充分融入骑行系统，骑行系统地位与作用也在不断升高，但三线以下城市交通对骑行系统的融合还不够深入。未来骑行系统综合性发展不仅要发挥自身“最后一公里”的弥补作用，还要与其他交通模式紧密衔接，以此提升城市交通系统整体效率。

二是通过骑行系统建设提升大众生活质量。随着我国骑行系统发展，骑行已经从大众出行方式升级为大众休闲娱乐、人文旅游、日常健身的主要选择。未来发展中，骑行系统将深化自身作用，连接大众生活的方方面面，力求扩宽城市居民生活范围，提升大众生活质量。

2. 骑行系统立体性发展

我国骑行系统立体性发展主要针对建设方式与建设效果，总体而言体现为以下两个方面。

一是立体出行。建设城市综合立体骑行路网有助于提升骑行效率与骑行安全性，促进骑行系统与其他交通系统衔接。例如，北京市在骑行路网建设中增加了大量自行车专用道与天桥，这种建设模式减少了骑行系统与机动车系统发生冲突，确保了骑行人群安全。

二是立体停放。立体停放是骑行系统减少公共空间占用，规范骑行车辆停放效果的主要方式。例如，北京市 2019 年开通的自行车专用道中，龙泽地铁站的自行车专用道入口设有大量立体停车架，共享单车与家用自行车均可停放，这种设置节约了城市空间，提升了骑行车辆使用率。

未来发展中，我国骑行系统将继续延续综合性、立体性的发展策略，这一发展方向符合我国国情，综合立体式骑行系统能够在我国产生更大价值，对交通强国战略推进产生更大推动效果。

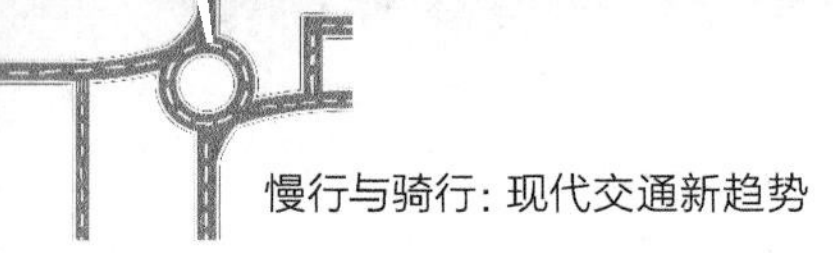

案例：低碳出行激发活力

绿色发展是我国可持续发展的基本保障，骑行系统的绿色发展主要是推动城市交通进行低碳化、绿色化转型。近年来，在绿色发展理念的引导下，我国城市骑行人群不断扩大，各种骑行活动成为出行新时尚，为城市减污降碳的同时，激发城市活力。

例如，2021年10月，北京市经开区社会事业局、总工会主办了一场“全民健身骑行活动”，这场骑行活动以“滨河绿廊，骑乐无穷”为主题，全程约20km，沿途不仅有森林公园景区，更有冰雪项目体验区、冬奥知识宣传展区，200多名骑行队员在骑行中学习到冬奥知识，体验冬奥项目、感受冰雪文化的独特魅力。

这场绿色骑行活动提高了北京市经开区全民健身的积极性，营造了良好的生活氛围，对低碳生活、绿色出行理念进行了大力宣传。

2021年11月，北京市体育总会与北京市体育总会秘书处、北京市自行车运动协会举办了一场独具创意的北京市“云骑行”自行车线上挑战赛活动。这次活动运用科技手段，采用线上、线下相结合形式，为骑行爱好者搭建了运动交流平台。活动举办目的为倡导大众积极锻炼身体，养成低碳绿色的出行习惯，这次活动以科技创新为亮点吸引了各界人士的关注。

2022年1月，第十五届迎新环沪骑行活动在上海顺利举行，此次骑行活动减少线下规模，主要以线上联动方式开展。这次活动吸引了各个年龄段骑行者参与，活动旨在鼓励上海骑行者通过骑行运动增强体质，缓解精神压力，坚持绿色出行，以积极态度对待生活。

2022年1月，海口市举办了“欢游海口过大年”体育活动，以“骑行寻春、街球庆春、玩海嬉春、游园闹春、体测迎春”五春为主题，助力市民欢度春节。在骑行活动中，海口市人民可以欣赏城市美景、品尝特色美食、感受椰城文化，活动倡导绿色出行、低碳生活，祝福海口居民快乐迎春。

从全国各地开展的低碳出行活动中可以看出，骑行已经成为各大城市彰显活力、促进生活的主要方式。伴随着骑行系统的发展，我国大众身体素质不断增强，生态环境回归绿色，城市文化底蕴不断生活，这种出行方式正转变为生活方式，为大众生活增添浓浓幸福感。

⇨本章总结

骑行系统建设决定着我国交通发展的质量，助力大众幸福生活。截至2022年，我国综合立体骑行网络已初具雏形，骑行文化也已融入大众生活，表现出绿色、智能化等特点。在科技力量的支撑下，我国骑行系统开始分化发展，并深度激发城市活力，引导大众积极健康生活。未来发展中，骑行系统与慢行系统将继续结合企业力量、社会力量，结合国情与人文底蕴为交通强国发展增强活力。

参考文献

1. 《新周刊》杂志社 . 写给城市的情书 :《新周刊》城市观 [M]. 广州 : 广东人民出版社，2018.
2. 国家发展和改革委员会综合运输研究所 . 改革开放与中国交通运输发展 [M]. 北京 : 中国市场出版社，2019.
3. 王轶辰 . 共享骑行能否成低碳“奇兵”[N]. 经济日报 . 2021-10-6.
4. 杜氏欣，陈艳艳 . 城市道路电动自行车交通出行行为特征研究 [J]. 黑龙江科技信息，2016(2):256-257.
5. 汤諹，潘海啸 . 中国城市公共自行车系统发展特征及作用研究 [M]. 上海 : 同济大学出版社，2015.
6. 欧飒 . 美国掀起自行车革命 [N]. 新华网 . 2014.-1-17.
7. 黄序，陈光庭，崔文，等 . 外国家庭汽车化与大城市交通 [M]. 北京 ：中国建材工业出版社，2006.
8. 李伟 . 步行和自行车交通规划与实践（第 1 版）[M]. 北京 : 知识出版社，2003.
9. 李贤华，郭金生 . 域外自行车共享交通系统的法律要素 [N]. 人民法院报 . 2017-8-18.
10. 弗雷德里克・郝兰 . 自行车的回归 :1817—2050[M]. 北京 : 中国社会科学出版社，2018.
11. 丁诺舟 . 日本共享单车的历史、现状与启示 [J]. 长安大学学报（社会科学版），2017(2).
12. 杨士军，周建军，韩云松，等 . 春在枝头已十分 中学生科技创新学术论文指导 [M]. 上海 : 复旦大学出版社，2015.
13. 牛林杰，刘宝全 . 中韩人文社会科学研究 [M]. 济南 : 山东大学出版社，2011.
14. 石飞 . 可持续的城市机动性 公交导向与创新出行 [M]. 南京 : 东南大学出版社，2013.
15. 新东方网 . 关于德国自行车的十项数据 [EB/OL]. 2016-3-24.
16. 李忠东 . 德国正努力建造“自行车大国”[J]. 中国自行车，2015(3):1.
17. 人民网 . 德国开通自行车专用高速公路 [EB/OL]. 2016-1-13.
18. 中国城市科学研究会，住房和城乡建设部城乡规划司，同济大学建筑与城市规划学

院 . 中国城市交通规划发展报告 2014[M]. 北京 : 中国城市出版社，2016.
19. 杭文 . 城市交通拥堵缓解之路 [M]. 南京 : 东南大学出版社，2019.
20. 中华人民共和国工业和信息化部消费品工业司 . 2020 年 1—10 月自行车行业运行情况 [R]. 2020.
21. 于德新，常丽君，魏丹 . 交通工程学 [M]. 北京 : 北京理工大学出版社，2019.
22. 北京交通发展研究院 .2021 北京交通发展年度报告 [R]. 2021.
23. 郑洋，萧子静，刘叶琳 . 品味一条有品位的路 [N]. 中国交通报 .2016-5-6.
24. 王汝辉，潘笑宇，李雪霖，等 . 城市近郊自行车旅游对骑行者的影响研究——以成都龙泉山为例 [J]. 四川师范大学学报（社会科学版），2016,43(4):74-79.
25. 洪鹏飞，蒋依依 . 我国自行车道建设历程、经验借鉴及发展对策研究 [J]. 中国体育科技，2022,58(3):89-95.
26. 周继彪 . 城市自行车共享系统交通特性与发展策略 [M]. 北京 : 人民交通出版社，2021.
27. 赵珺 . 响应“全民健身”,百名骑行者参与“健康上海 骑遇滨江”活动 [N]. 界面新闻 . 2022-1-24.
28. 黄震方 . 文化和旅游的深度融合与协同发展 [J]. 旅游观察（江苏省旅游学会会刊），2019(1):2-5.
29. 黄震方，葛军莲，储少莹 . 国家战略背景下旅游资源的理论内涵与科学问题 [J]. 自然资源学报，2020，35(7):1511-1524.
30. 光明网 . 上海 :10 岁男孩骑共享单车车祸身亡，共享单车企业赔偿 6.7 万元 [EB /OL]. 2020.
31. 澎湃新闻 . 市政厅 | 城市案例 : 荷兰的自行车与城市设计 [EB/OL]. 2015-5-12.
32. 知乎 . 国外经典停车场设计案例赏析 [EB/OL]. 2021-11-12.
33. GA 环球建筑 . 葡萄牙 Caldeiroa 汽车公园，沉入城市肌理的空间设计 [EB/OL]. 2022-9-18.
34. 新民晚报 . 上海诞生首张共享单车大数据热力图，春节期间共享单车市民投诉同比下降 8 成 [EB/OL]. 2022-2-9.
35. 白河潮声 . 南阳市城区即将迎来共享单车 : 投放区域已划定！ [EB/OL]. 2022-2-9.
36. 省会楼参 . 定了！在贵阳消失半年的“共享电单车”，要这样重新投放 [EB/OL]. 2022-2-6.
37. 北京晚报 . 北京 97 个路段进行非机动车道拓宽整治，机动车道宽度将适当压减 [EB/OL]. 2021-5-19.
38. 搜狐网 . 骑行更顺畅安全！北京京藏高速辅路拓宽非机动车道 14.1 公里 [EB/OL]. 2011-1-11.
39. 京津冀消息通 . 爱上骑行的风景！记者体验东城城市慢行系统 [EB/OL]. 2021-11-20.

40. 成都商报 . 鼓励共享单车发展 成都出台全国首个规范性文件 [EB/OL]. 2017-12-27.
41. 金台资讯 .“智能中控＋分体锁”型共享单车亮相成都新都区 [EB/OL]. 2021-11-24.
42. 胡启洲 . 自行车高速公路的规划理论及管理方法 [M]. 北京 : 科学出版社，2021.
43. 李鲲鹏 . 大数据应用解决共享助力车调度难 [N]. 银川日报 . 2020-9-16.
44. 中国新闻网 . 中国信息通信研究院发布全国首个共享单车大数据管理平台 [EB/OL]. 2018-1-16.
45. 新京报 . 在北京骑自行车会遇到哪些问题？ [EB/OL]. 2021-5-25.
46. 姚遥，周扬军 . 杭州市公共自行车系统规划 [J]. 城市交通，2009，7(4):30-38.
47. 中国信息通信研究院政策与经济研究所，摩拜单车 . 中国共享单车行业发展报告 (2018)[R]. 2018.
48. 参考网 . 共用单车需求影响因素分析 [EB/OL]. 2020.
49. 人民网 . 我为何要拍“共享单车坟场”[EB/OL]. 2018.
50. 付蕊 . 共享单车有关法律问题研究 [J]. 法制与社会 . 2017(14):65-66.
51. 张克平 . 智慧城市 100 问 [M]. 北京 : 电子工业出版社，2015.
52. 黄俊杰，黄煜池. 城市与未来的链接方式——接驳 [J]. 每月文摘，2007(5):62-64.
53. 谢雨蓉，陆华 . 社会弱势群体面临的公交公平问题及对策 [J]. 综合运输，2008(9): 36-38.
54. 徐继华，冯启娜，陈贞汝，智慧政府 : 大数据治国时代的来临 [J]. 中国科技信息，2014.
55. 徐吉谦 . 交通工程总论 [M]. 北京 : 人民交通出版社，2002.